BIBLIOTHÈQUE ILLUSTRÉE
DES
CHEFS-D'ŒUVRE DE L'ESPRIT HUMAIN

ŒUVRES CHOISIES
DE
Beaumarchais

Avec Notices, Analyses, Notes et Commentaires

Par M. Jules DAVID

Barbier de Séville
Mariage de Figaro — Mère coupable

ILLUSTRÉS DE

Cinquante Vignettes, par M. J. DAVID DE SAUZÉA
Et de Sept Eaux-Fortes, par M. E. MESPLÈS

PARIS
LÉON BONHOURE, ÉDITEUR
5, RUE DE FLEURUS, 5

M DCCC LXXXIV

ŒUVRES CHOISIES

DE

Beaumarchais

BARBIER DE SÉVILLE

MARIAGE DE FIGARO — MÈRE COUPABLE

L'AN M DCCC LXXXIV

Outre le tirage à 1,000 exemplaires sur papier vergé teinté, il a été imprimé 32 exemplaires de haut luxe, numérotés ainsi qu'il suit :

12 exemplaires sur japon impérial, sept eaux-fortes avant la lettre, numérotés 1 à 12. 12
20 exemplaires sur chine, sept eaux-fortes avant la lettre, numérotés 13 à 32. 20

                                            TOTAL. 32

Indépendamment de ces trente-deux exemplaires, il a été tiré :

12 suites des vignettes du texte, sur japon impérial.
20   —   —   —   chine.
12 suites d'eaux-fortes, avant la lettre, sur japon impérial.
20   —   —   —   chine.

CARON DE BEAUMARCHAIS

E. Mesplès, del. et sc.   Imp. A. Salmon.   L. Bonhoure Ed.

BIBLIOTHÈQUE ILLUSTRÉE

DES

CHEFS-D'ŒUVRE DE L'ESPRIT HUMAIN

ŒUVRES CHOISIES

DE

Beaumarchais

Avec Notices, Analyses, Notes et Commentaires

Par M. Jules DAVID

Barbier de Séville

Mariage de Figaro — Mère coupable

ILLUSTRÉS DE

Quarante Vignettes, par M. J. DAVID DE SAUZÉA
Et de Sept Eaux-Fortes, par M. E. MESPLÈS

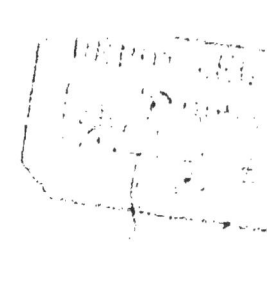

PARIS
LÉON BONHOURE, ÉDITEUR
5, RUE DE FLEURUS, 5

M DCCC LXXXIV

ÉTUDE
SUR
BEAUMARCHAIS

—⸺⸻⸺—

ON a tout dit ſur Beaumarchais : ceux-ci l'ont condamné, à cauſe de ſes tendances révolutionnaires; ceux-là l'ont loué, au contraire, en raiſon du mépris qu'il manifeſte contre les inſtitutions de l'ancien régime. D'autres n'ont vu en lui qu'un intrigant du tiers état, qui, ſortant d'une boutique d'horloger, s'en vient juſqu'à ſurprendre la confiance des filles de Louis XV, afin d'être agréé par elles comme maître de muſique d'abord, et bientôt comme factotum. D'autres ne conſtatent en lui qu'un homme proceſſif, inſolent, violent, qui ne fait qu'aggraver les torts qu'il a, ou qu'on a contre lui. D'autres, enfin, le traitent d'homme d'affaires, ſongeant à ſa fortune avant tout, fourniſſant des fuſils aux Américains inſurgés, des vivres à tout belligérant, faiſant de la banque, du commerce et de l'induſtrie. Mais quelle que ſoit la portée de toutes ces déclamations, tous reconnaiſſent qu'il y a en Beaumarchais un auteur dramatique original, et dont deux comédies ſont reſtées et reſteront encore longtemps, ſans doute, au Théâtre-Français.

Les types charmants qu'il a créés dans ſon *Barbier de Séville*, il les a modifiés plus tard dans ſon *Mariage de Figaro*, ſelon nous au détriment de l'art, et au ſeul profit de la politique. Il y a dix ans d'intervalle entre ces deux pièces, et dans ces dix ans les événements s'étaient précipités; de nouvelles fautes s'étaient faites, de nouveaux reculs politiques s'étaient produits, un nouvel affaiſſement de l'état moral. Or, loin de ſe calmer, loin d'enviſager les choſes ſous un aſpect moins exceſſif, il redouble, au contraire, de déclamations contre la ſociété, il attaque ſon temps avec toutes les armes de l'ironie, de la raillerie, du ridicule; il ne trouve rien de franc et de noble dans les hommes, rien de reſpectable dans les mœurs, rien de ſenſé dans les inſtitutions; et le *Mariage de Figaro* devient l'expreſſion ardente de ſa réprobation, ſinon de ſa colère. Auſſi, pour apprécier ſa vie avec équité, il faut comprendre ſon caractère, et rien ne nous le dévoilera mieux qu'un abrégé de ſa biographie, qu'une analyſe de ſes paſſions, de ſes goûts, de ſes vues : *dis-moi qui tu hantes, je te dirai qui tu es*. Eh bien, qu'a-t-il hanté dans ſa jeuneſſe? La Cour, avec l'embarras d'un parvenu; les hommes d'argent, avec l'appétit de la fortune; les gens d'affaires, avec l'envie de les imiter; les encyclopédiſtes, avec leur critique amère; les gens de lettres, avec leur eſprit frondeur. C'eſt un fils, non de la Révolution, mais de la déſorganiſation ſociale; ſon rôle fut d'exciter les efprits, et non de les éduquer fagement pour la grande tâche qu'il s'agiffait d'accomplir. Effayons maintenant une efquiffe de fa vie, pour juftifier notre opinion fur lui.

Le 24 janvier 1732, rue Saint-Denis, près le pilier des halles, eft né d'une famille de petits boutiquiers, établis horlogers-bijoutiers, en face de la rue de la Ferronnerie, Pierre-Auguftin Caron, connu fous le nom de Beaumarchais qu'il fe donna à vingt-cinq ans pour faire oublier, autant que poffible, fon origine roturière. Son père, brave homme, un peu prétentieux, fe croyait homme de fcience, parce qu'il avait étudié la mécanique, et qu'à force de travail étranger à fon état, il était parvenu à une réputation de quartier ; auffi, quoique refté pauvre et parfois befogneux, il n'en faifait pas moins parade de *grand air* et de *bel efprit*. Sa mère, Marie-Louife Pichon, était au contraire une femme toute fimple, nullement vaniteufe, reftant, par goût, dans fon rang de petite bourgeoife, et poffédant les qualités négatives d'excellente femme, mais affez dépourvue d'intelligence. On voit que Beaumarchais ne tenait pas de cette dernière ; auffi n'en parle-t-il jamais, tandis qu'au contraire il refte en longue correfpondance avec fon père, paie fes dettes dès les premiers fourires pour lui de la fortune, et lui fait plus tard une penfion, agiffant ainfi en bon fils, finon du côté maternel peut-être.

La famille était compofée de cinq filles, avec lui feul de garçon ; et de là ces câlineries dans fon enfance, ces indulgences pour les efpiègleries de fa jeuneffe, ces abfences cachées, ces fautes diffimulées ; c'étaient des alliées sûres et dévouées qui veillaient sans cesse pour lui, le servaient, l'excusaient, et par surcroît l'aimaient. Il le leur rendit bien, d'ailleurs. Ayant pris de très bonne heure la direction de la maison, il trouva des maris pour deux d'entre elles, s'enquit constamment de leur sort, les protégea non seulement de sa bourse, mais de ses actes, de ses démarches, de son intervention inquiète, même à l'étranger. Le rôle qu'elles jouent dans sa vie est prépondérant et détermine une partie de sa conduite. Qu'il nous suffise maintenant de vous le présenter comme un chérubin, à qui l'on permet tout, dont on excuse tout, dont on choie jusqu'aux défauts.

Plus tard, pourtant, malgré ses fredaines, il est contraint de prendre le métier de son père, encourt encore des reproches pour certaines frasques, mais n'en devient pas moins assez habile horloger pour doter les montres d'un échappement nouveau, qui lui amène son premier procès. Lepaute, le grand artiste en horlogerie, lui conteste sa trouvaille; Caron fils s'indigne, réclame vainement auprès de lui, et finit par le poursuivre par-devant M. de Saint-Florentin, ministre de la Maison du Roi, qui chargea l'Académie des sciences de juger l'affaire, laquelle lui donna raison. Sur ces entrefaites Caron fils, non encore Beaumarchais, avait été nommé horloger du Roi. Est-ce sous ce titre ou celui de musicien, dont, du reste, il ne faisait point profession, qu'il obtint son entrée à la Cour? Cela importe peu. Toujours est-il que nous l'y trouvons, dès 1756, à vingt-quatre ans, la coqueluche de certaines dames : sa taille élégante, sa physionomie pleine de vivacité, sa démarche altière, malgré sa modeste extraction, fon air vainqueur avant tout combat, les lui avaient conquifes. Quant à l'effet qu'il produit fur les hommes, il eft complètement oppofé, c'eft celui d'un fat; c'eft déjà *Figaro,* moins la réfille. Ce grand monde, ces hautes manières, ce beau parler, ce luxe en tout, lui plurent infiniment, c'était fa vraie vocation. Il profita donc de la première occafion pour fe fixer à la Cour, acquit d'un fieur Francquet la charge de contrôleur de la bouche du roi, et renonça à offrir des montres pour porter des plats.

A quelque temps de là le vieux Francquet mourut, et Caron fils époufa fa jeune veuve. Il lui dut une fortune affez ronde pour le temps, et un petit fief du nom de Beaumarchais, dont il fe para auffitôt. Malheureufement. cet éclair de profpérité dura moins de deux ans, fa femme mourut d'une fièvre typhoïde et le laiffa *Gros Jean* comme devant. Il fallait fe retourner, et, cette fois, c'eft à la mufique qu'il demanda fecours. Il était bon harpifte et un peu compofiteur; or, les quatre dames royales, filles de Louis XV, ayant befoin d'un maître de chant, il fe préfenta et fut agréé. Une fois dans leur intimité, il fe mit à leur difcrétion, les intéreffa par fa verve, les amufa par fon efprit, leur rendit mille petits fervices, et devint peu à peu leur protégé. Cette protection fe porta d'abord fur l'état de fa fortune: il venait de la perdre, et, pour lui donner le moyen de la rétablir, elles le recommandent à Paris-Duverney. Ce grand braffeur d'affaires, qui avait des millions et qui entreprenait des miracles, ouvrit en Beaumarchais une nouvelle voie à fon activité naturelle, et éveilla fon ardente ambition pour l'argent et les honneurs. De là mille déboires, mille ennemis.

Grâce à fes premiers efforts, il avait obtenu la fituation de fecrétaire du roi, ce qui lui permettait de fe parer du titre tant envié de Caron de Beaumarchais ; il lui fallut donc changer fa vie extérieure tout entière. Il fit abandonner à fon père fon état d'horloger ; il l'inftalla dans une jolie maifon, rue de Condé, lui faifant pour vivre une penfion, ce qui devait fervir en même temps à la transformation de fes fœurs en dames de Cour. Que lui importait la dépenfe ! Paris-Duverney l'avait affocié à quelques-unes de fes grandes affaires, où il montrait, d'ailleurs, une aptitude fingulière et un goût naturel. Mais, lorfque, ne fe contentant pas de faire fortune, il voulut en même temps devenir un perfonnage de haute importance, il rencontra fur le chemin montueux des honneurs des obftacles que toute fa rouerie ne put furmonter. S'étant fait prêter 500,000 fr. par Duverney pour acheter une charge vacante de maître des eaux et forêts, fes nombreux ennemis s'ameutèrent, firent force démarches pour l'entraver, force déclamations fur fa mince perfonne, fur fa nobleffe de hafard, fur fon origine roturière ; puis ils adreffèrent au roi une proteftation de tous fes futurs collègues contre fon indignité. Beaumarchais, contraint de renoncer à cette haute fonction, fut obligé de fe rabattre fur une lieutenance générale de chaffes, fimple perle, au lieu du gros diamant qu'il convoitait en ambitieux bijoutier.

Nous voici arrivés au premier voyage en Efpagne du nouveau lieutenant des chaffes, qui femble bien peu s'occuper des délits foreftiers. Il part pour fe venger d'un certain Clavijo, qui avait promis mariage à fa fœur Lifette et qui, les bans publiés, y renonce brufquement. Après bien des menaces, il l'oblige à écrire une lettre juftifiant fa fœur, tout en fe condamnant lui-même. Mais ce n'eft pas là le dénouement de cet imbroglio. Clavijo dénonce ce frère embarraffant, en dit pis que pendre à fes amis, et va jufqu'à vouloir le faire arrêter et expulfer de Madrid. Alors Beaumarchais revient à la refcoufle, fe plaint aux miniftres et au roi, fi bien que Clavijo eft deftitué de fa place de garde des Archives et chaffé de la Cour. Une fois fa fœur juftifiée et remife aux foins d'une autre fœur établie en Efpagne et femme d'un architecte du pays, qu'il fait nommer, par fon crédit, ingénieur de l'État, il paffe dix mois à s'occuper d'affaires, accablant le miniftère de projets relatifs aux fournitures de guerre et de vivres pour l'armée. Mais, malgré fon ardeur fiévreufe, malgré fon zèle ardent, malgré fon activité fans repos, après avoir été à la veille du triomphe, tant il a remué de gens et de chofes, tant il a réveillé d'endormis, tant il a furexcité d'indolents, tant il a galvanifé de pareffeux, il fuccombe à la peine et revient à Paris, en 1765, prefque ruiné, partout fes affaires ayant mal tourné ; il ne lui refte que fon courage et fa gaieté. Auffi dit-il, dans une de fes lettres, à cette époque de fa vie : « Je me raidis par le « travail contre l'infortune. La gaieté de mon caractère « m'empêche feule de fuccomber. »

Dans fa détreffe, Beaumarchais ramaffa tout fon avoir, réunit toute fes reffources, réclama de chacune de fes qualités toutes fa puiffance, toute fa fineffe, toute fon acuité. Il exiftait encore un métier qu'il n'avait pas fait, et dans lequel il lui fembla pouvoir réuffir, c'était celui d'homme de lettres. Il fe confulta donc à ce fujet, et établit avec févérité le bilan de fes aptitudes littéraires. Il manquait par la bafe, il eft vrai, fon inftruction étant peu étendue, peu variée, peu générale; mais, par contre, il poffédait l'audace, le contentement de foi-même, la vanité, la volonté dans le préfent, la confiance dans l'avenir. N'avait-il pas affez d'imagination pour concevoir, affez d'énergie pour entreprendre, affez de patience pour perfévérer? Il connaiffait les hommes, la Cour, la fociété, les affaires; il avait tant vu, tant éprouvé, tant fouffert; il avait l'efprit fi délié, l'imagination fi vive, la facilité fi abondante. A trente-cinq ans il jouiffait de l'expérience d'un octogénaire. C'était plus qu'il n'en fallait pour écrire. Auffi jeta-t-il les yeux vers le théâtre, d'autant plus que le théâtre alors fe trouvait en révolution. Le drame combattait contre la tragédie et contre la haute comédie; on ne voulait plus de héros, ni de caractères. C'était l'avènement dans l'art de la bourgeoifie. Seulement, on parlait en profe, faute de favoir écrire en vers, et, fous prétexte de naturel, on employait le langage le plus emphatique qu'on ait pu inventer. Mais, il y avait difpute, déclamations, troubles dans les efprits, polémique pour et contre, differtations contradictoires, profeffions de foi violentes, état de guerre, en un mot : ce qui convenait à Beaumarchais, ce qui allumait fon ardeur, entretenait fa verve, donnait à fa nature toute fon élafticité et fa foupleffe.

Les deux premiers drames que Beaumarchais compofa font *Eugénie* et les *Deux Amis*. Ils étaient conçus felon la théorie nouvelle, écrits dans le mauvais goût du jour, ne préfentant rien qui diftinguât et originalifât l'auteur. *Eugénies* feule eut du fuccès ; il l'avait choyé tout particulièrement, travaillé avec amour, modifié felon l'impreffion de tous ceux à qui il l'avait communiqué. Toutes les démarches avaient été faites en fa faveur, il avait intéreffé à fon fort la Cour et la ville, le monde et le théâtre, princeffes, ducs, miniftres et acteurs. Il en avait fait des lectures en maints endroits, cherchant des approbateurs, et non des juges. C'était, difait-il, *l'enfant de fa fenfibilité*, jargon de l'époque, qui dénonçait bien le pathos et l'ampoulé dans le ftyle. Auffi fa larmoyante héroïne plut-elle aux cœurs *fenfibles ;* et, en la voyant victime d'un faux mariage avec un lord, et abandonnée enceinte, comme une maîtreffe ordinaire, en la voyant tomber de fortune en débine, fouffrance qui était familière à l'auteur, et, par conféquent, facile pour lui à peindre au naturel, chacun pleurait, fans s'inquiéter du genre où la pièce était compofée. Il n'en fut pas de même des *Deux Amis*. Beaumarchais crut cette fois qu'il intérefferait avec des combinaifons d'argent, avec les malheurs de financiers dont l'un va faire faillite faute d'une rentrée vainement attendue, dont l'autre, à l'infu de tous, emprunte à fa caiffe de contrôleur des contributions la fomme indifpenfable et la verfe au coffre-fort de fon ami, jufte au moment où un infpecteur arrive le vérifier : toutes les péripéties pécuniaires qui s'enfuivent laifferent froid le public ; et cette pièce, quoique mieux charpentée que la précédente, quoique mieux dialoguée, quoique plus mouvementée, coula à la dixième repréfentation pour ne plus revenir fur l'eau. C'eft que notre auteur n'avait pas encore trouvé fa voie ; et il lui fallut de terribles fecouffes dans fa vie : la mort en couches de fa feconde femme, après moins de deux ans de mariage, la ruine nouvelle qui s'enfuivit, et furtout fes débats contre la juftice contemporaine, pour le ramener à flot.

Nous voulons parler de ces fameux procès, où il montra tant d'habileté jointe à tant d'énergie, où il écrivit des mémoires judiciaires où la verve, l'efprit, l'éloquence, l'ironie la plus acerbe, la gaieté la plus franche, éclatent de toutes parts. Il combat tour à tour des adverfaires puiffants, le comte de la Blache, maréchal de camp, le fieur Goëfman, confeiller au Parlement de Paris. L'un l'accufe de faux en écriture privée, à propos de la fucceffion de Paris-Duverney ; l'autre, d'outrages envers la magiftrature, à propos de quinze louis qu'on ne lui rendait pas, et qu'il avait remis à madame Goëfman. Du refte, il fut fi bien agrandir le champ de la lutte, transformer fes conteftations teftamentaires en une affaire confidérable, fa difpute avec un magiftrat en un cas de méfiance contre le parlement Maupeou tout entier, qu'il intéreffa le pays à fa caufe, qu'il le paffionna et l'attendrit, qu'il l'indigna et l'amufa tour à tour, qu'il le fit rire enfin de l'ariftocratie qui le gouvernait, et de la juftice qui le menaçait. Autant de pierres arrachées à l'édifice focial, autant de victoires pour la révolution. Qu'importe qu'elle ne fût pas encore dans les efprits ! qu'importe que Beaumarchais n'en fût qu'un acteur inconfcient ! C'eft le mépris qui a raifon des chofes mauvaifes, c'eft le mépris qui fape fouverainement les inftitutions dont on ne veut plus.

Mais voilà bien d'autres complications dans l'exiftence fi tourmentée de notre héros. A propos d'une demoifelle de Ménars, jeune actrice en difponibilité, Beaumarchais fe prend de querelle avec M. de Chaulnes, duc et pair; ils s'injurient, en viennent aux mains, fe provoquent et produifent un tel fcandale qu'on les arrête l'un et l'autre : le duc eft envoyé à Vincennes ; le dramaturge, en qui on ne veut pas reconnaître la qualité de gentilhomme, eft enfermé au For-Lévêque. Et, pendant ce temps, fe juge le procès où il y va de fon honneur et de fa fortune.

En vain, il demande à fortir pour vifiter fes juges, il n'en obtient la grâce que trop tard pour intervenir efficacement. Son adverfaire le comte de la Blache triomphe fur tous les points, l'attaque fans qu'il puiffe répondre en perfonne, le charge, le calomnie, lui prête le plus monftrueux caractère, va même jufqu'à l'accufer d'avoir empoifonné les deux femmes qu'il a époufées, fans parler de mille filouteries au jeu et dans fon exiftence habituelle. C'en eft fait, pour le coup : le voilà complètement déshonoré et ruiné. Auffi écrit-il à M. de Sartines une lettre défefpérée : « Je fuis au bout de mon courage.
« Le bruit public eft que je fuis entièrement facrifié ;
« mon crédit eft tombé, mes affaires dépériffent; ma fa-
« mille, dont je fuis le père et le foutien, eft dans la dé-
« folation..... » Cependant, au moment de fuccomber, il fe retrouve plus audacieux que jamais; c'eft alors qu'il excite Goëfman à le pourfuivre, entame la lutte la plus inégale, et, ne trouvant point d'avocat qui veuille fe charger de fa caufe, il prend le parti de fe défendre lui même, écrit fes valeureux mémoires, les jette au public, fait

scandale, et l'emporte enfin dans ce duel qu'on croirait insensé, celui d'un homme contre un parlement.

Quel fut le résultat le plus intéressant pour nous de ces cinq mémoires judiciaires? Ce fut, avec leur style enflammé, la passion qui les anime, la fièvre violente qui en excuse les excès, la variété de sujets, de tons, d'allures qui les caractérise, de rendre à leur auteur toute sa gaieté, tout son entrain, toute sa verve, de lui donner le goût d'une littérature plus vivante, plus attrayante, et conséquemment plus vraie que celle d'*Eugénie* et des *Deux Amis*, et de lui inspirer son ravissant *Barbier de Séville*.

Quels types originaux, quels personnages charmants, quels mouvements scéniques! Rosine, la plus espiègle et la plus spirituelle des pupilles; Bartholo, le plus rusé et le plus madré des tuteurs; Almaviva, le plus ardent et le plus naïf des amoureux; Bazile, le plus famélique et le plus piteux des gens d'église; et Figaro, oh! celui-là, c'est une création! Aucun théâtre ne possède son pareil. Il est plus habile que les valets ordinaires de comédie, qui se contentent d'être le confident et la ressource de leurs maîtres; il est, lui, le confident de tous, le *factotum della città*. Il ne mène pas avec difficulté une seule intrigue, il en conduit plusieurs à la fois, et avec quelle pétulance, quelles chances, quelle réussite! S'il a de la peine, on ne le sent pas; s'il a de la lassitude, nul ne s'en aperçoit. Il est adroit autant que fin, leste, souple, fringant. Il a la main légère, l'esprit fécond, la gaieté inépuisable. Aussi, outre la pièce de Beaumarchais, a-t-il inspiré un chef-d'œuvre, plein de jeunesse, de grâce et de verve, l'opéra de Rossini. Ce que l'auteur primitif avait laissé dans l'ombre, Rossini le met en lumière; les nuances infinies de ce caractère multiple se détaillent en musique avec tout leur jet et toute leur abondance. Il fredonne sans cesse, il mêle sa voix à tous les ensembles, il chante avec Rosine, avec Almaviva, avec Bartholo, il avertit les amants, tient tête au tuteur, il houspille Bazile, il est le maître de tous, il les mène. Du reste, son entrée, particulièrement réussie, le pose tout de suite, et nous pouvons nous écrier avec le maëstro : *Ah! bravo, Figaro, bravo, bravissimo!*

La représentation du *Barbier de Séville* eut tous les retards imaginables : le pugilat de l'auteur avec le duc de Chaulnes, la prison qui en fut la suite, l'arrêt dans son affaire avec le Parlement, qui le condamnait au blâme, c'est-à-dire à la mort civile, plusieurs missions secrètes qu'il obtint du roi pour retarder l'application d'une peine infamante, des aventures de plus en plus pressées, des ennuis, des chagrins, en un mot, des entraves de toute sorte. Cependant, la vie de Beaumarchais allait changer par la force même des événements : Louis XV, en mourant, emporta avec lui Maupeou et ses Brid'oison; Beaumarchais fut se faire réhabiliter, tranquillisa sa famille, et se livra sans arrière-pensée à toute la fougue de sa nature. Néanmoins, malgré le succès brillant de son *Barbier de Séville*, malgré le talent d'écrivain qu'il avait montré dans ses renommés mémoires, ce n'est pas la littérature qu'il dota des nouveaux efforts de sa verve en flamme, de son pétillement continu, de ses facultés extraordinaires. Ce qui l'occupa, ce qui l'absorba, ce furent des affaires d'argent, des fournitures de guerre, une intervention d'abord secrète, et ensuite au grand jour, avec des vaisseaux armés à ſes frais, avec des millions empruntés au public, avec la coopération de la France et de l'Eſpagne ; le vieil homme reparaiſſait.

L'inſurrection de l'Amérique du Nord devint ſa grande préoccupation, la littérature ne fut plus pour lui qu'un rare délaſſement. Nous ne ſuivrons donc pas cet incorrigible homme d'affaires dans ſes fournitures militaires, dans les chances diverſes de ſes coloſſales entrepriſes. Auſſi bien, ſa jeuneſſe ſi vive, ſi hardie, ſi audacieuſe, nous a livré l'homme tout entier ; ſon âge mûr n'en diffère qu'à peine, il ne fait qu'agrandir démeſurément le cercle de ſon action, toujours fébrile ; ſa vieilleſſe ſe paſſe à liquider une fortune qu'on croyait énorme, et qui n'était qu'énormément embrouillée. L'homme de lettres exiſte à peine chez lui, il n'apparaît que tous les dix ans, apportant au théâtre tantôt une comédie étincelante, *le Mariage de Figaro*, tantôt une parade inſignifiante, *Tarare*. On dit que Beaumarchais tenait, parmi ſes regiſtres de caiſſe, un livre des mots, des traits, des ſaillies qui lui venaient tour à tour, c'était le livre-journal de ſon eſprit, dont il faiſait plus tard uſage dans ſes pièces. Malheureuſement, en prodigue qu'il était, il dépenſa tout pour le *Mariage de Figaro*, et il ne reſta plus rien ni pour *Tarare*, ni pour *la Mère coupable*.

Cependant, ſes affaires ſont toujours compliquées, abſorbantes, ſes difficultés inſurmontables à tout autre. Ses ennemis augmentent avec ſa célébrité, ſes adverſaires ſont innombrables ; il a encore des procès (il eſt voué aux procès), et quand il n'en fait plus, il lui en vient du fond de l'Alſace comme de Paris. Après Mirabeau qui lui fait peur, Bergaffe qui lui fait pitié. Ce dernier l'accufe d'adultère, au nom du banquier Kornman, avec une femme qu'il connaît à peine, à laquelle il n'a fait que rendre un fignalé fervice, ce qui l'amène à dire : « Grand « Dieu! quelle eft ma deftinée! Je n'ai jamais fait de « bien qui ne m'ait caufé des angoiffes, et je ne dois « tous mes fuccès, le dirai-je?..... qu'à des fottifes. » Aveu fingulier dont il ne croit pas un mot, et qui prouve feulement l'amertume de fon cœur. Puis, il ajoute encore un trait à fon *Mariage de Figaro*, qui va devenir ainfi le réfumé de fa vie, la quinteffence de fa penfée, le récipient de fes colères : « Je commençais à comprendre que, « pour gagner du bien, le favoir-faire vaut mieux que le « favoir. »

Cependant, malgré fes nouvelles tribulations, malgré fes tourments, malgré fon exiftence fi anxieufe et fi agitée, il n'en entreprend pas moins une vraie campagne en faveur de la repréfentation publique de fa pièce capitale, du *Mariage de Figaro*. Cette repréfentation eft arrêtée par mille obftacles, l'indifférence des uns, l'inimitié des autres. Elle eft entravée d'abord par quelques gens de Cour, affez clairvoyants pour y voir un brandon de difcorde, une machine de guerre. Le roi demande à la connaître, et, après l'avoir lue, il la condamne. Son auteur refte alors pour quelque temps dans le filence; mais, en deffous, il fait agir fes amis, qui la prônent, qui la regrettent, qui la portent aux nues. Il en commence alors des lectures chez de grandes dames; ces lectures fe multiplient, et prefque toute la cour l'applaudit déjà. Enfin l'opinion publique fait fon œuvre, elle exprime fes défirs, son impatience, elle se passionne, et, après plus de trois ans de retard, après mille nouvelles contrariétés, accrochements, tracas de toute sorte, cette fameuse représentation eut lieu enfin, il y a aujourd'hui cent ans, en avril 1784. Tout Paris y courut, tout Paris y voulut assister. On brisa portes et barrières, on bouscula la garde. Les mieux avisés avaient pris la place d'assaut, étant restés de la veille dans la salle; les grandes dames avaient dîné au théâtre, dans les loges des principales actrices; les plus hauts courtisans se disputaient une place avec le moindre des roturiers. C'était une démence, une folie, une furie générales.

Cette foule avait raison : cette pièce qu'on allait lui jouer était bien la plus audacieuse, la plus téméraire, la plus scandaleuse, la plus endiablée qu'on ait pu concevoir et écrire sous un gouvernement absolu. Elle attaquait les institutions, les lois, le gouvernement, le régime tout entier. Elle raillait la classe la plus respectée jusqu'alors, la noblesse; elle la bafouait dans ses privilèges, elle riait de son ignorance, elle se moquait de ses colères. D'un autre côté, elle s'en prenait à la justice, accusant ses formes, ses lenteurs, ses hésitations, se gaussant devant son pédantisme et sa morgue, et la traitant d'impuissante, de routinière et d'arriérée. Les autres classes attrapaient bien quelques horions, mais pas en proportion avec les ridicules et les balourdises qui leur étaient propres. C'est égal, la foule avait raison : c'était son tour de siffler, et elle allait s'en donner à cœur-joie, pendant cinq années consécutives.

Nous ne pouvons pas, de notre temps, nous figurer

cet enthousiasme, cette gaieté, cette fièvre qu'accompagnaient ces lazzi pleins d'allusions et ces saillies pleines d'à-propos. La plupart des critiques du *Mariage de Figaro* ont trait à des institutions oubliées, ses railleries portent sur un régime bien mort. Il s'ensuit qu'il ne reste pour nous que le côté humain de ce dialogue étincelant, que les aphorismes de morale universelle, assez rares dans Beaumarchais, qui les évitait sans doute à cause même de leur vulgarité. *Figaro,* tout original qu'il soit, n'est pas un caractère, ses sarcasmes n'ont, pour la plupart, qu'une portée historique. En vieillissant, il perd de sa verve, de sa causticité, de son succès. Il n'en est pas de même de Molière, ses personnages ne sont pas seulement des habits, ce sont des hommes. Les ridicules qu'il dépeint si admirablement nous font rire aussi franchement qu'ils faisaient rire nos aïeux; les vices qu'il fustige sont éternels, parce qu'ils viennent du cœur humain, et non d'un régime politique : *Tartufe* a changé de nom et pas de sentiments, le *bourgeois gentilhomme* n'a pas changé du tout, l'*avare* est de tous les siècles

C'était une chose difficile et rare que de faire avec les mêmes personnages une seconde comédie, et plus tard une troisième pièce, la trilogie complète. Beaumarchais l'entreprit, tant il avait horreur du commun, et tant il fuyait les chemins battus. Mais, malgré tout son esprit, il n'en put vaincre les difficultés. Ainsi cet éblouissant Figaro, si leste, si pimpant, si naturellement spirituel, qui brûle les planches, qui conduit à bonne fin l'entreprise la plus folle, la plus semée d'obstacles, celle de se jouer d'un tuteur aussi soupçonneux que Bartholo, celle de tromper un docteur aussi fin, aussi clairvoyant, aussi expérimenté, celle de lui enlever sa pupille à son nez et à sa barbe; cet inventif Figaro, que rien ne surprend, que rien ne trouble, qui a des parades pour tous les coups, et qui riposte avec tant d'adresse, est excellent dans le *Barbier de Séville*, incomparable et triomphant quand il conçoit, mène et fait aboutir l'intrigue; avec la même verve, il n'a plus le même charme à propos de son mariage.

Ici, malgré les fusées de son esprit, toujours aussi nombreuses et aussi éblouissantes, il se laisse distancer par Suzanne. C'est que Suzanne est une création nouvelle, et, outre l'attrait de sa nouveauté, elle offre le type le plus aimable, le plus gracieux, le plus séduisant de la pièce. Suzanne diffère autant des soubrettes de comédie que Figaro des valets; elle est la confidente de la comtesse, et non sa servante. Dans ses scènes avec Chérubin, ce page libertin avant l'âge, qui ne voit dans les femmes que la sensualité, et non les délices de l'amour pur, elle la garantit par son adroite intervention des privautés de Chérubin et de la colère du comte; elle la couvre de sa protection active et discrète à la fois; elle est pour elle la ressource la plus intelligente et la plus précieuse. Fine, éveillée, prompte, hardie sans jactance, rusée sans effronterie, elle sait affronter les jaloux, leur répondre avec tact, les enjôler et les faire taire. Objet d'un caprice amoureux d'Almaviva, elle parvient, par ses coquetteries innocentes, à se soustraire à ses poursuites, jusqu'au piège qu'elle lui tend, et dont elle seule avait inventé tous les détails. Comme on le voit, c'est le rôle de Figaro qu'elle joue, tandis que Figaro débite avec insolence ses déclamations politiques et ſes injures contre l'ordre ſocial ; c'eſt elle qui conduit l'intrigue, l'enchevêtre et la dénoue, tandis que Figaro, entraîné par elle, ne fait que la ſuivre, ſans trop ſavoir où il va ; en un mot, c'eſt elle qui agit, et c'eſt lui qui parle.

La troiſième partie de la trilogie de Beaumarchais, la *Mère coupable,* eſt tout à fait inférieure aux deux premières. Il l'a faite, en 1790, au moment où l'âge, les fatigues, les tourments dans le préſent, les inquiétudes de l'avenir avaient prématurément glacé ſa verve, éteint ſon feu, jeté comme un voile noir ſur le reſte de ſes jours. A cinquante-huit ans, il eſt déjà épuiſé ; il ne gardera déſormais de la force et du courage que pour ſe défendre contre les hommes et les événements. Ce qui lui reſte de gaieté, il n'oſe le porter au théâtre, et il revient de préférence à ſes gros drames d'antan. La *Mère coupable* eſt du genre d'*Eugénie* et des *Deux Amis*. Mais quelle fâcheuſe idée d'y avoir employé les perſonnages de ſes deux originales comédies ! Ils ne ſont plus reconnaiſſables, et d'ailleurs ils ſont tous vieux : Figaro a perdu ſa verve, Suzanne, ſa grâce, la comteſſe, ſa ſérénité, le comte, ſon inſouciance ; tous ont les traits avachis, l'eſprit alourdi. Ils ont beaucoup perdu par l'âge : ils ſont triſtes, ils ſont faibles, ils ſont dupes du plus groſſier coquin qui les exploite indignement. Il les ruinerait à coup ſûr, ſi Figaro, qui, ſeul, a conſervé ſon bon ſens et ſa pénétration, ne dévoilait, à la fin, le traître, et ne leur rendait leur fortune, leur tranquillité, leur bonheur. Eſt-ce pour ce réſultat final que Beaumarchais a remis au jour ſa vieille défroque ? N'a-t-il voulu que perfectionner fon Figaro, qu'en faire le plus défintéreffé, le plus honnête, le plus généreux des ferviteurs, que d'éloigner de lui toute comparaifon, déformais injurieufe, avec les Frontins, les Crifpins, les Mafcarilles de notre théâtre? Ne favait-il pas que certaines natures font réfractaires aux dures exigences de la vertu; que fon Figaro avait montré trop d'avidité pour l'argent, trop d'empreffement à s'en procurer *per fas et nefas*, pour s'en montrer plus tard fi dédaigneux? Ne reftait-il pas au fond de fon cœur une forte de levain d'égoïfme, qu'il lui fallait vaincre bien complètement avant d'efpionner, au profit de fes maîtres, un gueux qui les joue et qui va les dévorer? Eh bien! non, tout eft changé dans cet homme fi ondoyant, la vertu triomphe fur toute la ligne, le miracle eft accompli, et Figaro peut s'écrier avec conviction : « O ma vieilleffe! pardonne à ma jeuneffe, elle « s'honorera de toi. »

Beaumarchais en peut-il dire autant que fon Figaro? Oui, certainement! Quand il eut une fois époufé en troifièmes noces, le 8 mars 1786, Marie-Thérèfe-Émilie Willermawla, il put dire, avec une certaine raifon et un vif enthoufiafme, à la fin de fon troifième mémoire contre Kornman : « Ces débats ne troublent plus la paix « de mon intérieur. Heureux dans mon ménage, « heureux par ma charmante fille, heureux par mes « anciens amis, ayant rempli tous mes devoirs auftères « de fils, d'époux, de frère, d'ami, d'honnête homme « enfin, de Français et de bon citoyen, ce dernier, « cet affreux procès m'a fait du moins un bien, en « me mettant à même de rétrécir mon cercle, de dif-

« cerner mes vrais amis de mes frivoles connaiſſances. »

Mais il comptait ſans la démagogie, qu'il avait été aſſez imprudent pour exciter ſans relâche. A ſa provocation, elle répondit par des confiſcations et des menaces de mort. Il avait fait bâtir une vaſte et riche maiſon à quelques pas de la Baſtille, qui lui avait coûté la ſomme, énorme pour l'époque, de 1,663,000 fr., ſans compter l'ameublement. C'était braver l'envie, allumer les paſſions populaires. Auſſi, pendant la Terreur, ſa maiſon fut-elle ſéqueſtrée. On l'accuſait d'avoir émigré, lui qui avait été chargé par le comité de ſalut public lui-même de revendiquer pour la France ſoixante mille fuſils (toujours des fuſils) vendus par l'Autriche. Avec ſon audace ordinaire, il vint en perſonne ſe défendre contre la Convention, publia un dernier mémoire, auſſi hardi que courageux, et obtint de retourner en Hollande pour ſuivre ſa négociation.

Du reſte, cette négociation était condamnée à ne pas aboutir; et, l'abſence de Beaumarchais ſe prolongeant, il laiſſa ſa famille ſe débattre contre les appétits les plus ſauvages. Sa ſœur Julie eut l'énergie d'aller habiter la maiſon proſcrite, pour la ſauvegarder autant que poſſible. Elle y paſſa nos plus mauvais jours, après le règne odieux de Robeſpierre, l'époque affreuſe de la famine, où le moindre dîner coûtait plus de 5,000 francs, où l'on faiſait venir en cachette du pain de la province, où l'on ſouffrait de la faim, même ſous les lambris dorés. Enfin, Beaumarchais revint ſous le Directoire, avec ſa fortune compromiſe, ſa ſanté atteinte, ſa ſénilité prématurée, paſſa les derniers jours de ſon exiſtence au milieu d'une famille qui le choyait, et s'éteignit fans fouffrance le 18 mai 1799.

Telle eft la vie agitée, traverfée, tumultueufe de Beaumarchais. Elle ne nous fait pas revenir fur ce que nous avons dit de lui, en commençant cette étude. Il n'eft pas fils de la Révolution, parce qu'il ne fut d'aucun parti, d'aucune opinion politique; il femble même n'avoir pas fu ce que c'était que la politique, fe bornant à faire de la critique fociale, des épigrammes contre des abus et des privilèges déjà furannés pour la plupart. Il obtint quelque temps la faveur publique par fes mémoires judiciaires; feulement, il ne fit rien de fa popularité, et fe hâta de retourner à fes propres affaires. Appartenant à cette claffe qui fe mêla à la nobleffe, et qui en fut facilement accueillie, il fongea toujours à l'égaler par la fortune, comme il la furpaffait par l'efprit. Auffi, 1789 fut-il pour lui une furprife et un mécompte. Son idéal n'allait pas fi loin; il en ferait refté volontiers aux États généraux, ainfi qu'il l'avoue dans une de fes lettres intimes. Il ne fut donc pas un grand patriote, comme fon génie et fa fortune lui auraient permis de l'être. Mais il nous a laiffé deux comédies qui fuffifent pour immortalifer fon nom.

JULES DAVID.

BIBLIOGRAPHIE

Beaucoup d'écrits sont tombés de la plume de Caron de Beaumarchais : drames, comédies, opéras et chansons ; mémoires judiciaires et mémoires politiques ; lettres, pétitions et placets, il a essayé de tout. Mais c'est principalement dans les bibliothèques où les pièces de théâtre ont leur rayon qu'il occupe un rang honorable.

Des éditions nombreuses ont été faites du *Barbier de Séville* et du *Mariage de Figaro*. Parmi les plus remarquables il faut citer, par ordre de dates :

Les premières éditions, chez Ruault (1775 à 1785).

L'édition A. Lemerre, avec une notice et des notes, par M. Ch. Bauquier (1871).

L'édition populaire de la Librairie illustrée, avec une notice par M. F. de Marescot et des dessins de M. Ad. Marie (1875).

L'édition Delarue (1878).

L'édition Jouaust, avec une notice de M. Aug. Vitu, et des dessins d'Arcos, gravés à l'eau-forte par Monziès (1882).

Enfin l'édition A. Quantin, avec des en-têtes pour chaque acte, dessinés par Valton et gravés à l'eau-forte par Abot (1883).

Les éditions du Théâtre complet de Beaumarchais sont assez rares. Nous n'avons guère à mentionner que celle de MM. F. de Marescot et G. d'Heilli, publiée en 1871 à la Librairie des Bibliophiles, 4 volumes in-8°.

Pour les autres œuvres de Beaumarchais, nous pensons qu'une simple nomenclature doit suffire à sa gloire, ce sont :

Eugénie, drame en cinq actes et en prose.

Les *Deux Amis ou le Négociant de Lyon*, drame en cinq actes et en prose.

Mémoires judiciaires contre les sieurs de Goëzman, La Blache, Marin et d'Arnaud-Baculard.

Mémoires judiciaires contre les sieurs Kornman et Bergasse.

Mémoires ou Mes Six époques (Beaumarchais à Lecointre, son dénonciateur).

Vœu de toutes les nations et de toutes les puissances dans l'abaissement et l'humiliation de la Grande-Bretagne.

Observations sur le Mémoire justificatif de la cour de Londres, ou Apologie de la conduite de la France relativement à l'insurrection des colonies anglaises.

Requête à MM. les repréſentants de la commune de Paris.

Affaires des auteurs dramatiques et des comédiens français.

Lettres, Placets et Pétitions.

Mélanges, en proſe et en vers, etc.

Gudin de la Brenellerie, ſecrétaire et ami de Beaumarchais, d'aucuns diſent ſon collaborateur, a réuni les travaux ci-deſſus et les a publiés, pour la première fois, ſous le titre d'*Œuvres complètes*. Paris, 1809, 7 vol. in-8°.

Les œuvres inédites, dont les manuſcrits ſe trouvent à la bibliothèque du Théâtre-Français, et que M. Edouard Fournier vient de publier, pour la première fois, chez Laplace et Sanchez, dans une nouvelle édition des *Œuvres complètes*, ſont les ſuivantes :

Jean Bête à la foire, parade en un acte et en proſe.

Colin et Colette, parade en un acte et en proſe.

Les *Bottes de sept lieues*, parade en un acte et en proſe.

Les *Députés de la Halle et du Gros-Caillou*, ſcène de poiſſardes et de maîtres pêcheux, parade en un acte et en proſe.

Mémoire sur l'Espagne.

Essai sur les Manufactures d'Espagne.

Mélanges, en proſe et en vers.

Diſons, en terminant, que M. de Loménie a eu la bonne fortune de collationner les monceaux de papiers laiſſés par l'auteur du *Mariage de Figaro*, et que les deux volumes intitulés : *Beaumarchais et son temps*, étude ſur la ſociété en France au dix-huitième ſiècle, d'après des documents inédits et qu'il a publiés en 1856, ſont l'œuvre la plus complète qui ait été écrite ſur le remarquable écrivain, dramaturge et pamphlétaire.

L'Editeur.

LE BARBIER DE SÉVILLE

ou

LA PRÉCAUTION INUTILE

Comédie en quatre actes et en profe

REPRÉSENTÉE POUR LA PREMIÈRE FOIS SUR LE THÉATRE-FRANÇAIS
LE 23 FÉVRIER 1775

LETTRE MODÉRÉE

SUR LA CHUTE ET LA CRITIQUE

DU

BARBIER DE SÉVILLE

L'AUTEUR, *vêtu modestement et courbé, présentant sa pièce au lecteur.*

Monsieur,

J'ai l'honneur de vous offrir un nouvel opufcule de ma façon. Je fouhaite vous rencontrer dans un de ces moments heureux où, dégagé de foins, content de votre fanté, de vos affaires, de votre maîtreffe, de votre dîner, de votre eftomac, vous puiffiez vous plaire un moment à la lecture de mon *Barbier de Séville;* car il faut tout cela pour être homme amufable et lecteur indulgent.

Mais fi quelque accident a dérangé votre fanté; fi votre état eft compromis; fi votre belle a forfait à fes ferments; fi votre dîner fut mauvais ou votre digeftion laborieufe, ah! laiffez mon *Barbier :* ce n'eft pas là l'inftant: examinez l'état de vos dépenfes, étudiez le *factum* de votre adverfaire, relifez ce traître billet furpris à Rofe, ou parcourez les chefs-d'œuvre de Tiffot (1) fur la tempérance, et faites des réflexions politiques, économiques, diététiques, philofophiques ou morales.

Ou fi votre état eft tel qu'il vous faille abfolument l'oublier, enfoncez-vous dans une bergère, ouvrez le journal établi dans Bouillon (2) avec encyclopédie, approbation et privilège, et dormez vite une heure ou deux.

Quel charme aurait une production légère au milieu des plus noires vapeurs? Et que vous importe en effet si Figaro le barbier s'est bien moqué de Bartholo le médecin, en aidant un rival à lui souffler sa maîtresse? On rit peu de la gaieté d'autrui, quand on a de l'humeur pour son propre compte.

Que vous fait encore si ce barbier espagnol, en arrivant dans Paris, essuya quelques traverses, et si la prohibition de ses exercices a donné trop d'importance aux rêveries de mon bonnet? On ne s'intéresse guère aux affaires des autres que lorsqu'on est sans inquiétude sur les siennes.

Mais enfin tout va-t-il bien pour vous? Avez-vous à souhait double estomac, bon cuisinier, maîtresse honnête et repos imperturbable? Ah! parlons, parlons: donnez audience à mon *Barbier*.

Je sens trop, monsieur, que ce n'est plus le temps où, tenant mon manuscrit en réserve, et semblable à la coquette qui refuse souvent ce qu'elle brûle toujours d'accorder, j'en faisais quelque avare lecture à des gens préférés, qui croyaient devoir payer ma complaisance par un éloge pompeux de mon ouvrage.

O jours heureux! Le lieu, le temps, l'auditoire à ma dévotion, et la magie d'une lecture adroite assurant mon succès, je glissais sur le morceau faible en appuyant les bons endroits: puis, recueillant les suffrages du coin de l'œil avec une orgueilleuse modestie, je jouissais d'un triomphe d'autant plus doux, que le jeu d'un fripon d'acteur ne m'en dérobait pas les trois quarts pour son compte.

Que reste-t-il, hélas! de toute cette gibecière? A l'instant qu'il faudrait des miracles pour vous subjuguer, quand la verge de Moïse y suffirait à peine, je n'ai plus même la ressource du bâton de Jacob; plus d'escamotage, de tricherie, de coquetterie, d'inflexions de voix, d'illusion théâtrale, rien. C'est ma vertu toute nue que vous allez juger.

Ne trouvez donc pas étrange, Monsieur, si, mesurant mon style à ma situation, je ne fais pas comme ces écrivains qui se donnent le ton de vous appeler négligemment *Lecteur, ami Lecteur, cher Lecteur, benin* ou *benoît Lecteur*, ou de telle autre dénomination cavalière, je dirais même indécente, par laquelle ces imprudents essayent de se mettre au pair avec leur juge, et qui ne fait bien souvent que leur en attirer l'animadversion. J'ai toujours vu que les airs ne séduisaient personne, et que le ton modeste d'un auteur pouvait seul inspirer un peu d'indulgence à son fier lecteur.

Eh! quel écrivain en eut jamais plus besoin que moi! Je voudrais le cacher en vain : j'eus la faibleffe autrefois, Monfieur, de vous préfenter, en différents temps, deux triftes drames (3) ; productions monftrueuses, comme on fait! car, entre la tragédie et la comédie, on n'ignore plus qu'il n'exifte rien ; c'eft un point décidé, le maître l'a dit, l'école en retentit : et pour moi j'en fuis tellement convaincu, que, fi je voulais mettre au théâtre une mère éplorée, une époufe trahie, une sœur éperdue, un fils déshérité, pour les préfenter décemment au public, je commencerais par leur fuppofer un beau royaume où ils auraient régné de leur mieux, vers l'un des archipels, ou dans tel autre coin du monde ; certain après cela que l'invraifemblance du roman, l'énormité des faits, l'enflure des caractères, le gigantefque des idées et la bouffiffure du langage, loin de m'être mputés à reproche, affureraient encore mon fuccès.

Préfenter des hommes d'une condition moyenne accablés et dans le malheur! fi donc! On ne doit jamais les montrer que baffoués. Les citoyens ridicules et les rois malheureux, voilà tout le théâtre exiftant et poffible ; et je me le tiens pour dit ; c'eft fait, je ne veux plus quereller avec perfonne.

J'ai donc eu la faibleffe autrefois, Monfieur, de faire des drames qui n'étaient pas *du bon genre;* et je m'en repens beaucoup.

Preffé depuis par les événements, j'ai hafardé de malheureux Mémoires (4), que mes ennemis n'ont pas trouvés *du bon style;* et j'en ai le remords cruel.

Aujourd'hui je fais gliffer fous vos yeux une comédie fort gaie, que certains maîtres de goût n'eftiment pas *du bon ton;* et je ne m'en confole point.

Peut-être un jour oferai-je affliger votre oreille d'un opéra (5) dont les jeunes gens d'autrefois diront que la mufique n'eft pas *du bon français;* et j'en fuis tout honteux d'avance.

Ainfi, de fautes en pardons, et d'erreurs en excufes, je pafferai ma vie à mériter votre indulgence, par la bonne foi naïve avec laquelle je reconnaîtrai les unes en vous préfentant les autres.

Quant au *Barbier de Séville*, ce n'eft pas pour corrompre votre jugement que je prends ici le ton refpectueux : mais on m'a fort affuré que lorfqu'un auteur était forti, quoique échiné, vainqueur au théâtre, il ne lui manquait plus que d'être agréé par vous, Monfieur, et lacéré dans quelques journaux, pour avoir obtenu tous les lauriers littéraires. Ma gloire eft donc certaine, fi vous daignez m'accorder le laurier de votre agrément; perfuadé que plufieurs de meffieurs les journaliftes ne me refuferont pas celui de leur dénigrement.

Déjà l'un d'eux (6), établi dans Bouillon avec approbation et privilège, m'a fait l'honneur encyclopédique d'assurer à ses abonnés que ma pièce était sans plan, sans unité, sans caractères, vide d'intrigue et dénuée de comique.

Un autre (7) plus naïf encore, à la vérité sans approbation, sans privilège, et même sans encyclopédie, après un candide exposé de mon drame, ajoute au laurier de sa critique cet éloge flatteur de ma personne : « La réputation du sieur de Beaumarchais est bien tombée ; « et les honnêtes gens sont enfin convaincus que, lorsqu'on lui aura « arraché les plumes du paon, il ne restera plus qu'un vilain cor- » beau noir, avec son effronterie et sa voracité. »

Puisqu'en effet j'ai eu l'effronterie de faire la comédie du *Barbier de Séville*, pour remplir l'horoscope entier, je pousserai la voracité jusqu'à vous prier humblement, Monsieur, de me juger vous-même, et sans égard aux critiques passés, présents et futurs; car vous savez que, par état, les gens de feuilles sont souvent ennemis des gens de lettres ; j'aurai même la voracité de vous prévenir qu'étant saisi de mon affaire, il faut que vous soyez mon juge absolument, soit que vous le vouliez ou non ; car vous êtes mon lecteur.

Et vous sentez bien, Monsieur, que si, pour éviter ce tracas, ou me prouver que je raisonne mal, vous refusiez constamment de me lire, vous feriez vous-même une pétition de principe au-dessous de vos lumières : n'étant pas mon lecteur, vous ne seriez pas celui à qui s'adresse ma requête.

Que si, par dépit de la dépendance où je parais vous mettre, vous vous avisiez de jeter le livre en cet instant de votre lecture, c'est, monsieur, comme si, au milieu de tout autre jugement, vous étiez enlevé du tribunal par la mort, ou tel accident qui vous rayât du nombre des magistrats. Vous ne pouvez éviter de me juger qu'en devenant nul, négatif, anéanti ; qu'en cessant d'exister en qualité de mon lecteur.

Eh ! quel tort vous fais-je en vous élevant au-dessus de moi ? Après le bonheur de commander aux hommes, le plus grand honneur, Monsieur, n'est-il pas de les juger ?

Voilà donc qui est arrangé. Je ne reconnais plus d'autre juge que vous ; sans excepter messieurs les spectateurs, qui, ne jugeant qu'en premier ressort, voient souvent leur sentence infirmée à votre tribunal.

L'affaire avait d'abord été plaidée devant eux au théâtre; et ces messieurs ayant beaucoup ri, j'ai pu penser que j'avais gagné ma cause à l'audience. Point du tout ; le journaliste établi dans Bouillon prétend que c'est de moi qu'on a ri. Mais ce n'est là, Monsieur, comme on dit en style de palais, qu'une mauvaise chicane de procureur : mon but ayant été d'amuser les spectateurs, qu'ils aient ri de ma pièce ou de moi, s'ils ont ri de bon cœur, le but est également rempli : ce que j'appelle avoir gagné ma cause à l'audience.

Le même journaliste assure encore, ou du moins laisse entendre, que j'ai voulu gagner quelques-uns de ces messieurs, en leur faisant des lectures particulières, en achetant d'avance leur suffrage par cette prédilection. Mais ce n'est encore là, Monsieur, qu'une difficulté de publiciste allemand. Il est manifeste que mon intention n'a jamais été que de les instruire : c'étaient des espèces de consultations que je faisais sur le fond de l'affaire. Que si les consultants, après avoir donné leur avis, se sont mêlés parmi les juges, vous voyez bien, Monsieur, que je n'y pouvais rien de ma part, et que c'était à eux de se récuser par délicatesse, s'ils se sentaient de la partialité pour mon barbier andalou.

Eh ! plût au ciel qu'ils en eussent un peu conservé pour ce jeune étranger ! nous aurions eu moins de peine à soutenir notre malheur éphémère. Tels sont les hommes : avez-vous du succès, ils vous accueillent, vous portent, vous caressent, ils s'honorent de vous ; mais gardez de broncher dans la carrière ; au moindre échec, ô mes amis ! souvenez-vous qu'il n'est plus d'amis.

Et c'est précisément ce qui nous arriva le lendemain de la plus triste soirée. Vous eussiez vu les faibles amis du barbier se disperser, se cacher le visage ou s'enfuir ; les femmes, toujours si braves quand elles protègent, enfoncées dans les coqueluchons jusqu'aux panaches, et baissant des yeux confus ; les hommes courant se visiter, se faire amende honorable du bien qu'ils avaient dit de ma pièce, et rejetant sur ma maudite façon de lire les choses tout le faux plaisir qu'ils y avaient goûté. C'était une désertion totale, une vraie désolation.

Les uns lorgnaient à gauche, en me sentant passer à droite, et ne faisaient plus semblant de me voir : ah dieux ! D'autres, plus courageux, mais s'assurant bien si personne ne les regardait, m'attiraient dans un coin pour me dire : Eh ! comment avez-vous produit en nous cette illusion ? car, il faut en convenir, mon ami, votre pièce est la plus grande platitude du monde.

— Hélas ! messieurs, j'ai lu ma platitude, en vérité, tout platement comme je l'avais faite; mais, au nom de la bonté que vous avez de me parler encore après ma chute, et pour l'honneur de votre second jugement, ne fouffrez pas qu'on redonne la pièce au théâtre : fi, par malheur, on venait à la jouer comme je l'ai lue, on vous ferait peut-être une nouvelle tromperie, et vous vous en prendriez à moi de ne plus favoir quel jour vous eûtes raifon ou tort; ce qu'à Dieu ne plaife!

On ne m'en crut point; on laiffa rejouer la pièce, et pour le coup je fus prophète en mon pays. Ce pauvre Figaro, *feffé* par la cabale *en faux-bourdon*, et prefque enterré le vendredi, ne fit point comme Candide; il prit courage, et mon héros fe releva le dimanche avec une vigueur que l'auftérité d'un carême entier et la fatigue de dix-fept féances publiques n'ont pas encore altérée. Mais qui fait combien cela durera? Je ne voudrais pas jurer qu'il en fût feulement queftion dans cinq ou fix fiècles, tant notre nation eft inconftante et légère!

Les ouvrages de théâtre, Monfieur, font comme les enfants des femmes. Conçus avec volupté, menés à terme avec fatigue, enfantés avec douleur, et vivant rarement affez pour payer les parents de leurs foins, ils coûtent plus de chagrins qu'ils ne donnent de plaifirs. Suivez-les dans leur carrière : à peine ils voient le jour, que, fous prétexte d'enflure, on leur applique les cenfeurs; plufieurs en font reftés en chartre. Au lieu de jouer doucement avec ceux, le cruel parterre les rudoie et les fait tomber. Souvent, en les berçant, le comédien les eftropie. Les perdez-vous un inftant de vue, on les retrouve, hélas! traînants partout, mais dépenaillés, défigurés, rongés d'extraits et couverts de critiques. Échappés à tant de maux, s'ils brillent un moment dans le monde, le plus grand de tous les atteint; le mortel oubli les tue; ils meurent, et, replongés au néant, les voilà perdus à jamais dans l'immenfité des livres.

Je demandais à quelqu'un pourquoi ces combats, cette guerre animée entre le parterre et l'auteur, à la première repréfentation des ouvrages, même de ceux qui devaient plaire un autre jour. Ignorez-vous, me dit-il, que Sophocle et le vieux Denys font morts de joie d'avoir remporté le prix des vers au théâtre? Nous aimons trop nos auteurs pour fouffrir qu'un excès de joie nous prive d'eux, en les étouffant : auffi, pour les conferver, avons-nous grand foin que leur triomphe ne foit jamais fi pur qu'ils puiffent en expirer de plaifir.

Quoi qu'il en foit des motifs de cette rigueur, l'enfant de mes loifirs, ce jeune, cet innocent *Barbier*, tant dédaigné le premier jour, loin d'abufer le furlendemain de fon triomphe, ou de montrer de l'humeur à fes critiques, ne s'en eft que plus empreffé de les défarmer par l'enjouement de fon caractère.

Exemple rare et frappant, Monfieur, dans un fiècle d'ergotifme, où l'on calcule tout jufqu'au rire; où la plus légère diverfité d'opinions fait germer des haines éternelles; où tous les jeux tournent en guerre; où l'injure qui repouffe l'injure eft à fon tour payée par l'injure, jufqu'à ce qu'une autre effaçant cette dernière en enfante une nouvelle, auteur de plufieurs autres, et propage ainfi l'aigreur à l'infini, depuis le rire jufqu'à la fatiété, jufqu'au dégoût, à l'indignation même du lecteur le plus cauftique.

Quant à moi, Monfieur, s'il eft vrai, comme on l'a dit, que tous les hommes foient frères, et c'eft une belle idée, je voudrais qu'on pût engager nos frères les gens de lettres à laiffer, en difcutant, le ton rogue et tranchant à nos frères les libelliftes qui s'en acquittent fi bien! ainfi que les injures à nos frères les plaideurs... qui ne s'en acquittent pas mal non plus! Je voudrais furtout qu'on pût engager nos frères les journaliftes à renoncer à ce ton pédagogue et magiftral avec lequel ils gourmandent les fils d'Apollon, et font rire la fottife aux dépens de l'efprit.

Ouvrez un journal : ne femble-t-il pas voir un dur répétiteur, la férule ou la verge levée fur des écoliers négligents, les traiter en efclaves au plus léger défaut dans le devoir? Eh! mes frères, il s'agit bien de devoir ici! la littérature en eft le délaffement et la douce récréation.

A mon égard au moins, n'efpérez pas affervir dans fes jeux mon efprit à la règle : il eft incorrigible, et, la claffe du devoir une fois fermée, il devient fi léger et badin que je ne puis que jouer avec lui. Comme un liège emplumé qui bondit fur la raquette, il s'élève, il retombe, égaye mes yeux, repart en l'air, y fait la roue, et revient encore. Si quelque joueur adroit veut entrer en partie et ballotter à nous deux le léger volant de mes penfées, de tout mon cœur : s'il ripofte avec grâce et légèreté, le jeu m'amufe et la partie s'engage. Alors on pourrait voir les coups portés, parés, reçus, rendus, accélérés, preffés, relevés même avec une preftefse, une agilité propre à réjouir autant les fpectateurs qu'elle animerait les acteurs.

Telle au moins, Monfieur, devrait être la critique; et c'eft ainfi que j'ai toujours conçu la difpute entre les gens polis qui cultivent **les lettres.**

Voyons, je vous prie, fi le journalifte de Bouillon a confervé dans fa critique ce caractère aimable et furtout de candeur pour lequel on vient de faire des vœux.

« La pièce eft une farce », dit-il.

Paffons fur les qualités. Le méchant nom qu'un cuifinier étranger donne aux ragoûts français ne change rien à la faveur : c'eft en paffant par fes mains qu'ils fe dénaturent. Analyfons la farce de Bouillon.

« La pièce, a-t-il dit, n'a pas de plan. »

Eft-ce parce qu'il eft trop fimple qu'il échappe à la fagacité de ce critique adolefcent ?

Un vieillard amoureux prétend époufer demain fa pupille ; un jeune amant plus adroit le prévient, et ce jour même en fait fa femme à la barbe et dans la maifon du tuteur. Voilà le fond, dont on eût pu faire, avec un égal fuccès, une tragédie, une comédie, un drame, un opéra, *et cætera*. L'*Avare* de Molière eft-il autre chofe ? le *Grand Mithridate* eft-il autre chofe ? Le genre d'une pièce, comme celui de toute autre action, dépend moins du fond des chofes que des caractères qui les mettent en œuvre.

Quant à moi, ne voulant faire, fur ce plan, qu'une pièce amufante et fans fatigue, une efpèce d'*imbroille*, il m'a fuffi que le machinifte, au lieu d'être un noir fcélérat, fût un drôle de garçon, un homme infouciant, qui rit également du fuccès et de la chute de fes entreprifes, pour que l'ouvrage, loin de tourner en drame férieux, devînt une comédie fort gaie : et de cela feul que le tuteur eft un peu moins fot que tous ceux qu'on trompe au théâtre, il a réfulté beaucoup de mouvement dans la pièce, et furtout la néceffité d'y donner plus de reffort aux intrigants.

Au lieu de refter dans ma fimplicité comique, fi j'avais voulu compliquer, étendre et tourmenter mon plan à la manière tragique ou *dramique*, imagine-t-on que j'aurais manqué de moyens dans une aventure dont je n'ai mis en fcènes que la partie la moins merveilleufe ?

En effet, perfonne aujourd'hui n'ignore qu'à l'époque hiftorique où la pièce finit gaiement dans mes mains, la querelle commença férieufement à s'échauffer, comme qui dirait derrière la toile, entre le docteur et Figaro, fur les cent écus. Des injures on en vint aux coups.

Le docteur, étrillé par Figaro, fit tomber, en fe débattant, le *rescille* ou filet qui coiffait le barbier ; et l'on vit, non fans furprife, une forme de fpatule imprimée à chaud fur fa tête rafée. Suivez-moi, Monfieur, je vous prie.

A cet afpect, moulu de coups qu'il eft, le médecin s'écrie avec tranfport : « Mon fils ! ô ciel, mon fils ! mon cher fils !... » Mais avant que Figaro l'entende, il a redoublé de horions fur fon cher père. En effet, ce l'était.

Ce Figaro, qui pour toute famille avait jadis connu fa mère, eft fils naturel de Bartholo. Le médecin, dans fa jeuneffe, eut cet enfant d'une perfonne en condition, que les fuites de fon imprudence firent paffer du fervice au plus affreux abandon.

Mais, avant de les quitter, le défolé Bartholo, frater alors, a fait rougir fa fpatule; il en a timbré fon fils à l'occiput, pour le reconnaitre un jour, fi jamais le fort les raffemble. La mère et l'enfant avaient paffé fix années dans une honorable mendicité, lorfqu'un chef de bohémiens, defcendu de Luc Gauric (8), traverfant l'Andaloufie avec fa troupe, et confulté par la mère fur le deftin de fon fils, déroba l'enfant furtivement, et laiffa par écrit cet horofcope à fa place :

> Après avoir verfé le fang dont il eft né,
> Ton fils affommera fon père infortuné :
> Puis, tournant fur lui-même et le fer et le crime,
> Il fe frappe, et devient heureux et légitime.

En changeant d'état fans le favoir, l'infortuné jeune homme a changé de nom fans le vouloir : il s'eft élevé fous celui de Figaro : il a vécu. Sa mère eft cette Marceline, devenue vieille et gouvernante chez le docteur, que l'affreux horofcope de fon fils a confolé de fa perte. Mais aujourd'hui tout s'accomplit.

En faignant Marceline au pied, comme on le voit dans ma pièce, ou plutôt comme on ne l'y voit pas, Figaro remplit le premier vers :

> Après avoir verfé le fang dont il eft né.

Quand il étrille innocemment le docteur, après la toile tombée, il accomplit le fecond vers :

> Ton fils affommera fon père infortuné.

A l'inftant, la plus touchante reconnaiffance a lieu entre le médecin, la vieille et Figaro : *C'est vous ! c'est lui ! c'est toi ! c'est moi !* Quel coup de théâtre ! Mais le fils, au défefpoir de fon innocente

vivacité, fond en larmes, et fe donne un coup de rafoir, felon le
fens du troifième vers :

> Puis, tournant fur lui-même le fer et le crime,
> Il fe frappe, et. . . . . .

Quel tableau ! En n'expliquant point fi, du rafoir, il fe coupe la
gorge ou feulement le poil du vifage, on voit que j'avais le choix
de finir ma pièce au plus grand pathétique. Enfin, le docteur époufe
la vieille; et Figaro, fuivant la dernière leçon....

> . . . . devient heureux et légitime.

Quel dénoûment! Il ne m'en eût coûté qu'un fixième acte. Et
quel fixième acte! Jamais tragédie au Théâtre-Français.... Il fuffit.
Reprenons ma pièce en l'état où elle a été jouée et critiquée. Lorfqu'on me reproche avec aigreur ce que j'ai fait, ce n'eft pas l'inftant de louer ce que j'aurais pu faire.

« La pièce est invraifemblable dans fa conduite », a dit encore
le journalifte établi dans Bouillon avec approbation et privilège.

— Invraifemblable! Examinons cela avec plaifir.

Son Excellence M. le comte Almaviva, dont j'ai, depuis longtemps, l'honneur d'être ami particulier, eft un jeune feigneur, ou,
pour mieux dire, était; car l'âge et les grands emplois en ont fait
depuis un homme fort grave, ainfi que je le fuis devenu moi-même.
Son Excellence était donc un jeune feigneur efpagnol, vif, ardent,
comme tous les amants de fa nation, que l'on croit froide, et qui
n'eft que pareffeufe.

Il s'était mis fecrètement à la pourfuite d'une belle perfonne
qu'il avait entrevue à Madrid, et que fon tuteur a bientôt ramenée
au lieu de fa naiffance. Un matin qu'il fe promenait fous fes fenêtres à Séville, où, depuis huit jours, il cherchait à s'en faire remarquer, le hafard conduifit au même endroit Figaro le barbier. — «Ah!
le hafard, dira mon critique : et fi le hafard n'eût pas conduit ce
jour-là le barbier dans cet endroit, que devenait la pièce? — Elle
eût commencé, mon frère, à quelque autre époque. — Impoffible,
puifque le tuteur, felon vous-même, époufait le lendemain. — Alors
il n'y aurait pas eu de pièce; ou, s'il y en avait eu, mon frère, elle
aurait été différente. Une chofe eft-elle invraifemblable, parce
qu'elle était poffible autrement? »

Réellement vous avez un peu d'humeur. Quand le cardinal de

Retz nous dit froidement : « Un jour j'avais besoin d'un homme : à la vérité, je ne voulais qu'un fantôme ; j'aurais défiré qu'il fût petit-fils de Henri le Grand ; qu'il eût de longs cheveux blonds ; qu'il fût beau, bien fait, bien féditieux ; qu'il eût le langage et l'amour des halles ; et voilà que le hafard me fait rencontrer à Paris M. de Beaufort, échappé de la prifon du roi : c'était juftement l'homme qu'il me fallait ; » va-t-on dire au coadjuteur : « Ah ! le hafard ! Mais fi vous n'euffiez pas rencontré M. de Beaufort ? Mais ceci, mais cela ?... »

Le hafard donc conduifit en ce même endroit Figaro le barbier, beau difeur, mauvais poète, hardi muficien, grand fringueneur de guitare, et jadis valet de chambre du comte ; établi dans Séville, y faifant avec fuccès des barbes, des romances et des mariages ; y maniant également le fer du phlébotome et le pifton du pharmacien ; la terreur des maris, la coqueluche des femmes, et juftement l'homme qu'il nous fallait. Et comme en toute recherche ce qu'on nomme paffion n'eft autre chofe qu'un défir irrité par la contradiction, le jeune amant, qui n'eût peut-être eu qu'un goût de fantaifie pour cette beauté s'il l'eût rencontrée dans le monde, en devient amoureux, parce qu'elle eft enfermée, au point de faire l'impoffible pour l'époufer.

Mais vous donner ici l'extrait entier de la pièce, Monfieur, ferait douter de la fagacité, de l'adreffe avec laquelle vous faifirez le deffein de l'auteur, et fuivrez le fil de l'intrigue, à travers un léger dédale. Moins prévenu que le journal de Bouillon, qui fe trompe, avec approbation et privilège, fur toute la conduite de cette pièce, vous verrez que *tous les soins de l'amant ne sont pas destinés à remettre simplement une lettre*, qui n'eft là qu'un léger acceffoire à l'intrigue, mais bien à s'établir dans un fort défendu par la vigilance et le foupçon ; furtout à tromper un homme qui, fans ceffe éventant la manœuvre, oblige l'ennemi de fe retourner affez leftement pour n'être pas défarçonné d'emblée.

Et lorfque vous verrez que tout le mérite du dénoûment confifte en ce que le tuteur a fermé fa porte, en donnant fon paffe-part ou à Bazile, pour que lui feul et le notaire puffent entrer et conclure fon mariage, vous ne laifferez pas d'être étonné qu'un critique auffi équitable fe joue de la confiance de fon lecteur, ou fe trompe, au point d'écrire, et dans Bouillon encore : *Le comte s'est donné la peine de monter au balcon par une échelle avec Figaro, quoique la porte ne soit pas fermée.*

Enfin, lorsque vous verrez le malheureux tuteur, abusé par toutes les précautions qu'il prend pour ne le point être, à la fin forcé de signer au contrat du comte et d'approuver ce qu'il n'a pu prévenir, vous laisserez au critique à décider si ce tuteur était un *imbécile*, de ne pas deviner une intrigue dont on lui cachait tout, lorsque lui, critique, à qui l'on ne cachait rien, ne l'a pas devinée plus que le tuteur.

En effet, s'il l'eût bien conçue, aurait-il manqué de louer tous les beaux endroits de l'ouvrage?

Qu'il n'ait point remarqué la manière dont le premier acte annonce et déploie avec gaieté tous les caractères de la pièce, on peut lui pardonner.

Qu'il n'ait pas aperçu quelque peu de comédie dans la grande scène du second acte, où, malgré la défiance et la fureur du jaloux, la pupille parvient à lui donner le change sur une lettre remise en sa présence, et à lui faire demander pardon à genoux du soupçon qu'il a montré, je le conçois encore aisément.

Qu'il n'ait pas dit un seul mot de la scène de stupéfaction de Bazile au troisième acte, qui a paru si neuve au théâtre, et a tant réjoui les spectateurs, je n'en suis point surpris du tout.

Passe encore qu'il n'ait pas entrevu l'embarras où l'auteur s'est jeté volontairement au dernier acte, en faisant avouer par la pupille à son tuteur que le comte avait dérobé la clef de sa jalousie ; et comment l'auteur s'en démêle en deux mots, et sort, en se jouant, de la nouvelle inquiétude qu'il a imprimée aux spectateurs. C'est peu de chose en vérité.

Je veux bien qu'il ne lui soit pas venu à l'esprit que la pièce, une des plus gaies qui soient au théâtre, est écrite sans la moindre équivoque, sans une pensée, un seul mot dont la pudeur, même des petites loges, ait à s'alarmer ; ce qui pourtant est bien quelque chose, Monsieur, dans un siècle où l'hypocrisie de la décence est poussée presque aussi loin que le relâchement des mœurs. Très volontiers. Tout cela sans doute pouvait n'être pas digne de l'attention d'un critique aussi majeur.

Mais comment n'a-t-il pas admiré ce que tous les honnêtes gens n'ont pu voir sans répandre des larmes de tendresse et de plaisir? Je veux dire la piété filiale de ce bon Figaro, qui ne saurait oublier sa mère!

Tu connais donc ce tuteur? lui dit le comte au premier acte.

Comme ma mère, répond Figaro. Un avare aurait dit : *Comme mes poches*. Un petit-maître eût répondu : *Comme moi-même;* un ambitieux : *Comme le chemin de Versailles;* et le journaliste de Bouillon : *Comme mon libraire :* les comparaisons de chacun se tirant toujours de l'objet intéressant. *Comme ma mère*, a dit le fils tendre et respectueux.

Dans un autre endroit encore : *Ah! vous êtes charmant!* lui dit le tuteur. Et ce bon, cet honnête garçon, qui pouvait gaiement assimiler cet éloge à tous ceux qu'il a reçus de ses maîtresses, en revient toujours à sa bonne mère et répond à ce mot : *Vous êtes charmant! — Il est vrai, monsieur, que ma mère me l'a dit autrefois*. Et le journal de Bouillon ne relève point de pareils traits! Il faut avoir le cerveau bien desséché pour ne les pas voir, ou le cœur bien dur pour ne pas les sentir.

Sans compter mille autres finesses de l'art répandues à pleines mains dans cet ouvrage. Par exemple, on sait que les comédiens ont multiplié chez eux les emplois à l'infini : emplois de grande, moyenne et petite amoureuse; emplois de grands, moyens et petits valets; emplois de niais, d'important, de croquant, de paysan, de tabellion, de bailli : mais on sait qu'ils n'ont pas encore appointé celui de bâillant. Qu'a fait l'auteur pour former un comédien peu exercé au talent d'ouvrir largement la bouche au théâtre? Il s'est donné le soin de lui rassembler dans une seule phrase toutes les syllabes bâillantes du français : *Rien... qu'en... l'en... ten... dant... parler* : syllabes, en effet, qui feraient bâiller un mort, et parviendraient à desserrer les dents mêmes de l'envie!

En cet endroit admirable où pressé par les reproches du tuteur qui lui crie : *Que direz-vous à ce malheureux qui bâille et dort tout éveillé? Et l'autre qui, depuis trois heures, éternue à se faire sauter le crâne et jaillir la cervelle? Que leur direz-vous?* le naïf barbier répond : *Eh! parbleu, je dirai à celui qui éternue : Dieu vous bénisse! et : Va te coucher, à celui qui bâille*. Réponse en effet si juste, si chrétienne et si admirable, qu'un de ces fiers critiques qui ont leurs entrées au paradis n'a pu s'empêcher de s'écrier : « Diable! l'auteur a dû rester au moins huit jours « à trouver cette réplique! »

Et le journal de Bouillon, au lieu de louer ces beautés sans nombre, use encre et papier, approbation et privilège, à mettre un pareil ouvrage au-dessous même de la critique! On me couperait le cou, Monsieur, que je ne saurais m'en taire.

N'a-t-il pas été jusqu'à dire, le cruel! *que, pour ne pas voir expirer ce barbier sur ce théâtre, il a fallu le mutiler, le changer, le refondre, l'élaguer, le réduire en quatre actes, et le purger d'un grand nombre de pasquinades, de calembours, de jeux de mots, en un mot, de bas comique?*

A le voir ainfi frapper comme un fourd, on juge affez qu'il n'a pas entendu le premier mot de l'ouvrage qu'il décompofe. Mais j'ai l'honneur d'affurer ce journalifte, ainfi que le jeune homme qui lui taille fes plumes et fes morceaux, que, loin d'avoir purgé la pièce d'aucun des *calembours, jeux de mots*, etc., qui lui euffent nui le premier jour, l'auteur a fait rentrer dans les actes reftés au théâtre tout ce qu'il en a pu reprendre à l'acte au portefeuille : tel un charpentier économe cherche, dans fes copeaux épars fur le chantier, tout ce qui peut fervir à cheviller et boucher les moindres trous de fon ouvrage.

Pafferons-nous fous filence le reproche aigu qu'il fait à la jeune perfonne, d'avoir *tous les défauts d'une fille mal élevée?* Il eft vrai que, pour échapper aux conféquences d'une telle imputation, il tente à la rejeter fur autrui, comme s'il n'en était pas l'auteur, en employant cette expreffion banale : *On trouve à la jeune personne*, etc. On trouve !...

Que voulait-il donc qu'elle fît ? Quoi ! qu'au lieu de fe prêter aux vues d'un jeune amant très aimable et qui fe trouve un homme de qualité, notre charmante enfant époufât le vieux podagre médecin ? Le noble établiffement qu'il lui deftinait là ! Et parce qu'on n'eft pas de l'avis de monfieur, on *a tous les défauts d'une fille mal élevée !*

En vérité, fi le journal de Bouillon fe fait des amis en France par la juftelfe et la candeur de fes critiques, il faut avouer qu'il en aura beaucoup moins au delà des Pyrénées, et qu'il eft furtout un peu bien dur pour les dames efpagnoles.

Eh ! qui fait fi Son Excellence madame la comteffe Almaviva, l'exemple des femmes de fon état, et vivant comme un ange avec fon mari, quoiqu'elle ne l'aime plus, ne fe reffentira pas un jour des libertés qu'on fe donne à Bouillon fur elle, avec approbation et privilège ?

L'imprudent journalifte a-t-il au moins réfléchi que Son Excellence ayant, par le rang de fon mari, le plus grand crédit dans les bureaux, eût pu lui faire obtenir quelque penfion fur la Gazette d'Efpagne, ou la Gazette elle-même ; et que, dans la carrière qu'il embraffe, il faut garder plus de ménagements pour les femmes de qualité? Qu'eft-ce que cela me fait à moi? l'on fent bien que c'eft pour lui feul que j'en parle.

Il eft temps de laiffer cet adverfaire, quoiqu'il foit à la tête des gens qui prétendent que, *n'ayant pu me soutenir en cinq actes, je me suis mis en quatre pour ramener le public*. Et quand cela ferait! Dans un moment d'oppreffion, ne vaut-il pas mieux facrifier un cinquième de fon bien que de le voir aller tout entier au pillage?

Mais ne tombez pas, cher lecteur... (Monfieur, veux-je dire), ne tombez pas, je vous prie, dans une erreur populaire qui ferait grand tort à votre jugement.

Ma pièce, qui paraît n'être aujourd'hui qu'en quatre actes, eft réellement, et de fait, en cinq, qui font le 1er, le 2e, le 3e, le 4e et le 5e, à l'ordinaire.

Il eft vrai que, le jour du combat, voyant les ennemis acharnés, le parterre ondulant, agité, grondant au loin comme les flots de la mer, et trop certain que ces mugiffements fourds, précurfeurs des tempêtes, ont amené plus d'un naufrage, je vins à réfléchir que beaucoup de pièces en cinq actes (comme la mienne), toutes très bien faites d'ailleurs (comme la mienne), n'auraient pas été au diable en entier (comme la mienne), fi l'auteur eût pris un parti vigoureux (comme le mien).

« Le dieu des cabales eft irrité, dis-je aux comédiens avec force :

Enfants! un facrifice eft ici néceffaire. »

Alors, faifant la part au diable, et déchirant mon manufcrit : « Dieu des fiffleurs, moucheurs, cracheurs, touffeurs et perturbateurs, m'écriai-je, il te faut du fang? Bois mon quatrième acte, et que ta fureur s'apaife! »

A l'inftant vous euffiez vu ce bruit infernal, qui faifait pâlir et broncher les acteurs, s'affaiblir, s'éloigner, s'anéantir; l'applaudiffement lui fuccéder, et des bas-fonds du parterre un *bravo* général s'élever en circulant jufqu'aux hauts bancs du paradis.

De cet expofé, Monfieur, il fuit que ma pièce eft reftée en cinq actes, qui font le 1er, le 2e, le 3e au théâtre, le 4e au diable, et le 5e avec les trois premiers. Tel auteur même vous foutiendra que ce 4e acte, qu'on n'y voit point, n'en eft pas moins celui qui fait le plus de bien à la pièce, en ce qu'on ne l'y voit point.

Laiffons jafer le monde; il me fuffit d'avoir prouvé mon dire; il me suffit, en faisant mes cinq actes, d'avoir montré mon respect pour Aristote, Horace, Aubignac (9) et les modernes, et d'avoir mis ainsi l'honneur de la règle à couvert.

Par le second arrangement, le diable a son affaire; mon char n'en roule pas moins bien sans la cinquième roue : le public est content, je le suis aussi. Pourquoi le journal de Bouillon ne l'est-il pas? — Ah! pourquoi? C'est qu'il est bien difficile de plaire à des gens qui, par métier, doivent ne jamais trouver les choses gaies assez sérieuses, ni les graves assez enjouées.

Je me flatte, Monsieur, que cela s'appelle raisonner principes, et que vous n'êtes pas mécontent de mon petit syllogisme.

Reste à répondre aux observations dont quelques personnes ont honoré le moins important des drames hasardés depuis un siècle au théâtre.

Je mets à part les lettres écrites aux comédiens, à moi-même, sans signature, et vulgairement appelées anonymes; on juge, à l'âpreté du style, que leurs auteurs, peu versés dans la critique, n'ont pas assez senti qu'une mauvaise pièce n'est point une mauvaise action, et que telle injure convenable à un méchant homme est toujours déplacée à un méchant écrivain. Passons aux autres.

Des connaisseurs ont remarqué que j'étais tombé dans l'inconvénient de faire critiquer des usages français par un plaisant de Séville à Séville, tandis que la vraisemblance exigeait qu'il s'étayât sur les mœurs espagnoles. Ils ont raison : j'y avais même tellement pensé que, pour rendre la vraisemblance encore plus parfaite, j'avais d'abord résolu d'écrire et de faire jouer la pièce en langage espagnol; mais un homme de goût m'a fait observer qu'elle en perdrait peut-être un peu de gaieté pour le public de Paris; raison qui m'a déterminé à l'écrire en français : en sorte que j'ai fait, comme on le voit, une multitude de sacrifices à la gaieté, mais sans pouvoir parvenir à dérider le journal de Bouillon.

Un autre amateur, saisissant l'instant qu'il y avait beaucoup de monde au foyer, m'a reproché, du ton le plus sérieux, que ma pièce ressemblait à : *On ne s'avise jamais de tout* (10). « Ressembler, monsieur! Je soutiens que ma pièce est: *On ne s'avise jamais de tout*, lui-même. — Et comment cela? — C'est qu'on ne s'était pas encore avisé de ma pièce. » L'amateur resta court, et l'on rit d'autant plus, que celui-là qui me reprochait : *On ne s'avise jamais de tout*, est un homme qui ne s'est jamais avisé de rien.

Quelques jours après (ceci est plus sérieux), chez une dame incommodée, un monsieur grave, en habit noir, coiffure bouffante et canne à corbin, lequel touchait légèrement le poignet de la dame, proposa civilement plusieurs doutes sur la vérité des traits que j'avais lancés contre les médecins. « Monsieur, lui dis-je, êtes-vous ami de quelqu'un d'eux? Je serais désolé qu'un badinage... — On ne peut pas moins : je vois que vous ne me connaissez pas ; je ne prends jamais le parti d'aucun ; je parle ici pour le corps en général. » Cela me fit beaucoup chercher quel homme ce pouvait être. « En fait de plaisanterie, ajoutai-je, vous savez, Monsieur, qu'on ne demande jamais si l'histoire est vraie, mais si elle est bonne. — Eh ! croyez-vous moins perdre à cet examen qu'au premier ? — A merveille, docteur, dit la dame. Le monstre qu'il est ! n'a-t-il pas osé parler mal aussi de nous ? Faisons cause commune. »

A ce mot de *docteur*, je commençai à soupçonner qu'elle parlait à son médecin. « Il est vrai, Madame et Monsieur, repris-je avec modestie, que je me suis permis ces légers torts, d'autant plus aisément qu'ils tirent moins à conséquence.

« Eh ! qui pourrait nuire à deux corps puissants, dont l'empire embrasse l'univers et se partage le monde ? Malgré les envieux, les belles y régneront toujours par le plaisir, et les médecins par la douleur : et la brillante santé nous ramène à l'amour, comme la maladie nous rend à la médecine.

« Cependant je ne sais si, dans la balance des avantages, la Faculté ne l'emporte pas un peu sur la beauté. Souvent on voit les belles nous renvoyer aux médecins ; mais plus souvent encore les médecins nous gardent, et ne nous renvoient plus aux belles.

« En plaisantant donc, il faudrait peut-être avoir égard à la différence des ressentiments, et songer que, si les belles se vengent en se séparant de nous, ce n'est là qu'un mal négatif ; au lieu que les médecins se vengent en s'en emparant, ce qui devient très positif.

« Que, quand ces derniers nous tiennent, ils font de nous tout ce qu'ils veulent ; au lieu que les belles, toutes belles qu'elles sont, n'en font jamais que ce qu'elles peuvent.

« Que le commerce des belles nous les rend bientôt moins nécessaires ; au lieu que l'usage des médecins finit par nous les rendre indispensables.

« Enfin, que l'un de ces empires ne semble établi que pour assurer la durée de l'autre ; puisque, plus la verte jeunesse est livrée à l'amour, plus la pâle vieillesse appartient sûrement à la médecine.

« Au reste, ayant fait contre moi cause commune, il était juste,

Madame et Monſieur, que je vous offriſſe en commun mes juſtifications. Soyez donc perſuadés que, faiſant profeſſion d'adorer les belles et de redouter les médecins, c'eſt toujours en badinant que je dis du mal de la beauté ; comme ce n'eſt jamais ſans trembler que je plaiſante un peu la Faculté.

« Ma déclaration n'eſt point ſuſpecte à votre égard, mesdames ; et mes plus acharnés ennemis ſont forcés d'avouer que, dans un inſtant d'humeur, où mon dépit contre une belle allait s'épancher trop librement ſur toutes les autres, on m'a vu m'arrêter tout court au 25e couplet, et, par le plus prompt repentir, faire ainſi, dans le 26e, amende honorable aux belles irritées :

> Sexe charmant, ſi je décèle
> Votre cœur en proie au déſir,
> Souvent à l'amour infidèle,
> Mais toujours fidèle au plaiſir ;
> D'un badinage, ô mes déeſſes !
> Ne cherchez point à vous venger :
> Tel gloſe, hélas ! ſur vos faibleſſes,
> Qui brûle de les partager.

« Quant à vous, Monſieur le docteur, on ſait aſſez que Molière...
— Au déſeſpoir, dit-il en ſe levant, de ne pouvoir profiter plus longtemps de vos lumières ; mais l'humanité qui gémit ne doit pas ſouffrir de mes plaiſirs. » Il me laiſſa, ma foi, ma bouche ouverte avec ma phraſe en l'air. « Je ne ſais pas, dit la belle malade en riant, ſi je vous pardonne ; mais je vois bien que notre docteur ne vous pardonne pas. — Le nôtre, Madame ? Il ne ſera jamais le mien. — Eh ! pourquoi ? — Je ne ſais ; je craindrais qu'il ne fût au-deſſous de ſon état, puiſqu'il n'eſt pas au-deſſus des plaiſanteries qu'on en peut faire.

« Ce docteur n'eſt pas de mes gens. L'homme aſſez conſommé dans ſon art pour en avouer de bonne foi l'incertitude, aſſez ſpirituel pour rire avec moi de ceux qui le diſent infaillible, tel eſt mon médecin. En me rendant ſes ſoins qu'ils appellent des viſites, en me donnant ſes conſeils qu'ils nomment des ordonnances, il remplit dignement, et ſans faſte, la plus noble fonction d'une âme éclairée et ſenſible. Avec plus d'eſprit, il calcule plus de rapports, et c'eſt tout ce qu'on peut dans un art auſſi utile qu'incertain. Il me raiſonne, il me conſole, il me guide et la nature fait le reſte. Auſſi, loin de s'offenſer de la plaiſanterie, eſt-il le premier à l'oppoſer au

pédantifme. A l'infatué qui lui dit gravement : « De quatre-vingts « fluxions de poitrine que j'ai traitées cet automne, un feul malade « a péri dans mes mains; » mon docteur répond en fouriant : « Pour moi, j'ai prêté mes fecours à plus de cent cet hiver ; hélas! « je n'en ai pu fauver qu'un feul. » Tel eft mon aimable médecin.
— Je le connais. — Vous permettez bien que je ne l'échange pas contre le vôtre. Un pédant n'aura pas plus ma confiance en maladie, qu'une bégueule n'obtiendrait mon hommage en fanté. Mais je ne fuis qu'un fot. Au lieu de vous rappeler mon amende honorable au beau fexe, je devais lui chanter le couplet de la bégueule ; il eft tout fait pour lui.

> Pour égayer ma poéfie,
> Au hafard j'affemble des traits ;
> J'en fais, peintre de fantaifie,
> Des tableaux, jamais des portraits ;
> La femme d'efprit, qui s'en moque,
> Sourit finement à l'auteur :
> Pour l'imprudente qui s'en choque.
> Sa colère eft fon délateur.

— A propos de chanfon, dit la dame, vous êtes bien honnête d'avoir été donner votre pièce aux Français! moi qui n'ai de petite loge qu'aux Italiens! Pourquoi n'en avoir pas fait un opéra-comique? Ce fut, dit-on, votre première idée. La pièce eft d'un genre à comporter de la mufique.
— Je ne fais fi elle eft propre à la fupporter, ou fi je m'étais trompé d'abord en le fuppofant; mais, fans entrer dans les raifons qui m'ont fait changer d'avis, celle-ci, Madame, répond à tout.
« Notre mufique dramatique reffemble trop encore à notre mufique chanfonnière, pour en attendre un véritable intérêt ou de la gaieté franche. Il faudra commencer à l'employer férieufement au théâtre, quand on fentira bien qu'on ne doit y chanter que pour parler; quand nos muficiens fe rapprocheront de la nature, et furtout cefferont de s'impofer l'abfurde loi de toujours revenir à la première partie d'un air après qu'ils en ont dit la feconde. Eft-ce qu'il y a des reprifes et des rondeaux dans un drame? Ce cruel radotage eft la mort de l'intérêt, et dénote un vide infupportable dans les idées.
« Moi qui ai toujours chéri la mufique fans inconftance et même fans infidélité, fouvent, aux pièces qui m'attachent le plus, je me

furprends à pouffer de l'épaule, à dire tout bas avec humeur : « Eh !
« va donc, mufique! pourquoi toujours répéter ? N'es-tu pas
« affez lente ? Au lieu de narrer vivement, tu rabâches! au
« lieu de peindre la paffion, tu t'accroches aux mots! Le poète fe
« tue à ferrer l'événement, et toi tu le délayes ! Que lui fert de
« rendre fon ftyle énergique et preffé, fi tu l'enfevelis fous d'inu-
« tiles fredons? Avec ta ftérile abondance, refte, refte aux chanfons
« pour toute nourriture, jufqu'à ce que tu connaiffes le langage
« fublime et tumultueux des paffions. »

En effet, fi la déclamation eft déjà un abus de la narration au théâtre, le chant, qui eft un abus de la déclamation, n'eft donc, comme on voit, que l'abus de l'abus. Ajoutez-y la répétition des phrafes, et voyez ce que devient l'intérêt. Pendant que le vice ici va toujours en croiffant, l'intérêt marche à fens contraire ; l'action s'alanguit; quelque chofe me manque; je deviens diftrait; l'ennui me gagne; et fi je cherche alors à deviner ce que je voudrais, il m'arrive fouvent de trouver que je voudrais la fin du fpectacle.

Il eft un autre art d'imitation, en général beaucoup moins avancé que la mufique, mais qui femble en ce point lui fervir de leçon. Pour la variété feulement, la danfe élevée eft déjà le modèle du chant.

Voyez le fuperbe Veftris ou le fier d'Auberval (11) engager un pas de caractère. Il ne danfe pas encore ; mais d'auffi loin qu'il paraît, fon port libre et dégagé fait déjà lever la tête aux fpectateurs. Il infpire autant de fierté qu'il promet de plaifir. Il eft parti... Pendant que le muficien redit vingt fois fes phrafes et monotone fes mouvements, le danfeur varie les fiens à l'infini.

Le voyez-vous s'avancer légèrement à petits bonds, reculer à grands pas, et faire oublier le comble de l'art par la plus ingénieufe négligence ? Tantôt fur un pied, gardant le plus favant équilibre, et fufpendu fans mouvement pendant plufieurs mefures, il étonne, il furprend par l'immobilité de fon aplomb... Et foudain, comme s'il regrettait le temps du repos, il part comme un trait, vole au fond du théâtre, et revient, en pirouettant, avec une rapidité que l'œil peut fuivre à peine.

L'air a beau recommencer, rigaudonner, fe répéter, fe radoter, il ne fe répète point, lui! Tout en déployant les mâles beautés d'un corps fouple et puiffant, il peint les mouvements violents dont fon âme eft agitée : il vous lance un regard paffionné que fes bras mollement ouverts rendent expreffif : et, comme s'il fe laffait bientôt de vous plaire, il se relève avec dédain, se dérobe à l'œil qui le suit, et la passion la plus fougueuse semble alors naitre et sortir de la plus douce ivresse. Impétueux, turbulent, il exprime une colère si bouillante et si vraie, qu'il m'arrache à mon siège et me fait froncer le sourcil. Mais, reprenant soudain le geste et l'accent d'une volupté paisible, il erre nonchalamment avec une grâce, une mollesse et des mouvements si délicats, qu'il enlève autant de suffrages qu'il y a de regards attachés sur sa danse enchanteresse.

« Compositeurs, chantez comme il danse, et nous aurons, au lieu d'opéras, des mélodrames! » Mais j'entends mon éternel censeur (je ne sais plus s'il est d'ailleurs ou de Bouillon) qui me dit : « Que prétend-on par ce tableau ? Je vois un talent supérieur, et non la danse en général. C'est dans sa marche ordinaire qu'il faut saisir un art pour le comparer, et non dans ses efforts les plus sublimes. N'avons-nous pas... »

— Je l'arrête à mon tour. « Eh quoi ! si je veux peindre un coursier et me former une juste idée de ce noble animal, irai-je le chercher hongre et vieux, gémissant au timon d'un fiacre, ou trottinant sous le plâtrier qui siffle ? Je le prends au haras, fier étalon, vigoureux, découplé, l'œil ardent, frappant la terre et soufflant le feu par les naseaux ; bondissant de désirs et d'impatience, ou fendant l'air qu'il électrise, et dont le brusque hennissement réjouit l'homme, et fait tressaillir toutes les cavales de la contrée. Tel est mon danseur.

« Et quand je crayonne un art, c'est parmi les plus grands sujets qui l'exercent que j'entends choisir mes modèles ; tous les efforts du génie... » Mais je m'éloigne trop de mon sujet, revenons au *Barbier de Séville*... ou plutôt, Monsieur, n'y revenons pas. C'est assez pour une bagatelle. Insensiblement je tomberais dans le défaut reproché trop justement à nos Français, de toujours faire de petites chansons sur les grandes affaires, et de grandes dissertations sur les petites.

Je suis, avec le plus profond respect,

    Monsieur,

        Votre très humble et
        très obéissant serviteur,

            L'Auteur.

PERSONNAGES.

(Les habits des acteurs doivent être dans l'ancien costume espagnol.)

Le Comte Almaviva, grand d'Espagne, amant inconnu de Rosine, paraît, au 1ᵉʳ acte, en veste et culotte de satin ; il est enveloppé d'un grand manteau brun, ou cape espagnole ; chapeau noir rabattu, avec un ruban de couleur autour de la forme. Au 2ᵉ acte, habit uniforme de cavalier, avec des moustaches et des bottines. Au 3ᵉ, habillé en bachelier ; cheveux ronds, grande fraise au cou ; veste, culotte, bas et manteau d'abbé. Au 4ᵉ acte, il est vêtu superbement à l'espagnole avec un riche manteau ; par-dessus tout, le manteau brun dont il se tient enveloppé.

Bartholo, médecin, tuteur de Rosine : habit noir, court, boutonné ; grande perruque ; fraise et manchettes relevées ; une ceinture noire ; et quand il veut sortir de chez lui, un long manteau écarlate.

Rosine, jeune personne d'extraction noble, et pupille de Bartholo : habillée à l'espagnole.

Figaro, barbier de Séville : en habit de major espagnol. La tête couverte d'un rescille, ou filet ; chapeau blanc, ruban de couleur autour de la forme, un fichu de soie attaché fort lâche à son cou, gilet et haut-de-chausses de satin, avec des boutons et boutonnières frangés d'argent ; une grande ceinture de soie, les jarretières nouées avec des glands qui pendent sur chaque jambe ; veste de couleur tranchante, à grands revers de la couleur du gilet ; bas blancs et souliers gris.

Don Bazile, organiste, maître à chanter de Rosine : chapeau noir rabattu, soutanelle et long manteau, sans fraise ni manchettes.

La Jeunesse, vieux domestique de Bartholo.

L'Éveillé, autre valet de Bartholo, garçon niais et endormi. Tous deux habillés en Galiciens ; tous les cheveux dans la queue ; gilet couleur de chamois ; large ceinture de peau avec une boucle ; culotte bleue et veste de même, dont les manches, ouvertes aux épaules pour le passage des bras, sont pendantes par derrière.

Un Notaire.

Un Alcade, homme de justice, avec une longue baguette blanche à la main.

Plusieurs Alguazils et Valets avec des flambeaux.

(La scène est à Séville, dans la rue et sous les fenêtres de Rosine, au 1ᵉʳ acte ; et, le reste de la pièce, dans la maison du docteur Bartholo.)

LE
BARBIER DE SÉVILLE

Et j'étais père et je ne pus mourir !
(ZAÏRE, acte II).

ACTE PREMIER

Le théâtre représente une rue de Séville, où toutes les croisées font grillées.

SCÈNE PREMIÈRE.

LE COMTE, *seul, en grand manteau brun et chapeau rabattu. Il tire sa montre en se promenant.*

LE jour est moins avancé que je ne croyais. L'heure à laquelle elle a coutume de se montrer derrière sa jalousie est encore éloignée. N'importe ; il vaut mieux arriver trop tôt, que de manquer l'instant de la voir. Si quelque aimable de la cour pouvait me deviner à cent lieues de Madrid, arrêté tous les matins fous les fenêtres d'une femme à qui je n'ai jamais parlé, il me prendrait pour un Efpagnol du temps d'Ifabelle. — Pourquoi non? Chacun court après le bonheur. Il eſt pour moi dans le cœur de Rofine. — Mais quoi! fuivre une femme à Séville, quand Madrid et la cour offrent de toutes parts des plaifirs fi faciles? — Et c'eſt cela même que je fuis. Je fuis las des conquêtes que l'intérêt, la convenance ou la vanité nous préfentent fans ceſſe. Il eſt fi doux d'être aimé pour foi-même! Et fi je pouvais m'aſſurer fous ce déguifement... Au diable l'importun!

SCÈNE II.

FIGARO, LE COMTE *caché*.

FIGARO, *une guitare fur le dos, attachée en bandoulière avec un large ruban; il chantonne gaiement, un papier et un crayon à la main.*

> Banniſſons le chagrin,
> Il nous confume :
> Sans le feu du bon vin
> Qui nous rallume,
> Réduit à languir,
> L'homme fans plaifir
> Vivrait comme un fot,
> Et mourrait bientôt.

Jufque-là ceci ne va pas mal, ein, ein.

> Et mourrait bientôt.
> Le vin et la pareſſe
> Se difputent mon cœur.

Eh non ! ils ne fe le difputent pas, ils y règnent paifiblement enfemble...

> Se partagent..... mon cœur.

Dit-on fe partagent ?... Eh ! mon Dieu, nos faifeurs d'opéras-comiques n'y regardent pas de fi près. Aujourd'hui, ce qui ne vaut pas la peine d'être dit, on le chante. *(Il chante.)*

> Le vin et la pareffe
> Se partagent mon cœur.

Je voudrais finir par quelque chofe de beau, de brillant, de fcintillant, qui eût l'air d'une penfée. *(Il met un genou en terre et écrit en chantant.)*

> Se partagent mon cœur.
> Si l'une a ma tendreffe...
> L'autre fait mon bonheur.

Fi donc ! c'eft plat. Ce n'eft pas ça... Il me faut une oppofition, une antithèfe :

> Si l'une..... eft ma maitreffe,
> L'autre.....

Eh ! parbleu, j'y fuis...

> L'autre eft mon ferviteur.

Fort bien, Figaro !... *(Il écrit en chantant.)*

> Le vin et la pareffe
> Se partagent mon cœur ;
> Si l'une eft ma maitreffe,
> L'autre eft mon ferviteur.
> L'autre eft mon ferviteur.
> L'autre eft mon ferviteur.

Hen, hen, quand il y aura des accompagnements là-deffous, nous verrons encore, meffieurs de la cabale, fi je ne fais ce que je dis... *(Il aperçoit le comte.)* J'ai vu cet abbé-là quelque part. *(Il fe relève.)*

Le Comte, *à part.* — Cet homme ne m'eft pas inconnu.

Figaro. — Eh non, ce n'eft pas un abbé ! Cet air altier et noble...

Le Comte. — Cette tournure grotefque...

Figaro. — Je ne me trompe point ; c'eft le comte Almaviva.

Le Comte. — Je crois que c'eft ce coquin de Figaro.

Figaro. — C'eft lui-même, monfeigneur.

Le Comte. — Maraud ! fi tu dis un mot...

Figaro. — Oui, je vous reconnais ; voilà les bontés familières dont vous m'avez toujours honoré.

Le Comte. — Je ne te reconnaiffais pas, moi. Te voilà fi gros et fi gras...

Figaro. — Que voulez-vous, monfeigneur, c'eft la mifère.

Le Comte. — Pauvre petit ! Mais que fais-tu à Séville ? Je t'avais autrefois recommandé dans les bureaux pour un emploi.

Figaro. — Je l'ai obtenu, monfeigneur ; et ma reconnaiffance...

Le Comte. — Appelle-moi Lindor. Ne vois-tu pas, à mon déguifement, que je veux être inconnu ?

Figaro. — Je me retire.

Le Comte. — Au contraire. J'attends ici quelque chofe, et deux hommes qui jafent font moins fufpects qu'un feul qui fe promène. Ayons l'air de jafer. Eh bien, cet emploi?

Figaro. — Le miniftre, ayant égard à la recommandation de Votre Excellence, me fit nommer fur-le-champ garçon apothicaire.

Le Comte. — Dans les hôpitaux de l'armée ?

Figaro. — Non ; dans les haras d'Andaloufie.

Le Comte, *riant*. — Beau début !

Figaro. — Le pofte n'était pas mauvais, parce qu'ayant le diftrict des panfements et des drogues, je vendais fouvent aux hommes de bonnes médecines de cheval...

Le Comte. — Qui tuaient les fujets du roi !

Figaro. — Ah, ah, il n'y a point de remède univerfel : mais qui n'ont pas laiffé de guérir quelquefois des Galiciens, des Catalans, des Auvergnats.

Le Comte. — Pourquoi donc l'as-tu quitté ?

Figaro. — Quitté ? C'eft bien lui-même ; on m'a deffervi auprès des puiffances.

L'envie aux doigts crochus, au teint pâle et livide...

Le Comte. — Oh grâce ! grâce, ami ! Eft-ce que tu fais auffi des vers ? Je t'ai vu là griffonnant fur ton genou, et chantant dès le matin.

Figaro. — Voilà précifément la caufe de mon malheur, Excellence. Quand on a rapporté au miniftre que je faifais, je puis dire affez joliment, des bouquets à Chloris ; que j'envoyais des énigmes aux journaux, qu'il courait des madrigaux de ma façon ; en un mot, quand il a fu que j'étais imprimé tout vif, il a pris la chofe au tragique et m'a fait ôter mon emploi, fous prétexte que l'amour des lettres eft incompatible avec l'efprit des affaires,

Le Comte. — Puiffamment raifonné ! Et tu ne lui fis pas repréfenter...

Figaro. — Je me crus trop heureux d'en être oublié, perfuadé qu'un grand nous fait affez de bien quand il ne nous fait pas de mal.

Le Comte. — Tu ne dis pas tout. Je me fouviens qu'à mon fervice tu étais un affez mauvais fujet.

Figaro. — Eh! mon Dieu, monseigneur, c'est qu'on veut que le pauvre soit sans défaut.

Le Comte. — Paresseux, dérangé...

Figaro. — Aux vertus qu'on exige dans un domestique, Votre Excellence connaît-elle beaucoup de maîtres qui fussent dignes d'être valets?

Le Comte, *riant*. — Pas mal. Et tu t'es retiré en cette ville?

Figaro. — Non, pas tout de suite.

Le Comte, *l'arrêtant*. — Un moment..... J'ai cru que c'était elle..... Dis toujours, je t'entends de reste.

Figaro. — De retour à Madrid, je voulus essayer de nouveau mes talents littéraires; et le théâtre me parut un champ d'honneur...

Le Comte. — Ah! miséricorde!

Figaro. (*Pendant sa réplique, le comte regarde avec attention du côté de la jalousie.*) — En vérité, je ne sais comment je n'eus pas le plus grand succès, car j'avais rempli le parterre des plus excellents travailleurs; des mains... comme des battoirs; j'avais interdit les gants, les cannes, tout ce qui ne produit que des applaudissements sourds; et d'honneur, avant la pièce, le café m'avait paru dans les meilleures dispositions pour moi. Mais les efforts de la cabale...

Le Comte. — Ah! la cabale! monsieur l'auteur tombé.

Figaro. — Tout comme un autre : pourquoi pas? Ils m'ont sifflé; mais si jamais je puis les rassembler...

Le Comte. — L'ennui te vengera bien d'eux?

Figaro. — Ah! comme je leur en garde, morbleu!

Le Comte. — Tu jures! Sais-tu qu'on n'a que vingt-quatre heures au palais pour maudire ses juges?

Figaro. — On a vingt-quatre ans au théâtre; la vie est trop courte pour user un pareil ressentiment.

Le Comte. — Ta joyeuſe colère me réjouit. Mais tu ne me dis pas ce qui t'a fait quitter Madrid.

Figaro. — C'eſt mon bon ange, Excellence, puiſque je ſuis aſſez heureux pour retrouver mon ancien maître. Voyant à Madrid que la république des lettres était celle des loups, toujours armés les uns contre les autres, et que, livrés au mépris où ce riſible acharnement les conduit, tous les inſectes, les mouſtiques, les couſins, les critiques, les maringouins, les envieux, les feuilliſtes, les libraires, les cenſeurs, et tout ce qui s'attache à la peau des malheureux gens de lettres, achevait de déchiqueter et ſucer le peu de ſubſtance qui leur reſtait; fatigué d'écrire, ennuyé de moi, dégoûté des autres, abîmé de dettes et léger d'argent ; à la fin convaincu que l'utile revenu du raſoir eſt préférable aux vains honneurs de la plume, j'ai quitté Madrid ; et, mon bagage en ſautoir, parcourant philoſophiquement les deux Caſtilles, la Manche, l'Eſtramadure, la Sierra-Morena, l'Andalouſie ; accueilli dans une ville, empriſonné dans l'autre, et partout ſupérieur aux événements ; loué par ceux-ci, blâmé par ceux-là ; me moquant des ſots, bravant les méchants ; riant de ma miſère et faiſant la barbe à tout le monde ; vous me voyez enfin établi dans Séville, et prêt à ſervir de nouveau Votre Excellence en tout ce qu'il lui plaira m'ordonner.

Le Comte. — Qui t'a donné une philoſophie auſſi gaie ?

Figaro. — L'habitude du malheur. Je me preſſe de rire de tout, de peur d'être obligé d'en pleurer. Que regardez-vous donc toujours de ce côté ?

Le Comte. — Sauvons-nous.

Figaro. — Pourquoi?

Le Comte. — Viens donc, malheureux ! tu me perds. (*Ils ſe cachent.*)

SCÈNE III.

BARTHOLO. ROSINE. *(La jaloufie du premier étage s'ouvre, et Bartholo et Rofine fe mettent à la fenêtre.)*

Rosine. — Comme le grand air fait plaifir à refpirer!... Cette jaloufie s'ouvre fi rarement...
Bartholo. — Quel papier tenez-vous là?
Rosine. — Ce font des couplets de la *Précaution inutile,* que mon maître à chanter m'a donnés hier.
Bartholo. — Qu'eft-ce que la *Précaution inutile?*
Rosine. — C'eft une comédie nouvelle.
Bartholo. — Quelque drame encore! quelque fottife d'un nouveau genre (1)!
Rosine. — Je n'en fais rien.
Bartholo. — Euh, euh, les journaux et l'autorité nous en feront raifon. Siècle barbare!...
Rosine. — Vous injuriez toujours notre pauvre fiècle.
Bartholo. — Pardon de la liberté! Qu'a-t-il produit pour qu'on le loue? Sottifes de toute efpèce : la liberté de penfer, l'attraction, l'électricité, le tolérantifme, l'inoculation, le quinquina, l'Encyclopédie, et les drames...
Rosine. *(Le papier lui échappe et tombe dans la rue.)* — Ah! ma chanfon! ma chanfon eft tombée en vous écoutant; courez, courez donc, monfieur! ma chanfon, elle fera perdue!
Bartholo. — Que diable auffi, l'on tient ce qu'on tient.   *(Il quitte le balcon.)*
Rosine *regarde en dedans et fait figne dans la rue.* —

St, st *(le comte paraît)*; ramaffez vite et fauvez-vous.

(Le comte ne fait qu'un faut, ramaffe le papier et rentre.)

Bartholo *fort de la maifon et cherche.* — Où donc eft-il ? Je ne vois rien.

Rosine. — Sous le balcon, au pied du mur.

Bartholo. — Vous me donnez là une jolie commiffion ! Il est donc paffé quelqu'un ?

Rosine. — Je n'ai vu perfonne.

Bartholo, *à lui-même.* — Et moi qui ai la bonté de chercher !... Bartholo, vous n'êtes qu'un fot, mon ami : ceci doit vous apprendre à ne jamais ouvrir de jaloufies fur la rue. *(Il rentre.)*

Rosine, *toujours au balcon.* — Mon excufe eft dans mon malheur : feule, enfermée, en butte à la perfécution d'un homme odieux, eft-ce un crime de tenter à fortir d'efclavage ?

Bartholo, *paraiffant au balcon.* — Rentrez, fignora ; c'eft ma faute fi vous avez perdu votre chanfon ; mais ce malheur ne vous arrivera plus, je vous jure. *(Il ferme la jaloufie à la clef.)*

SCÈNE IV.

LE COMTE, FIGARO. *(Ils entrent avec précaution.)*

Le Comte. — A préfent qu'ils font retirés, examinons cette chanfon, dans laquelle un myftère eft fûrement renfermé. C'eft un billet !

Figaro. — Il demandait ce que c'eft que la *Précaution inutile !*

Le Comte *lit vivement.* — « Votre empreffement excite
« ma curiofité : fitôt que mon tuteur fera forti, chan-
« tez indifféremment, fur l'air connu de ces couplets,
« quelque chofe qui m'apprenne enfin le nom, l'état

« et les intentions de celui qui paraît s'attacher si obsti-
« nément à l'infortunée Rosine. »

Figaro, *contrefaisant la voix de Rosine.* — Ma chanson, ma chanson est tombée; courez, courez donc; *(il rit)* ah, ah, ah, ah! Oh! ces femmes! voulez-vous donner de l'adresse à la plus ingénue? enfermez-la.

Le Comte. — Ma chère Rosine!

Figaro. — Monseigneur, je ne suis plus en peine des motifs de votre mascarade; vous faites ici l'amour en perspective.

Le Comte. — Te voilà instruit; mais si tu jases...

Figaro. — Moi, jaser! Je n'emploierai point pour vous rassurer les grandes phrases d'honneur et de dévouement dont on abuse à la journée; je n'ai qu'un mot: mon intérêt vous répond de moi; pesez tout à cette balance, et...

Le Comte. — Fort bien. Apprends donc que le hasard m'a fait rencontrer au Prado, il y a six mois, une jeune personne d'une beauté!... Tu viens de la voir. Je l'ai fait chercher en vain par tout Madrid. Ce n'est que depuis peu de jours que j'ai découvert qu'elle s'appelle Rosine, est d'un sang noble, orpheline, et mariée à un vieux médecin de cette ville, nommé Bartholo.

Figaro. — Joli oiseau, ma foi! difficile à dénicher! Mais qui vous a dit qu'elle était femme du docteur?

Le Comte. — Tout le monde.

Figaro. — C'est une histoire qu'il a forgée en arrivant de Madrid, pour donner le change aux galants et les écarter; elle n'est encore que sa pupille, mais bientôt...

Le Comte, *vivement.* — Jamais. Ah! quelle nouvelle! J'étais résolu de tout oser pour lui présenter mes regrets, et je la trouve libre! Il n'y a pas un moment à perdre; il faut m'en faire aimer, et l'arracher à l'indigne engagement qu'on lui deſtine. Tu connais donc ce tuteur?

Figaro. — Comme ma mère.

Le Comte. — Quel homme eſt-ce?

Figaro, *vivement.* — C'eſt un beau gros, court, jeune vieillard, gris pommelé, ruſé, raſé, blaſé, qui guette et furète et gronde et geint tout à la fois.

Le Comte, *impatienté.* — Eh! je l'ai vu. Son caractère?

Figaro. — Brutal, avare, amoureux et jaloux à l'excès de ſa pupille, qui le hait à la mort.

Le Comte. — Ainſi, ſes moyens de plaire ſont...

Figaro. — Nuls.

Le Comte. — Tant mieux. Sa probité?

Figaro. — Tout juſte autant qu'il en faut pour n'être point pendu.

Le Comte. — Tant mieux. Punir un fripon en ſe rendant heureux.

Figaro. — C'eſt faire à la fois le bien public et particulier : chef-d'œuvre de morale, en vérité, monſeigneur!

Le Comte. — Tu dis que la crainte des galants lui fait fermer ſa porte?

Figaro. — A tout le monde : s'il pouvait la calfeutrer...

Le Comte. — Ah! diable, tant pis. Aurais-tu de l'accès chez lui?

Figaro. — Si j'en ai! *Primo*, la maiſon que j'occupe appartient au docteur, qui m'y loge *gratis*.

Le Comte. — Ah, ah!

Figaro. — Oui. Et moi, en reconnaiſſance, je lui promets dix piſtoles d'or par an, *gratis* auſſi.

Le Comte, *impatienté.* — Tu es ſon locataire?

Figaro. — De plus, ſon barbier, ſon chirurgien, ſon apothicaire; il ne ſe donne pas dans ſa maiſon un coup de rasoir, de lancette ou de piston, qui ne soit de la main de votre serviteur.

Le Comte *l'embrasse.* — Ah ! Figaro, mon ami, tu seras mon ange, mon libérateur, mon dieu tutélaire.

Figaro. — Peste ! comme l'utilité vous a bientôt rapproché les distances ! Parlez-moi des gens passionnés !

Le Comte. — Heureux Figaro, tu vas voir ma Rosine. tu vas la voir ! Conçois-tu ton bonheur ?

Figaro. — C'est bien là un propos d'amant ! Est-ce que je l'adore, moi ? Puissiez-vous prendre ma place !

Le Comte. — Ah ! si l'on pouvait écarter tous les surveillants !

Figaro. — C'est à quoi je rêvais.

Le Comte. — Pour douze heures seulement.

Figaro. — En occupant les gens de leur propre intérêt, on les empêche de nuire à l'intérêt d'autrui.

Le Comte. — Sans doute. Eh bien ?

Figaro, *rêvant.* — Je cherche dans ma tête si la pharmacie ne fournirait pas quelques petits moyens innocents...

Le Comte. — Scélérat !

Figaro. — Est-ce que je veux leur nuire ? Ils ont tous besoin de mon ministère. Il ne s'agit que de les traiter ensemble.

Le Comte. — Mais ce médecin peut prendre un soupçon.

Figaro. — Il faut marcher si vite que le soupçon n'ait pas le temps de naître. Il me vient une idée : le régiment de Royal-Infant arrive en cette ville.

Le Comte. — Le colonel est de mes amis.

Figaro. — Bon. Présentez-vous chez le docteur en habit de cavalier, avec un billet de logement ; il faudra bien qu'il vous héberge ; et moi, je me charge du reste.

Le Comte. — Excellent !

Figaro. — Il ne ferait même pas mal que vous euffiez l'air entre deux vins...

Le Comte. — A quoi bon ?

Figaro. — Et le mener un peu leftement fous cette apparence déraifonnable.

Le Comte. — A quoi bon ?

Figaro. — Pour qu'il ne prenne aucun ombrage, et vous croie plus preffé de dormir que d'intriguer chez lui.

Le Comte. — Supérieurement vu ! Mais que n'y vas-tu, toi ?

Figaro. — Ah ! oui, moi ! Nous ferons bien heureux s'il ne vous reconnaît pas, vous qu'il n'a jamais vu. Et comment vous introduire après ?

Le Comte. — Tu as raifon.

Figaro. — C'eft que vous ne pourrez peut-être pas foutenir ce perfonnage difficile. Cavalier... pris de vin...

Le Comte. — Tu te moques de moi. *(Prenant un ton ivre.)* N'eft-ce point ici la maifon du docteur Bartholo, mon ami ?

Figaro. — Pas mal, en vérité ; vos jambes feulement un peu plus avinées. *(D'un ton plus ivre.)* N'eft-ce pas ici la maifon...

Le Comte. — Fi donc ! tu as l ivreffe du peuple.

Figaro. — C'eft la bonne ; c'eft celle du plaifir.

Le Comte. — La porte s'ouvre.

Figaro. — C'eft notre homme : éloignons-nous jufqu'à ce qu'il foit parti.

SCÈNE V.

LE COMTE ET FIGARO *cachés;* BARTHOLO.

Bartholo *fort en parlant à la maifon.* — Je reviens à l'inftant; qu'on ne laiffe entrer perfonne. Quelle fottife à moi d'être defcendu! Dès qu'elle m'en priait, je devais bien me douter... Et Bazile qui ne vient pas! Il devait tout arranger pour que mon mariage fe fît fecrètement demain : et point de nouvelles! Allons voir ce qui peut l'arrêter.

SCÈNE VI.

LE COMTE, FIGARO.

Le Comte. — Qu'ai-je entendu? Demain il époufe Rofine en fecret!

Figaro. — Monfeigneur, la difficulté de réuffir ne fait qu'ajouter à la néceffité d'entreprendre.

Le Comte. — Quel eft donc ce Bazile qui fe mêle de fon mariage?

Figaro. — Un pauvre hère qui montre la mufique à fa pupille, infatué de fon art, friponneau, befogneux, à genoux devant un écu, et dont il fera facile de venir à bout, monfeigneur... *(Regardant à la jaloufie.)* La v'là, la v'là.

Le Comte. — Qui donc?

Figaro. — Derrière fa jaloufie, la voilà, la voilà. Ne regardez pas, ne regardez donc pas!

Le Comte. — Pourquoi?

Figaro. — Ne vous écrit-elle pas : *Chantez indiffé-*

remment? c'eſt-à-dire, chantez comme ſi vous chantiez...
ſeulement pour chanter. Oh! la v'là, la v'là.

Le Comte. — Puiſque j'ai commencé à l'intéreſſer
ſans être connu d'elle, ne quittons point le nom de
Lindor que j'ai pris; mon triomphe en aura plus de

charmes. *(Il déploie le papier que Roſine a jeté.)* Mais comment chanter ſur cette muſique? Je ne ſais pas faire de
vers, moi.

Figaro. — Tout ce qui vous viendra, monſeigneur,
eſt excellent : en amour, le cœur n'eſt pas difficile ſur
les productions de l'eſprit... Et prenez ma guitare.

Le Comte. — Que veux-tu que j'en faſſe? J'en joue ſi mal!

Figaro. — Eſt-ce qu'un homme comme vous ignore quelque choſe? Avec le dos de la main; from, from, from... Chanter ſans guitare à Séville! vous feriez bientôt reconnu, ma foi, bientôt dépiſté. *(Figaro ſe colle au mur, ſous le balcon.)*

Le Comte, *chante en ſe promenant et s'accompagnant ſur ſa guitare.*

PREMIER COUPLET.

Vous l'ordonnez, je me ferai connaître;
Plus inconnu, j'oſais vous adorer:
En me nommant, que pourrais-je eſpérer?
N'importe, il faut obéir à ſon maître.

Figaro, *bas.* — Fort bien, parbleu! Courage, monſeigneur!

LE COMTE.

DEUXIÈME COUPLET.

Je ſuis Lindor, ma naiſſance eſt commune;
Mes vœux ſont ceux d'un ſimple bachelier:
Que n'ai-je, hélas! d'un brillant chevalier
A vous offrir le rang et la fortune!

Figaro. — Et comment, diable! Je ne ferais pas mieux, moi qui m'en pique.

LE COMTE.

TROISIÈME COUPLET.

Tous les matins, ici, d'une voix tendre,
Je chanterai mon amour ſans eſpoir;
Je bornerai mes plaiſirs à vous voir;
Et puiſſiez-vous en trouver à m'entendre!

Figaro. — Oh! ma foi, pour celui-ci...! *(Il s'approche, et baise le bas de l'habit de son maître.)*

Le Comte. — Figaro?

Figaro. — Excellence?

Le Comte. — Crois-tu que l'on m'ait entendu?

ROSINE, *en dedans, chante.*

AIR : *du Maître en droit.*

Tout me dit que Lindor est charmant,
Que je dois l'aimer constamment...

(On entend une croisée qui se ferme avec bruit.)

Figaro. — Croyez-vous qu'on vous ait entendu, cette fois?

Le Comte. — Elle a fermé sa fenêtre; quelqu'un apparemment est entré chez elle.

Figaro. — Ah! la pauvre petite! comme elle tremble en chantant! Elle est prise, monseigneur.

Le Comte. — Elle se sert du moyen qu'elle-même a indiqué. *Tout me dit que Lindor est charmant.* Que de grâces! que d'esprit!

Figaro. — Que de ruse! que d'amour!

Le Comte. — Crois-tu qu'elle se donne à moi, Figaro?

Figaro. — Elle passera plutôt à travers cette jalousie que d'y manquer.

Le Comte. — C'en est fait, je suis à Rosine... pour la vie...

Figaro. — Vous oubliez, monseigneur, qu'elle ne vous entend plus.

Le Comte. — Monsieur Figaro! je n'ai qu'un mot à vous dire : elle sera ma femme; et si vous servez bien mon projet en lui cachant mon nom... Tu m'entends, tu me connais...

Figaro. — Je me rends. Allons, Figaro, vole à la fortune, mon fils.

Le Comte. — Retirons-nous, crainte de nous rendre fufpects.

Figaro, *vivement*. — Moi, j'entre ici, où, par la force de mon art, je vais, d'un feul coup de baguette, endormir la vigilance, éveiller l'amour, égarer la jaloufie, fourvoyer l'intrigue, et renverfer tous les obftacles. Vous, monfeigneur, chez moi l'habit de foldat, un billet de logement et de l'or dans vos poches.

Le Comte. — Pour qui, de l'or?

Figaro, *vivement*. — De l'or, mon dieu, de l'or : c'eft le nerf de l'intrigue.

Le Comte. — Ne te fâche pas, Figaro, j'en prendrai beaucoup.

Figaro, *s'en allant*. — Je vous rejoins dans peu.

Le Comte. — Figaro?

Figaro. — Qu'eft-ce que c'eft?

Le Comte. — Et ta guitare?

Figaro *revient*. — J'oublie ma guitare, moi! je fuis donc fou! *(Il s'en va.)*

Le Comte. — Et ta demeure, étourdi?

Figaro *revient*. — Ah! réellement je fuis frappé! — Ma boutique à quatre pas d'ici, peinte en bleu, vitrage en plomb, trois palettes en l'air, l'œil dans la main, *Confilio manuque,* Figaro. *(Il s'enfuit.)*

ACTE II

Le théâtre repréfente l'appartement de Rofine. La croifée dans le fond du théâtre eft fermée par une jaloufie grillée.

SCÈNE PREMIÈRE.

ROSINE, *feule, un bougeoir à la main. Elle prend du papier fur la table et fe met à écrire..*

MARCELINE eft malade; tous les gens font occupés; et perfonne ne me voit écrire. Je ne fais fi ces murs ont des yeux et des oreilles, ou fi mon argus a un génie malfaifant qui l'inftruit à point nommé; mais je ne puis dire un mot ni faire un pas, dont il ne devine fur-le-champ l'intention... Ah! Lindor! (*Elle cachette la lettre.*) Fermons toujours ma lettre, quoique j'ignore quand et comment je pourrai la lui faire tenir. Je l'ai vu à travers ma jalousie parler longtemps au barbier Figaro. C'est un bonhomme qui m'a montré quelquefois de la pitié : si je pouvais l'entretenir un moment !

SCÈNE II.

ROSINE, FIGARO.

Rosine, *surprise*. — Ah ! monsieur Figaro, que je suis aise de vous voir !

Figaro. — Votre santé, madame ?

Rosine. — Pas trop bonne, monsieur Figaro. L'ennui me tue.

Figaro. — Je le crois ; il n'engraisse que les sots.

Rosine. — Avec qui parliez-vous donc là-bas si vivement ? Je n'entendais pas, mais...

Figaro. — Avec un jeune bachelier de mes parents, de la plus grande espérance, plein d'esprit, de sentiments, de talents, et d'une figure fort revenante.

Rosine. — Oh ! tout à fait bien, je vous assure ! Il se nomme... ?

Figaro. — Lindor. Il n'a rien : mais s'il n'eût pas quitté brusquement Madrid, il pouvait y trouver quelque bonne place.

Rosine, *étourdiment*. — Il en trouvera, monsieur Figaro, il en trouvera. Un jeune homme tel que vous le dépeignez n'est pas fait pour rester inconnu.

Figaro, *à part*. — Fort bien. (*Haut.*) Mais il a un grand défaut, qui nuira toujours à son avancement.

Rosine. — Un défaut, monsieur Figaro ! Un défaut ! en êtes vous bien sûr ?

Figaro. — Il est amoureux.

Rosine. — Il eſt amoureux! et vous appelez cela un défaut?

Figaro. — A la vérité, ce n'en eſt un que relativement à ſa mauvaiſe fortune.

Rosine. — Ah! que le ſort eſt injuſte! Et nomme-t-il la perſonne qu'il aime? Je ſuis d'une curioſité...

Figaro. — Vous êtes la dernière, madame, à qui je voudrais faire une confidence de cette nature.

Rosine, *vivement*. — Pourquoi, monſieur Figaro? Je ſuis diſcrète. Ce jeune homme vous appartient, il m'intéreſſe infiniment... Dites donc.

Figaro, *la regardant finement*. — Figurez-vous la plus jolie petite mignonne, douce, tendre, accorte et fraîche, agaçant l'appétit; pied furtif, taille adroite, élancée, bras dodus, bouche roſée, et des mains! des joues! des dents! des yeux!...

Rosine. — Qui reſte en cette ville?

Figaro. — En ce quartier.

Rosine. — Dans cette rue peut-être?

Figaro. — A deux pas de moi.

Rosine. — Ah! que c'eſt charmant... pour monſieur votre parent. Et cette perſonne eſt...?

Figaro. — Je ne l'ai pas nommée?

Rosine. — C'eſt la ſeule choſe que vous ayez oubliée, monſieur Figaro. Dites donc, dites donc vite; ſi l'on rentrait, je ne pourrais plus ſavoir...

Figaro. — Vous le voulez abſolument, madame? Eh bien! cette perſonne eſt... la pupille de votre tuteur.

Rosine. — La pupille?...

Figaro. — Du docteur Bartholo : oui, madame.

Rosine, *avec émotion*. — Ah! monſieur Figaro!... je ne vous crois pas, je vous aſſure.

Figaro. — Et c'eſt ce qu'il brûle de venir vous perſuader lui-même.

Rosine. — Vous me faites trembler, monſieur Figaro.

Figaro. — Fi donc, trembler! mauvais calcul, madame. Quand on cède à la peur du mal, on reſſent déjà le mal de la peur. D'ailleurs, je viens de vous débarraſſer de tous vos ſurveillants juſqu'à demain.

Rosine. — S'il m'aime, il doit me le prouver en reſtant abſolument tranquille.

Figaro. — Eh! madame! amour et repos peuvent-ils habiter en même cœur? La pauvre jeuneſſe eſt ſi malheureuſe aujourd'hui, qu'elle n'a que ce terrible choix : amour ſans repos, ou repos ſans amour.

Rosine, *baiſſant les yeux*. — Repos ſans amour... paraît...

Figaro. — Ah! bien languiſſant. Il ſemble, en effet, qu'amour ſans repos ſe préſente de meilleure grâce : et pour moi, ſi j'étais femme...

Rosine, *avec embarras*. — Il eſt certain qu'une jeune perſonne ne peut empêcher un honnête homme de l'eſtimer.

Figaro. — Auſſi mon parent vous eſtime-t-il infiniment.

Rosine. — Mais s'il allait faire quelque imprudence, monſieur Figaro, il nous perdrait.

Figaro, *à part*. — Il nous perdrait! *(Haut.)* Si vous le lui défendiez expreſſément par une petite lettre... Une lettre a bien du pouvoir.

Rosine *lui donne la lettre qu'elle vient d'écrire*. — Je n'ai pas le temps de recommencer celle-ci; mais en la lui donnant, dites-lui... dites-lui bien... *(Elle écoute.)*

Figaro. — Perſonne, madame.

Rosine. — Que c'eſt par pure amitié tout ce que je fais.

Figaro. — Cela parle de foi. Tudieu ! l'amour a bien une autre allure !

Rosine. — Que par pure amitié, entendez-vous ? Je crains feulement que, rebuté par les difficultés...

Figaro. — Oui, quelque feu follet. Souvenez-vous, madame, que le vent qui éteint une lumière allume un brafier, et que nous fommes ce brafier-là. D'en parler feulement, il exhale un tel feu qu'il m'a prefque enfiévré (2) de fa paffion, moi qui n'y ai que voir !

Rosine. — Dieux ! j'entends mon tuteur. S'il vous trouvait ici... Paffez par le cabinet du clavecin, et defcendez le plus doucement que vous pourrez.

Figaro. — Soyez tranquille. *(A part, montrant la lettre.)* Voici qui vaut mieux que toutes mes obfervations. *(Il entre dans le cabinet.)*

SCÈNE III.

Rosine, *feule*. — Je meurs d'inquiétude jufqu'à ce qu'il foit dehors... Que je l'aime, ce bon Figaro ! c'eft un bien honnête homme, un bon parent ! Ah ! voilà mon tyran ; reprenons mon ouvrage. *(Elle fouffle la bougie, s'affied, et prend une broderie au tambour.)*

SCÈNE IV.

BARTHOLO, ROSINE.

Bartholo, *en colère*. — Ah ! malédiction ! l'enragé, le fcélérat corfaire de Figaro ! Là, peut-on fortir un moment de chez foi fans être fûr en rentrant... ?

Rosine. — Qui vous met donc fi fort en colère, monfieur ?

Bartholo. — Ce damné de barbier qui vient d'éclopper

toute ma maiſon en un tour de main : il donne un narcotique à l'Éveillé, un ſternutatoire à la Jeuneſſe ; il ſaigne au pied Marceline : il n'y a pas juſqu'à ma mule... Sur les yeux d'une pauvre bête aveugle, un cataplaſme ! Parce qu'il me doit cent écus, il ſe preſſe de faire des mémoires. Ah ! qu'il les apporte !... Et perſonne à l'antichambre ! on arrive à cet appartement comme à la place d'armes.

Rosine. — Et qui peut y pénétrer que vous, monſieur ?

Bartholo. — J'aime mieux craindre ſans ſujet, que de m'expoſer ſans précaution. Tout eſt plein de gens entreprenants, d'audacieux... N'a-t-on pas, ce matin encore, ramaſſé leſtement votre chanſon pendant que j'allais la chercher ? Oh ! je...

Rosine. — C'eſt bien mettre à plaiſir de l'importance à tout ! Le vent peut avoir éloigné ce papier, le premier venu ; que ſais-je ?

Bartholo. — Le vent, le premier venu !... Il n'y a point de vent, madame, point de premier venu dans le monde ; et c'eſt toujours quelqu'un poſté là exprès qui ramaſſe les papiers qu'une femme a l'air de laiſſer tomber par mégarde.

Rosine. — A l'air, monſieur ?

Bartholo. — Oui, madame, a l'air.

Rosine, *à part*. — Oh ! le méchant vieillard !

Bartholo. — Mais tout cela n'arrivera plus ; car je vais faire ſceller cette grille.

Rosine. — Faites mieux ; murez les fenêtres tout d'un coup : d'une priſon à un cachot, la différence eſt ſi peu de choſe !

Bartholo. — Pour celles qui donnent ſur la rue, ce ne ſerait peut-être pas ſi mal... Ce barbier n'eſt pas entré chez vous, au moins ?

Rosine. — Vous donne-t-il auffi de l'inquiétude ?
Bartholo. — Tout comme un autre.
Rosine. — Que vos répliques font honnêtes !
Bartholo. — Ah ! fiez-vous à tout le monde, et vous aurez à la maifon une bonne femme pour vous tromper, de bons amis pour vous la fouffler, et de bons valets pour les y aider.
Rosine. — Quoi ! vous n'accordez pas même qu'on ait des principes contre la féduction de monfieur Figaro ?
Bartholo. — Qui diable entend quelque chofe à la bizarrerie des femmes, et combien j'en ai vu de ces vertus à principes !...
Rosine, *en colère*. — Mais, monfieur, s'il fuffit d'être homme pour nous plaire, pourquoi donc me déplaifez-vous fi fort ?
Bartholo, *ftupéfait*. — Pourquoi...? pourquoi...? Vous ne répondez pas à ma queftion fur ce barbier.
Rosine, *outrée*. — Eh bien oui, cet homme eft entré chez moi ; je l'ai vu, je lui ai parlé. Je ne vous cache pas même que je l'ai trouvé fort aimable : et puiffiez-vous en mourir de dépit !

SCÈNE V.

Bartholo, *feul*. — Oh ! les juifs, les chiens de valets ! La Jeuneffe, l'Éveillé ! l'Éveillé maudit !

SCÈNE VI.

BARTHOLO, L'ÉVEILLÉ.

L'Éveillé *arrive en bâillant, tout endormi*. — Aah, aah, ah, ah...

BARTHOLO. — Où étais-tu, peste d'étourdi, quand ce barbier est entré ici ?

L'ÉVEILLÉ. — Monsieur, j'étais... ah, aah, ah...

BARTHOLO. — A machiner quelque espièglerie, sans doute ? Et tu ne l'as pas vu ?

L'ÉVEILLÉ. — Sûrement je l'ai vu, puisqu'il m'a trouvé tout malade, à ce qu'il dit; et faut bien que ça soit vrai, car j'ai commencé à me douloir dans tous les membres, rien qu'en l'en-entendant parl. . Ah, ah, aah...

BARTHOLO *le contrefait*. — Rien qu'en l'en-entendant!... Où donc est ce vaurien de la Jeunesse ? Droguer ce petit garçon sans mon ordonnance ! Il y a quelque friponnerie là-dessous.

SCÈNE VII.

Les acteurs précédents. *(La Jeunesse arrive en vieillard avec une canne en béquille ; il éternue plusieurs fois.)*

L'ÉVEILLÉ, *toujours bâillant*. — La Jeunesse ?

BARTHOLO. — Tu éternueras dimanche.

LA JEUNESSE. — Voilà plus de cinquante... cinquante fois... dans un moment ! *(Il éternue.)* Je suis brisé.

BARTHOLO. — Comment ! je vous demande à tous deux s'il est entré quelqu'un chez Rosine, et vous ne me dites pas que ce barbier...

L'ÉVEILLÉ, *continuant de bâiller*. — Est-ce que c'est quelqu'un donc, monsieur Figaro ? Ah ! ah...

BARTHOLO. — Je parie que le rusé s'entend avec lui.

L'ÉVEILLÉ, *pleurant comme un sot*. — Moi... je m'entends !...

LA JEUNESSE, *éternuant*. — Eh mais, monsieur, y a-t-il... y a-t-il de la justice ?

BARTHOLO. — De la juſtice ! C'eſt bon entre vous autres miſérables, la juſtice ! Je ſuis votre maître, moi, pour avoir toujours raiſon.

LA JEUNESSE, *éternuant.* — Mais, pardi, quand une choſe eſt vraie...

BARTHOLO. — Quand une choſe eſt vraie ! Si je ne veux pas qu'elle ſoit vraie, je prétends bien qu'elle ne ſoit pas vraie. Il n'y aurait qu'à permettre à tous ces faquins-là d'avoir raiſon, vous verriez bientôt ce que deviendrait l'autorité.

LA JEUNESSE, *éternuant.* — J'aime autant recevoir mon congé. Un ſervice terrible, et toujours un train d'enfer !

L'ÉVEILLÉ, *pleurant.* — Un pauvre homme de bien eſt traité comme un miſérable.

BARTHOLO. — Sors donc, pauvre homme de bien ! *(Il les contrefait.)* Et t'chi et t'cha ; l'un m'éternue au nez, l'autre m'y bâille.

LA JEUNESSE. — Ah, monſieur, je vous jure que, ſans mademoiſelle, il n'y aurait.. il n'y aurait pas moyen de reſter dans la maiſon. *(Il ſort en éternuant.)*

BARTHOLO. — Dans quel état ce Figaro les a mis tous ! Je vois ce que c'eſt : le maraud voudrait me payer mes cent écus ſans bourſe délier...

SCÈNE VIII.

BARTHOLO, DON BAZILE ; FIGARO, *caché dans le cabinet, paraît de temps en temps, et les écoute.*

BARTHOLO *continue*. — Ah ! don Bazile, vous veniez donner à Roſine ſa leçon de muſique ?

BAZILE. — C'eſt ce qui preſſe le moins.

Bartholo. — J'ai paſſé chez vous ſans vous trouver.

Bazile. — J'étais ſorti pour vos affaires. Apprenez une nouvelle aſſez fâcheuſe.

Bartholo. — Pour vous?

Bazile. — Non, pour vous. Le comte Almaviva eſt en cette ville.

Bartholo. — Parlez bas. Celui qui faiſait chercher Roſine dans tout Madrid?

Bazile. — Il loge à la grande place, et ſort tous les jours déguiſé.

Bartholo. — Il n'en faut point douter, cela me regarde. Et que faire?

Bazile. — Si c'était un particulier, on viendrait à bout de l'écarter.

Bartholo. — Oui, en s'embuſquant le ſoir, armé, cuiraſſé...

Bazile. — *Bone Deus!* ſe compromettre! Suſciter une méchante affaire, à la bonne heure; et pendant la fermentation calomnier à dire d'experts; *concedo*.

Bartholo. — Singulier moyen de ſe défaire d'un homme.

Bazile. — La calomnie, monſieur! Vous ne ſavez guère ce que vous dédaignez; j'ai vu les plus honnêtes gens près d'en être accablés. Croyez qu'il n'y a pas de plate méchanceté, pas d'horreurs, pas de conte abſurde, qu'on ne faſſe adopter aux oiſifs d'une grande ville en s'y prenant bien : et nous avons ici des gens d'une adreſſe!... D'abord un bruit léger, raſant le ſol comme une hirondelle avant l'orage, *pianiſſimo* murmure et file, et ſème en courant le trait empoiſonné. Telle bouche le recueille, et *piano, piano,* vous le gliſſe en l'oreille adroitement. Le mal eſt fait; il germe, il rampe, il chemine, et *rinforzando* de bouche en bouche il va le diable; puis tout à coup, ne fais comment, vous voyez calomnie fe dreffer, fiffler, s'enfler, grandir à vue d'œil. Elle s'élance, étend fon vol, tourbillonne, enveloppe, arrache, entraîne, éclate et tonne, et devient, grâce au ciel, un cri général, un *crefcendo* public, un *chorus* univerfel de haine et de profcription. Qui diable y réfifterait?

BARTHOLO. — Mais quel radotage me faites-vous donc là, Bazile? Et quel rapport ce *biano-crefcendo* peut-il avoir à ma fituation?

BAZILE. — Comment, quel rapport? Ce qu'on fait partout pour écarter fon ennemi, il faut le faire ici pour empêcher le vôtre d'approcher.

BARTHOLO. — D'approcher? Je prétends bien époufer Rofine avant qu'elle apprenne feulement que ce comte exifte.

BAZILE. — En ce cas, vous n'avez pas un inftant à perdre.

BARTHOLO. — Et à qui tient-il, Bazile? Je vous ai chargé de tous les détails de cette affaire.

BAZILE. — Oui, mais vous avez léfiné fur les frais; et dans l'harmonie du bon ordre, un mariage inégal, un jugement inique, un paffe-droit évident, font des diffonances qu'on doit toujours préparer et fauver par l'accord parfait de l'or.

BARTHOLO, *lui donnant de l'argent.* — Il faut en paffer par où vous voulez; mais finiffons.

BAZILE. — Cela s'appelle parler. Demain tout fera terminé : c'eft à vous d'empêcher que perfonne, aujourd'hui, ne puiffe inftruire la pupille.

BARTHOLO. — Fiez-vous-en à moi. Viendrez-vous ce foir, Bazile?

BAZILE. — N'y comptez pas. Votre mariage feul m'occupera toute la journée; n'y comptez pas.

Bartholo *l'accompagne*. — Serviteur.

Bazile. — Restez, docteur, restez donc.

Bartholo. — Non pas. Je veux fermer sur vous la porte de la rue.

SCÈNE IX.

Figaro, *seul, sortant du cabinet*. — Oh! la bonne précaution! Ferme, ferme la porte de la rue; et moi je vais la rouvrir au comte en sortant. C'est un grand maraud que ce Bazile! heureusement il est encore plus sot. Il faut un état, une famille, un nom, un rang, de la consistance enfin, pour faire sensation dans le monde en calomniant. Mais un Bazile! il médirait, qu'on ne le croirait pas.

SCÈNE X.

ROSINE, *accourant;* FIGARO.

Rosine. — Quoi! vous êtes encore là, monsieur Figaro?

Figaro. — Très heureusement pour vous, mademoiselle. Votre tuteur et votre maître à chanter, se croyant seuls ici, viennent de parler à cœur ouvert...

Rosine. — Et vous les avez écoutés, monsieur Figaro? Mais savez-vous que c'est fort mal!

Figaro. — D'écouter? C'est pourtant tout ce qu'il y a de mieux pour bien entendre. Apprenez que votre tuteur se dispose à vous épouser demain.

Rosine. — Ah! grands dieux!

Figaro. — Ne craignez rien; nous lui donnerons tant d'ouvrage, qu'il n'aura pas le temps de songer à celui-là.

Rosine. — Le voici qui revient; sortez donc par le petit escalier. Vous me faites mourir de frayeur. *(Figaro s'enfuit.)*

SCÈNE XI.

BARTHOLO, ROSINE.

Rosine. — Vous étiez ici avec quelqu'un, monsieur?

Bartholo. — Don Bazile que j'ai reconduit, et pour cause. Vous eussiez mieux aimé que c'eût été monsieur Figaro?

Rosine. — Cela m'est fort égal, je vous assure.

Bartholo. — Je voudrais bien savoir ce que ce barbier avait de si pressé à vous dire?

Rosine. — Faut-il parler sérieusement? Il m'a rendu compte de l'état de Marceline, qui même n'est pas trop bien, à ce qu'il dit.

Bartholo. — Vous rendre compte! Je vais parier qu'il était chargé de vous remettre quelque lettre.

Rosine. — Et de qui, s'il vous plaît?

Bartholo. — Oh, de qui! De quelqu'un que les femmes ne nomment jamais. Que sais-je, moi? Peut-être la réponse au papier de la fenêtre.

Rosine, *à part.* — Il n'en a pas manqué une seule. *(Haut.)* Vous mériteriez bien que cela fût.

Bartholo *regarde les mains de Rosine.* — Cela est. Vous avez écrit.

Rosine, *avec embarras.* — Il serait assez plaisant que vous eussiez le projet de m'en faire convenir.

Bartholo, *lui prenant la main droite.* — Moi! point du tout; mais votre doigt encore taché d'encre! Hein? rusée signora!

Rosine, *à part.* — Maudit homme!

Bartholo, *lui tenant toujours la main.* — Une femme se croit bien en sûreté, parce qu'elle est seule.

Rosine. — Ah! sans doute... La belle preuve!... Finissez donc, monsieur, vous me tordez le bras. Je me suis brûlée en chiffonnant autour de cette bougie, et l'on m'a toujours dit qu'il fallait aussitôt tremper dans l'encre : c'est ce que j'ai fait.

Bartholo. — C'est ce que vous avez fait? Voyons donc si un second témoin confirmera la déposition du premier. C'est ce cahier de papier où je suis certain qu'il y avait six feuilles; car je les compte tous les matins, aujourd'hui encore.

Rosine, *à part.* — Oh! imbécile!...

Bartholo, *comptant.* — Trois, quatre, cinq...

Rosine. — La sixième...

Bartholo. — Je vois bien qu'elle n'y est pas, la sixième.

Rosine, *baissant les yeux.* — La sixième? Je l'ai employée à faire un cornet pour des bonbons que j'ai envoyés à la petite Figaro.

Bartholo. — A la petite Figaro? Et la plume qui était toute neuve, comment est-elle devenue noire? Est-ce en écrivant l'adresse de la petite Figaro?

Rosine, *à part.* — Cet homme a un instinct de jalousie!... *(Haut.)* Elle m'a servi à retracer une fleur effacée sur la veste que je vous brode au tambour.

Bartholo. — Que cela est édifiant! Pour qu'on vous crût, mon enfant, il faudrait ne pas rougir en déguisant coup sur coup la vérité ; mais c'est ce que vous ne savez pas encore.

Rosine. — Eh! qui ne rougit pas, monsieur, de voir tirer des conséquences aussi malignes des choses le plus innocemment faites?

Bartholo. — Certes, j'ai tort. Se brûler le doigt, le tremper dans l'encre, faire des cornets aux bonbons pour la petite Figaro, et deſſiner ma veſte au tambour! quoi de plus innocent? Mais que de menſonges entaſſés pour cacher un ſeul fait!... *Je ſuis ſeule, on ne me voit point; je pourrai mentir à mon aiſe.* Mais le bout du doigt reſte noir, la plume eſt tachée, le papier manque! On ne ſaurait penſer à tout. Bien certainement, ſignora, quand j'irai par la ville, un bon double tour me répondra de vous.

SCÈNE XII.

LE COMTE, BARTHOLO, ROSINE.

Le comte, *en uniforme de cavalier, ayant l'air d'être entre deux vins, et chantant :* « Réveillons-la », *etc.*

Bartholo. — Mais que nous veut cet homme? Un ſoldat! Rentrez chez vous, ſignora.

Le Comte chante : « Réveillons-la », *et s'avance vers Roſine.* — Qui de vous deux, mesdames, ſe nomme le docteur Balordo? (*A Roſine, bas.*) Je ſuis Lindor.

Bartholo. — Bartholo!

Rosine, *à part.* — Il parle de Lindor.

Le Comte. — Balordo, Barque à l'eau; je m'en moque comme de ça. Il s'agit ſeulement de ſavoir laquelle des deux... (*A Roſine, lui montrant un papier.*) Prenez cette lettre.

Bartholo. — Laquelle! Vous voyez bien que c'eſt moi! Laquelle! Rentrez donc, Roſine; cet homme paraît avoir du vin.

Rosine. — C'eſt pour cela, monſieur; vous êtes ſeul. Une femme en impoſe quelquefois.

Bartholo. — Rentrez, rentrez; je ne ſuis pas timide.

SCÈNE XIII.

LE COMTE, BARTHOLO.

Le Comte. — Oh! je vous ai reconnu d'abord à votre ſignalement.

Bartholo, *au comte qui ſerre la lettre.* — Qu'eſt-ce que c'eſt donc que vous cachez là dans votre poche?

Le Comte. — Je le cache dans ma poche, pour que vous ne ſachiez pas ce que c'eſt.

Bartholo. — Mon ſignalement! Ces gens-là croient toujours parler à des ſoldats.

Le Comte. — Penſez-vous que ce ſoit une choſe ſi difficile à faire que votre ſignalement?

Air: *Ici sont venus en personne.*

> Le chef branlant, la tête chauve,
> Les yeux vérons, le regard fauve,
> L'air farouche d'un Algonquin,
> La taille lourde et déjetée,
> L'épaule droite ſurmontée,
> Le teint grenu d'un Maroquin,
> Le nez fait comme un baldaquin,
> La jambe potte et circonflexe,
> Le ton bourru, la voix perplexe,
> Tous les appétits deſtructeurs;
> Enfin, la perle des docteurs (3).

Bartholo. — Qu'eſt-ce que cela veut dire? Êtes-vous ici pour m'inſulter? Délogez à l'inſtant.

Le Comte. — Déloger! Ah, fi! que c'eſt mal parler! Savez-vous lire, docteur... Barbe à l'eau?

Bartholo. — Autre queſtion ſaugrenue.

Le Comte. — Oh! que cela ne vous faſſe point de peine; car, moi qui ſuis pour le moins auſſi docteur que vous...

Bartholo. — Comment cela?

Le Comte. — Eſt-ce que je ne ſuis pas le médecin des chevaux du régiment? Voilà pourquoi l'on m'a exprès logé chez un confrère.

Bartholo. — Oſer comparer un maréchal... !

LE COMTE.

Air : *Vive le vin.*

SANS CHANTER.

Non, docteur, je ne prétends pas
Que notre art obtienne le pas
Sur Hippocrate et ſa brigade.

EN CHANTANT.

Votre ſavoir, mon camarade,
Eſt d'un ſuccès plus général;
Car s'il n'emporte point le mal,
Il emporte au moins le malade.

C'eſt-il poli ce que je vous dis là?

Bartholo. — Il vous ſied bien, manipuleur ignorant, de ravaler ainſi le premier, le plus grand et le plus utile des arts!

Le Comte. — Utile tout à fait, pour ceux qui l'exercent.

Bartholo. — Un art dont le ſoleil s'honore d'éclairer les ſuccès!

Le Comte. — Et dont la terre s'empreſſe de couvrir les bévues.

Bartholo. — On voit bien, malappris, que vous n'êtes habitué de parler qu'à des chevaux.

Le Comte. — Parler à des chevaux? Ah, docteur! pour un docteur d'esprit... N'est-il pas de notoriété que le maréchal guérit toujours ses malades sans leur parler; au lieu que le médecin parle beaucoup aux siens...

Bartholo. — Sans les guérir, n'est ce pas?

Le Comte. — C'est vous qui l'avez dit.

Bartholo. — Qui diable envoie ici ce maudit ivrogne?

Le Comte. — Je crois que vous me lâchez des épigrammes, l'Amour!

Bartholo. — Enfin, que voulez-vous, que demandez-vous?

Le Comte, *feignant une grande colère*. — Eh bien donc, il s'enflamme! Ce que je veux? Est-ce que vous ne le voyez pas?

SCÈNE XIV.

ROSINE, LE COMTE, BARTHOLO.

Rosine, *accourant*. — Monsieur le soldat, ne vous emportez point, de grâce! *(A Bartholo.)* Parlez-lui doucement, monsieur : un homme qui déraisonne...

Le Comte. — Vous avez raison; il déraisonne, lui; mais nous sommes raisonnables, nous! Moi poli, et vous jolie... enfin suffit. La vérité, c'est que je ne veux avoir affaire qu'à vous dans la maison.

Rosine. — Que puis-je pour votre service, monsieur le soldat?

Le Comte. — Une petite bagatelle, mon enfant. Mais s'il y a de l'obscurité dans mes phrases...

Rosine. — J'en saisirai l'esprit.

Le Comte, *lui montrant la lettre*. — Non, attachez-vous à la lettre. Il s'agit feulement... mais je dis en tout bien, tout honneur, que vous me donniez à coucher ce foir.

BARTHOLO. — Rien que cela ?

LE COMTE. — Pas davantage. Lifez le billet doux que notre maréchal des logis vous écrit.

BARTHOLO. — Voyons. *(Le comte cache la lettre et lui donne un autre papier.) (Bartholo lit.)* « Le docteur Bar-
« tholo recevra, nourrira, hébergera, couchera... »

LE COMTE, *appuyant*. — Couchera.

BARTHOLO. — « Pour une nuit feulement, le nommé
« Lindor, dit l Écolier, cavalier au régiment... »

ROSINE. — C'eft lui, c'eft lui-même.

BARTHOLO, *vivement, à Rofine.* — Qu'eft-ce qu'il y a?

LE COMTE. — Eh bien, ai-je tort à préfent, docteur Barbaro ?

BARTHOLO. — On dirait que cet homme fe fait un malin plaifir de m'eftropier de toutes les manières poffibles. Allez au diable, Barbaro ! Barbe à l'eau ! et dites à votre impertinent maréchal des logis que, depuis mon voyage à Madrid, je fuis exempt de loger des gens de guerre.

LE COMTE, *à part.* — O ciel! fâcheux contre-temps!

BARTHOLO. — Ah, ah, notre ami, cela vous contrarie et vous dégrife un peu ! Mais n'en décampez pas moins à l'inftant.

LE COMTE, *à part.* — J'ai penfé me trahir *(Haut.)* Décamper! Si vous êtes exempt de gens de guerre, vous n'êtes pas exempt de politeffe peut-être ? Décamper ! Montrez-moi votre brevet d'exemption ; quoique je ne fache pas lire, je verrai bientôt.

BARTHOLO. — Qu'à cela ne tienne. Il eft dans ce bureau.

LE COMTE, *pendant qu'il y va, dit, fans quitter fa place :*
— Ah ! ma belle Rofine !

ROSINE. — Quoi, Lindor, c'eft vous ?

Le Comte. — Recevez au moins cette lettre.

Rosine. — Prenez garde, il a les yeux sur nous.

Le Comte. — Tirez votre mouchoir, je la laisserai tomber. *(Il s'approche.)*

Bartholo. — Doucement, doucement, seigneur soldat; je n'aime point qu'on regarde ma femme de si près.

Le Comte. — Elle est votre femme ?

Bartholo. — Eh quoi donc ?

Le Comte. — Je vous ai pris pour son bisaïeul paternel, maternel, sempiternel : il y a au moins trois générations entre elle et vous.

Bartholo *lit un parchemin*. — « Sur les bons et fidèles « témoignages qui nous ont été rendus... »

Le Comte *donne un coup de main sous les parchemins, qui les envoie au plancher*. — Est-ce que j'ai besoin de tout ce verbiage ?

Bartholo. — Savez-vous soldat, que si j'appelle mes gens, je vous fais traiter sur-le-champ comme vous le méritez ?

Le Comte. — Bataille ? Ah ! volontiers, bataille ! c'est mon métier à moi *(montrant son pistolet de ceinture)*, et voici de quoi leur jeter de la poudre aux yeux. Vous n'avez peut être jamais vu de bataille, madame ?

Rosine. — Ni ne veux en voir.

Le Comte. — Rien n'est pourtant aussi gai que bataille. Figurez-vous *(poussant le docteur)* d'abord que l'ennemi est d'un côté du ravin, et les amis de l'autre. *(A Rosine en lui montrant la lettre.)* Sortez votre mouchoir. *(Il crache à terre.)* Voilà le ravin, cela s'entend.

(Rosine tire son mouchoir; le comte laisse tomber sa lettre entre elle et lui.)

Bartholo, *se baissant*. — Ah ! ah !

Le Comte *la reprend et dit :* — Tenez... moi qui allais vous apprendre ici les secrets de mon métier... Une femme bien discrète, en vérité ! ne voilà-t-il pas un billet doux qu'elle laisse tomber de sa poche ?

Bartholo. — Donnez, donnez.

Le Comte. — *Dulciter,* papa ! chacun son affaire. Si une ordonnance de rhubarbe était tombée de la vôtre ?

Rosine *avance la main.* — Ah ! je sais ce que c'est, monsieur le soldat. *(Elle prend la lettre, qu'elle cache dans la petite poche de son tablier.)*

Bartholo. — Sortez-vous enfin ?

Le Comte. — Eh bien, je sors. Adieu, docteur ; sans rancune. Un petit compliment, mon cœur : priez la mort de m'oublier encore quelques campagnes ; la vie ne m'a jamais été si chère.

Bartholo. — Allez toujours. Si j'avais ce crédit là sur la mort...

Le Comte. — Sur la mort ? N'êtes-vous pas médecin ? Vous faites tant de choses pour elle, qu'elle n'a rien à vous refuser. *(Il sort.)*

SCÈNE XV.

BARTHOLO, ROSINE.

Bartholo *le regarde aller.* — Il est enfin parti ! *(A part.)* Dissimulons.

Rosine. — Convenez pourtant, monsieur, qu'il est bien gai, ce jeune soldat ! A travers son ivresse, on voit qu'il ne manque ni d'esprit, ni d'une certaine éducation.

Bartholo. — Heureux, m'amour, d'avoir pu nous en

délivrer! Mais n'es-tu pas un peu curieufe de lire avec moi le papier qu'il t'a remis?

Rosine. — Quel papier?

Bartholo. — Celui qu'il a feint de ramaffer pour te le faire accepter.

Rosine. — Bon! c'eft la lettre de mon coufin l'officier, qui était tombée de ma poche.

Bartholo. — J'ai idée, moi, qu'il l'a tirée de la fienne.

Rosine. — Je l'ai très bien reconnue.

Bartholo. — Qu'eft-ce qu'il coûte d'y regarder?

Rosine. — Je ne fais pas feulement ce que j'en ai fait.

Bartholo, *montrant la pochette*. — Tu l'as mife là.

Rosine. — Ah! ah! par diftraction.

Bartholo. — Ah! fûrement. Tu vas voir que ce fera quelque folie.

Rosine, *à part*. — Si je ne le mets pas en colère, il n'y aura pas moyen de refufer.

Bartholo. — Donne donc, mon cœur.

Rosine. — Mais quelle idée avez-vous en infiftant, monfieur? Eft-ce encore quelque méfiance?

Bartholo. — Mais vous, quelle raifon avez-vous de ne pas le montrer?

Rosine. — Je vous répète, monfieur, que ce papier n'eft autre que la lettre de mon coufin, que vous m'avez rendue hier toute décachetée; et puifqu'il en eft queftion, je vous dirai tout net que cette liberté me déplaît exceffivement.

Bartholo. — Je ne vous entends pas.

Rosine. — Vais-je examiner les papiers qui vous arrivent? Pourquoi vous donnez-vous les airs de toucher à ceux qui me font adreffés? Si c'eft jaloufie, elle m'infulte; s'il s'agit de l'abus d'une autorité ufurpée, j'en fuis plus révoltée encore.

Bartholo. — Comment, révoltée ! Vous ne m'avez jamais parlé ainsi.

Rosine. — Si je me suis modérée jusqu'à ce jour, ce n'était pas pour vous donner le droit de m'offenser impunément.

Bartholo. — De quelle offense me parlez-vous ?

Rosine. — C'est qu'il est inouï qu'on se permette d'ouvrir les lettres de quelqu'un.

Bartholo. — De sa femme ?

Rosine. — Je ne la suis pas encore. Mais pourquoi lui donnerait-on la préférence d'une indignité qu'on ne fait à personne ?

Bartholo. — Vous voulez me faire prendre le change et détourner mon attention du billet, qui, sans doute, est une missive de quelque amant. Mais je le verrai, je vous assure.

Rosine. — Vous ne le verrez pas. Si vous m'approchez, je m'enfuis de cette maison, et je demande retraite au premier venu.

Bartholo. — Qui ne vous recevra point.

Rosine. — C'est ce qu'il faudra voir.

Bartholo. — Nous ne sommes pas ici en France, où l'on donne toujours raison aux femmes : mais, pour vous en ôter la fantaisie, je vais fermer la porte.

Rosine, *pendant qu'il y va.* — Ah ciel ! que faire ?... Mettons vite à la place la lettre de mon cousin, et donnons-lui beau jeu à la prendre. (*Elle fait l'échange, et met la lettre du cousin dans sa pochette, de façon qu'elle sorte un peu.*)

Bartholo, *revenant.* — Ah ! j'espère maintenant la voir.

Rosine. — De quel droit, s'il vous plaît ?

Bartholo. — Du droit le plus universellement reconnu, celui du plus fort.

Rosine. — On me tuera plutôt que de l'obtenir de moi.
Bartholo, *frappant du pied*. — Madame ! madame !..

Rosine *tombe sur un fauteuil et feint de se trouver mal.*
— Ah ! quelle indignité !...

Bartholo. — Donnez cette lettre, ou craignez ma colère.

Rosine, *renversée.* — Malheureuse Rosine !

Bartholo. — Qu'avez-vous donc ?

Rosine. — Quel avenir affreux !

Bartholo. — Rosine !

Rosine. — J'étouffe de fureur.

Bartholo. — Elle se trouve mal.

Rosine. — Je m'affaiblis, je meurs.

Bartholo *lui tâte le pouls, et dit à part:* — Dieux ! la lettre ! Lisons-la sans qu'elle en soit instruite. *(Il continue à lui tâter le pouls, et prend la lettre, qu'il tâche de lire en se tournant un peu.)*

Rosine, *toujours renversée.* — Infortunée ! ah !...

Bartholo *lui quitte le bras, et dit à part :* — Quelle rage a-t-on d'apprendre ce qu'on craint toujours de savoir!

Rosine. — Ah ! pauvre Rosine !

Bartholo. — L'usage des odeurs... produit ces affections spasmodiques. *(Il lit par derrière le fauteuil en lui tâtant le pouls. Rosine se relève un peu, le regarde finement, fait un geste de tête, et se remet sans parler.)*

Bartholo, *à part.* — O ciel ! c'est la lettre de son cousin. Maudite inquiétude ! Comment l'apaiser maintenant ? Qu'elle ignore au moins que je l'ai lue ! *(Il fait semblant de la soutenir, et remet la lettre dans la pochette.)*

Rosine *soupire.* — Ah !...

Bartholo. — Eh bien ! ce n'est rien, mon enfant; un petit mouvement de vapeurs, voilà tout ; car ton pouls n'a seulement pas varié. *(Il va prendre un flacon sur la console.)*

Rosine, *à part.* — Il a remis la lettre ! fort bien.

Bartholo. — Ma chère Rosine, un peu de cette eau spiritueuse.

Rosine. — Je ne veux rien de vous ; laiffez-moi.

Bartholo. — Je conviens que j'ai montré trop de vivacité fur ce billet.

Rosine. — Il s'agit bien du billet ! C'eft votre façon de demander les chofes qui eft révoltante.

Bartholo, *à genoux*. — Pardon : j'ai bientôt fenti tous mes torts, et tu me vois à tes pieds, prêt à les réparer.

Rosine. — Oui, pardon ! lorfque vous croyez que cette lettre ne vient pas de mon coufin.

Bartholo. — Qu'elle foit d'un autre ou de lui, je ne veux aucun éclairciffement.

Rosine, *lui préfentant la lettre*. — Vous voyez qu'avec de bonnes façons on obtient tout de moi. Lifez-la.

Bartholo. — Cet honnête procédé diffiperait mes foupçons, fi j'étais affez malheureux pour en conferver.

Rosine. — Lifez-la donc, monfieur.

Bartholo *fe retire*. — A Dieu ne plaife que je te faffe une pareille injure !

Rosine. — Vous me contrariez de la refufer.

Bartholo. — Reçois en réparation cette marque de ma parfaite confiance. Je vais voir la pauvre Marceline, que ce Figaro a, je ne fais pourquoi, faignée du pied : n'y viens-tu pas auffi ?

Rosine. — J'y monterai dans un moment.

Bartholo. — Puifque la paix eft faite, mignonne, donne-moi ta main. Si tu pouvais m'aimer, ah ! comme tu ferais heureufe !

Rosine, *baiffant les yeux*. — Si vous pouviez me plaire, ah ! comme je vous aimerais.

Bartholo. — Je te plairai, je te plairai ; quand je te dis que je te plairai ! *(Il fort).*

SCÈNE XVI.

Rosine *le regarde aller*. — Ah! Lindor! Il dit qu'il me plaira!... Lifons cette lettre, qui a manqué de me caufer tant de chagrin. *(Elle lit et s'écrie :)* Ah!... j'ai lu trop tard; il me recommande de tenir une querelle ouverte avec mon tuteur; j'en avais une fi bonne, et je l'ai laiffée échapper. En recevant la lettre j'ai fenti que je rougiffais jufqu'aux yeux. Ah! mon tuteur a raifon : je fuis bien loin d'avoir cet ufage du monde qui, me dit-il fouvent, affure le maintien des femmes en toute occafion! Mais un homme injufte parviendrait à faire une rufée de l'innocence même.

ACTE III

SCÈNE PREMIÈRE.

BARTHOLO, *feul et défolé.*

Quelle humeur ! quelle humeur ! Elle paraiffait apaifée... Là, qu'on me dife qui diable lui a fourré dans la tête de ne plus vouloir prendre leçon de don Bazile ! Elle fait qu'il fe mêle de mon mariage..... *(On heurte à la porte.)* Faites tout au monde pour plaire aux femmes ; fi vous omettez un feul petit point..... je dis un feul..... *(On heurte une feconde fois.)* Voyons qui c'eft.

SCÈNE II.

BARTHOLO, LE COMTE *en bachelier.*

Le Comte. — Que la paix et la joie habitent toujours céans !

Bartholo, *brufquement.* — Jamais fouhait ne vint plus à propos. Que voulez-vous ?

Le Comte. — Monfieur, je fuis Alonzo, bachelier, licencié...

BARTHOLO. — Je n'ai pas befoin de précepteur.

LE COMTE. — .... Élève de don Bazile, organifte du grand couvent, qui a l'honneur de montrer la mufique à madame votre....

BARTHOLO. — Bazile! organifte! qui a l'honneur!... Je le fais; au fait.

LE COMTE. — *(A part.)* Quel homme! *(Haut.)* Un mal fubit qui le force à garder le lit.....

BARTHOLO. — Garder le lit! Bazile! Il a bien fait d'envoyer; je vais le voir à l'inftant.

LE COMTE. — *(A part.)* Oh diable! *(Haut.)* Quand je dis le lit, monfieur, c'eft... la chambre que j'entends.

BARTHOLO. — Ne fût-il qu'incommodé, marchez devant, je vous fuis.

LE COMTE, *embarraffé*. — Monfieur, j'étais chargé..... Perfonne ne peut-il nous entendre?

BARTHOLO. — *(A part.)* C'eft quelque fripon. *(Haut.)* Eh non, monfieur le myftérieux! parlez fans vous troubler, fi vous pouvez.

LE COMTE. — *(A part.)* Maudit vieillard! *(Haut.)* Don Bazile m'avait chargé de vous apprendre....

BARTHOLO. — Parlez haut, je fuis fourd d'une oreille.

LE COMTE, *élevant la voix*. — Ah! volontiers. Que le comte Almaviva, qui reftait à la grande place....

BARTHOLO, *effrayé*. — Parlez bas, parlez bas!

LE COMTE, *plus haut*. — ... En eft délogé ce matin. Comme c'eft par moi qu'il a fu que le comte Almaviva...

BARTHOLO. — Bas; parlez bas, je vous prie.

LE COMTE, *du même ton*. — ... Était en cette ville, et que j'ai découvert que la fignora Rofine lui a écrit...

BARTHOLO. — Lui a écrit? Mon cher ami, parlez plus bas, je vous en conjure! Tenez, affeyons-nous, et jafons d'amitié. Vous avez découvert, dites-vous, que Rofine...

Le Comte, *fièrement.* — Assurément. Bazile, inquiet pour vous de cette correspondance, m'avait prié de vous montrer sa lettre; mais la manière dont vous prenez les choses...

Bartholo. — Eh mon dieu ! je les prends bien. Mais ne vous est-il donc pas possible de parler plus bas ?

Le Comte. — Vous êtes sourd d'une oreille, avez-vous dit.

Bartholo. — Pardon, pardon, seigneur Alonzo, si vous m'avez trouvé méfiant et dur ; mais je suis tellement entouré d'intrigants, de pièges... Et puis votre tournure, votre âge, votre air... Pardon, pardon. Eh bien ! vous avez la lettre ?

Le Comte. — A la bonne heure sur ce ton, monsieur ! Mais je crains qu'on ne soit aux écoutes.

Bartholo. — Eh ! qui voulez-vous ? tous mes valets sur les dents ! Rosine enfermée de fureur ! Le diable est entré chez moi. Je vais encore m'assurer... *(Il va ouvrir doucement la porte de Rosine.)*

Le Comte, *à part.* — Je me suis enferré de dépit. Garder la lettre à présent ! il faudra m'enfuir : autant vaudrait n'être pas venu... La lui montrer !... Si je puis en prévenir Rosine, la montrer est un coup de maître.

Bartholo *revient sur la pointe du pied.* — Elle est assise auprès de sa fenêtre, le dos tourné à la porte, occupée à relire une lettre de son cousin l'officier, que j'avais décachetée... Voyons donc la sienne.

Le Comte *lui remet la lettre de Rosine.* — La voici. *(A part)* C'est ma lettre qu'elle relit.

Bartholo *lit.* — « *Depuis que vous m'avez appris votre nom et votre état.* » Ah ! la perfide ! c'est bien là sa main.

Le Comte, *effrayé.* — Parlez donc bas à votre tour.

Bartholo. — Quelle obligation, mon cher !...

Le Comte. — Quand tout fera fini, fi vous croyez m'en devoir, vous ferez le maître. D'après un travail que fait actuellement don Bazile avec un homme de loi...

Bartholo — Avec un homme de loi, pour mon mariage ?

Le Comte. — Vous aurais-je arrêté fans cela ? Il m'a chargé de vous dire que tout peut être prêt pour demain. Alors, fi elle réfifte...

Bartholo. — Elle réfiftera.

Le Comte *veut reprendre la lettre, Bartholo la ferre.* — Voilà l'inftant où je puis vous fervir : nous lui montrerons fa lettre, et s'il le faut *(plus myftérieufement)* j'irai jufqu'à lui dire que je la tiens d'une femme à qui le comte l'a facrifiée. Vous fentez que le trouble, la honte, le dépit, peuvent la porter fur-le-champ...

Bartholo, *riant.* — De la calomnie ! Mon cher ami, je vois bien maintenant que vous venez de la part de Bazile! Mais pour que ceci n'eût pas l'air concerté, ne ferait-il pas bon qu'elle vous connût d'avance?

Le Comte *réprime un grand mouvement de joie.* — C'était affez l'avis de don Bazile. Mais comment faire? Il eft tard... Au peu de temps qui refte.....

Bartholo. — Je dirai que vous venez en fa place. Ne lui donnerez-vous pas bien une leçon?

Le Comte. — Il n'y a rien que je ne faffe pour vous plaire. Mais prenez garde que toutes ces hiftoires de maitres fuppofés font de vieilles fineffes, des moyens de comédie. Si elle va fe douter?...

Bartholo. — Préfenté par moi, quelle apparence? Vous avez plus l'air d'un amant déguifé que d'un ami officieux.

Le Comte. — Oui? Vous croyez donc que mon air peut aider à la tromperie?

Bartholo. — Je le donne au plus fin à deviner. Elle eft ce foir d'une humeur horrible. Mais quand elle ne ferait que vous voir..... Son clavecin eft dans ce cabinet. Amufez-vous en l'attendant : je vais faire l'impoffible pour l'amener.

Le Comte. — Gardez-vous bien de lui parler de la lettre.

Bartholo. — Avant l'inftant décifif? Elle perdrait tout fon effet. Il ne faut pas me dire deux fois les chofes, il ne faut pas me les dire deux fois. *(Il s'en va.)*

SCÈNE III.

Le Comte, *feul.* — Me voilà fauvé. Ouf! Que ce diable d'homme eft rude à manier! Figaro le connait bien. Je me voyais mentir; cela me donnait un air plat et gauche; et il a des yeux!... Ma foi, fans l'infpiration fubite de la lettre, il faut l'avouer, j'étais éconduit comme un fot. O ciel! on difpute là dedans. Si elle allait s'obftiner à ne pas venir! Écoutons..... Elle refufe de fortir de chez elle, et j'ai perdu le fruit de ma rufe. *(Il retourne écouter.)* La voici; ne nous montrons pas d'abord. *(Il entre dans le cabinet.)*

SCÈNE IV.

LE COMTE, ROSINE, BARTHOLO.

Rosine, *avec une colère fimulée.* — Tout ce que vous direz eft inutile, monfieur. J'ai pris mon parti; je ne veux plus entendre parler de mufique.

Bartholo. — Écoute donc, mon enfant; c'eft le feigneur Alonzo, l'élève et l'ami de don Bazile, choifi par lui pour être un de nos témoins — La mufique te calmera, je t'affure.

Rosine. — Oh! pour cela, vous pouvez vous en détacher. Si je chante ce soir!... Où donc eft-il ce maître que vous craignez de renvoyer? Je vais, en deux mots, lui donner fon compte, et celui de Bazile. *(Elle aperçoit fon amant; elle fait un cri.)* Ah!....

Bartholo. — Qu'avez-vous?

Rosine, *les deux mains fur fon cœur, avec un grand trouble.* — Ah! mon dieu, monfieur... Ah! mon dieu, monfieur....

Bartholo. — Elle fe trouve encore mal! Seigneur Alonzo!

Rosine. — Non, je ne me trouve pas mal..... mais c'eft qu'en me tournant.... Ah!....

Le Comte. — Le pied vous a tourné, madame?

Rosine. — Ah! oui, le pied m'a tourné. Je me suis fait un mal horrible.

Le Comte. — Je m'en suis bien aperçu.

Rosine, *regardant le comte.* — Le coup m'a porté au cœur.

Bartholo. — Un siège, un siège. Et pas un fauteuil ici ? *(Il va le chercher.)*

Le Comte. — Ah! Rosine!

Rosine. — Quelle imprudence!

Le Comte. — J'ai mille chofes effentielles à vous dire.

Rosine. — Il ne nous quittera pas.

Le Comte. — Figaro va venir nous aider.

Bartholo *apporte un fauteuil.* — Tiens, mignonne, affieds-toi. — Il n'y a pas d'apparence, bachelier, qu'elle prenne de leçon ce foir; ce fera pour un autre jour. Adieu.

Rosine, *au comte.* — Non, attendez; ma douleur eft un peu apaifée. *(A Bartholo.)* Je fens que j'ai eu tort avec vous, monfieur; je veux vous imiter, en réparant fur-le-champ...

Bartholo. — Oh! le bon petit naturel de femme! Mais, après une pareille émotion, mon enfant, je ne fouffrirai pas que tu faffes le moindre effort. Adieu, adieu, bachelier.

Rosine, *au comte.* — Un moment, de grâce! *(A Bartholo.)* Je croirai, monfieur, que vous n'aimez pas à m'obliger, fi vous m'empêchez de vous prouver mes regrets en prenant ma leçon.

Le Comte, *à part, à Bartholo.* — Ne la contrariez pas, fi vous m'en croyez.

Bartholo. — Voilà qui eft fini, mon amoureufe. Je fuis fi loin de chercher à te déplaire, que je veux refter là tout le temps que tu vas étudier.

Rosine. — Non, monsieur. Je sais que la musique n'a nul attrait pour vous.

Bartholo. — Je t'assure que ce soir elle m'enchantera.

Rosine, *au comte, à part.* — Je suis au supplice.

Le Comte, *prenant un papier de musique sur le pupitre.* — Est-ce là ce que vous voulez chanter, madame ?

Rosine. — Oui, c'est un morceau très agréable de la *Précaution inutile*

Bartholo. — Toujours la *Précaution inutile !*

Le Comte. — C'est ce qu'il y a de plus nouveau aujourd'hui. C'est une image du printemps, d'un genre assez vif. Si madame veut l'essayer....

Rosine, *regardant le comte.* — Avec grand plaisir : un tableau du printemps me ravit; c'est la jeunesse de la nature. Au sortir de l'hiver, il semble que le cœur acquière un plus haut degré de sensibilité : comme un esclave, enfermé depuis longtemps, goûte avec plus de plaisir le charme de la liberté qui vient de lui être offerte.

Bartholo, *bas au comte.* — Toujours des idées romanesques en tête.

Le Comte, *bas.* — Et sentez-vous l'application ?

Bartholo. — Parbleu ! *(Il va s'asseoir dans le fauteuil qu'a occupé Rosine.)*

ROSINE *chante* (4).

Quand, dans la plaine
L'amour ramène
Le printemps
Si chéri des amants,
Tout reprend l'être,
Son feu pénètre
Dans les fleurs
Et dans les jeunes cœurs.

On voit les troupeaux
Sortir des hameaux;
Dans tous les coteaux
Les cris des agneaux
   Retentiſſent;
   Ils bondiſſent:
   Tout fermente,
   Tout augmente;
Les brebis paiſſent
Les fleurs qui naiſſent;
Les chiens fidèles
Veillent ſur elles;
Mais Lindor enflammé
   Ne ſonge guère
Qu'au bonheur d'être aimé
   De ſa bergère.

MÊME AIR.

Loin de ſa mère
Cette bergère
   Va chantant
Où ſon amant l'attend.
   Par cette ruſe,
   L'amour l'abuſe;
   Mais chanter
Sauve-t-il du danger?
Les doux chalumeaux,
Les chants des oiſeaux,
Ses charmes naiſſants,
Ses quinze ou ſeize ans,
   Tout l'excite,
   Tout l'agite;
   La pauvrette
   S'inquiète;
De ſa retraite,
Lindor la guette;
Elle s'avance;
Lindor s'élance;
Il vient de l'embraſſer:
   Elle, bien aiſe,

Feint de fe courroucer
Pour qu'on l'apaife.

PETITE REPRISE.

Les foupirs,
Les foins, les promeffes,
Les vives tendreffes,
Les plaifirs,
Le fin badinage,
Sont mis en ufage;
Et bientôt la bergère
Ne fent plus de colère.
Si quelque jaloux
Trouble un bien fi doux,
Nos amants d'accord
Ont un foin extrême. . . . .
. . . De voiler leur tranfport;
Mais quand on s'aime,
La gêne ajoute encor
Au plaifir même.

(*En l'écoutant, Bartholo s'eft affoupi. Le comte, pendant la petite reprife, fe hafarde à prendre une main qu'il couvre de baifers. L'émotion ralentit le chant de Rofine, l'affaiblit, et finit même par lui couper la voix au milieu de la cadence, au mot «extrême.» L'orcheftre fuit les mouvements de la chanteufe, affaiblit fon jeu, et fe tait avec elle. L'abfence du bruit qui avait endormi Bartholo, le réveille. Le comte fe relève, Rofine et l'orcheftre reprennent fubitement la fuite de l'air. Si la petite reprife fe répète, le même jeu recommence.*)

LE COMTE. — En vérité, c'eft un morceau charmant; et madame l'exécute avec une intelligence....

ROSINE. — Vous me flattez, feigneur; la gloire eft tout entière au maître.

BARTHOLO, *bâillant*. — Moi, je crois que j'ai un peu

dormi pendant le morceau charmant. J'ai mes malades. Je vas, je viens, je toupille, et fitôt que je m'affieds, mes pauvres jambes. *(Il fe lève et pouffe le fauteuil.)*

ROSINE, *bas au comte.* — Figaro ne vient point!

LE COMTE. — Filons le temps.

BARTHOLO. — Mais, bachelier, je l'ai déjà dit à ce vieux Bazile : eft-ce qu'il n'y aurait pas moyen de lui faire étudier des chofes plus gaies que toutes ces grandes aria, qui vont en haut, en bas, en roulant, hi, ho, a, a, a, a, et qui me femblent autant d'enterrements ? Là, de ces petits airs qu'on chantait dans ma jeuneffe, et que chacun retenait facilement ? J'en favais autrefois .. Par exemple.... *(Pendant la ritournelle, il cherche en fe grattant la tête, et chante en faifant claquer fes pouces et danfant des genoux comme les vieillards)*

> Veux-tu, ma Rofinette,
> Faire emplette
> Du roi des maris?...

(Au comte en riant.) Il y a Fanchonnette dans la chanfon ; mais j'y ai fubftitué Rofinette pour la lui rendre plus agréable et la faire cadrer aux circonftances. Ah, ah, ah, ah! Fort bien! pas vrai ?

LE COMTE, *riant.* — Ah, ah, ah! Oui, tout au mieux.

SCÈNE V.

FIGARO *dans le fond*, ROSINE, BARTHOLO, LE COMTE.

BARTHOLO *chante.*

> Veux-tu, ma Rofinette,
> Faire emplette

Du roi des maris?
Je ne suis point Tircis;
Mais la nuit, dans l'ombre,
Je vaux encor mon prix;
Et quand il fait sombre
Les plus beaux chats sont gris.

(Il répète la reprise en dansant. Figaro, derrière lui, imite ses mouvements.)

Je ne suis point Tircis.

(Apercevant Figaro.) Ah! entrez, monsieur le barbier; avancez; vous êtes charmant!

FIGARO *salue*. — Monsieur, il est vrai que ma mère me l'a dit autrefois; mais je suis un peu déformé depuis ce temps-là. *(A part, au comte.)* Bravo, monseigneur! *(Pendant toute cette scène, le comte fait ce qu'il peut pour parler à Rosine; mais l'œil inquiet et vigilant du tuteur l'en empêche toujours, ce qui forme un jeu muet de tous les acteurs, étranger au débat du docteur et de Figaro.)*

BARTHOLO. — Venez-vous purger encore, saigner, droguer, mettre sur le grabat toute ma maison?

FIGARO. — Monsieur, il n'est pas tous les jours fête; mais, sans compter les soins quotidiens, monsieur a pu voir que, lorsqu'ils en ont besoin, mon zèle n'attend pas qu'on lui commande...

BARTHOLO. — Votre zèle n'attend pas! Que direz-vous, monsieur le zélé, à ce malheureux qui bâille et dort tout éveillé? Et l'autre qui, depuis trois heures, éternue à se faire sauter le crâne et jaillir la cervelle! que leur direz-vous?

FIGARO. — Ce que je leur dirai?

BARTHOLO. — Oui!

FIGARO. — Je leur dirai... Eh, parbleu! je dirai à celui

BARBIER DE SÉVILLE
Acte III. Scène V.

qui éternue : *Dieu vous béniſſe !* et *Va te coucher* à celui qui bâille. Ce n'eſt pas cela, monſieur, qui groſſira le mémoire

Bartholo. — Vraiment non ; mais c'eſt la ſaignée et les médicaments qui le groſſiraient, ſi je voulais y entendre. Eſt-ce par zèle auſſi que vous avez empaqueté les yeux de ma mule ? et votre cataplaſme lui rendra-t-il la vue ?

Figaro. — S'il ne lui rend pas la vue, ce n'eſt pas cela non plus qui l'empêchera d'y voir.

Bartholo.—Que je le trouve ſur le mémoire !.. .. On n'eſt pas de cette extravagance-là !

Figaro. — Ma foi, monſieur, les hommes n'ayant guère à choiſir qu'entre la ſottiſe et la folie, où je ne vois point de profit je veux au moins du plaiſir ; et vive la joie ! Qui ſait ſi le monde durera encore trois ſemaines !

Bartholo. — Vous feriez bien mieux, monſieur le raiſonneur, de me payer mes cent écus et les intérêts ſans lanterner ; je vous en avertis.

Figaro. — Doutez-vous de ma probité, monſieur ? Vos cent écus ! j'aimerais mieux vous les devoir toute ma vie, que de les nier un ſeul inſtant.

Bartholo. — Et dites-moi un peu comment la petite Figaro a trouvé les bonbons que vous lui avez portés ?

Figaro. — Quels bonbons ? Que voulez-vous dire ?

Bartholo. — Oui, ces bonbons, dans ce cornet fait avec cette feuille de papier à lettre, ce matin.

Figaro. — Diable emporte ſi...

Rosine, *l'interrompant*. — Avez-vous eu ſoin au moins de les lui donner de ma part, monſieur Figaro ? Je vous l'avais recommandé.

Figaro — Ah ! ah ! les bonbons de ce matin ? Que je

suis bête, moi! j'avais perdu tout cela de vue... Oh! excellents, madame! admirables!

Bartholo. — Excellents! admirables! Oui, sans doute, monsieur le barbier, revenez sur vos pas! Vous faites là un joli métier, monsieur!

Figaro. — Qu'est-ce qu'il a donc, monsieur?

Bartholo. — Et qui vous fera une belle réputation, monsieur!

Figaro. — Je la soutiendrai, monsieur.

Bartholo. — Dites que vous la supporterez, monsieur.

Figaro. — Comme il vous plaira, monsieur.

Bartholo. — Vous le prenez bien haut, monsieur! Sachez que quand je dispute avec un fat, je ne lui cède jamais.

Figaro *lui tourne le dos*. — Nous différons en cela, monsieur; moi, je lui cède toujours.

Bartholo. — Hein? qu'est-ce qu'il dit donc, bachelier?

Figaro. — C'est que vous croyez avoir affaire à quelque barbier de village, et qui ne sait manier que le rasoir? Apprenez, monsieur, que j'ai travaillé de la plume à Madrid, et que sans les envieux...

Bartholo. — Eh! que n'y restiez-vous, sans venir ici changer de profession?

Figaro. — On fait comme on peut. Mettez-vous à ma place.

Bartholo. — Me mettre à votre place! Ah! parbleu, je dirais de belles sottises!

Figaro. — Monsieur, vous ne commencez pas trop mal; je m'en rapporte à votre confrère qui est là rêvassant.

Le Comte, *revenant à lui*. — Je... je ne suis pas le confrère de monsieur.

Figaro. — Non ? Vous voyant ici à confulter, j'ai penfé que vous pourfuiviez le même objet.

Bartholo, *en colère*. — Enfin, quel fujet vous amène? Y a-t-il quelque lettre à remettre encore ce foir à madame? Parlez, faut-il que je me retire?

Figaro. — Comme vous rudoyez le pauvre monde. Eh! parbleu, monfieur, je viens vous rafer, voilà tout: n'eft-ce pas aujourd'hui votre jour ?

Bartholo. — Vous reviendrez tantôt.

Figaro. — Ah! oui, revenir! Toute la garnifon prend médecine demain matin, j'en ai obtenu l'entreprife par mes protections. Jugez donc comme j'ai du temps à perdre ! Monfieur paffe-t-il chez lui?

Bartholo. — Non, monfieur ne paffe point chez lui. Eh mais... qui empêche qu'on ne me rafe ici ?

Rosine, *avec dédain*. — Vous êtes honnête ! Et pourquoi pas dans mon appartement ?

Bartholo. — Tu te fâches! Pardon, mon enfant, tu vas achever de prendre ta leçon ; c'eft pour ne pas perdre un inftant le plaifir de t'entendre.

Figaro, *bas au comte*. — On ne le tirera pas d'ici! *(Haut.)* Allons, l'Éveillé! la Jeuneffe! le baffin, de l'eau, tout ce qu'il faut à monfieur.

Bartholo. — Sans doute, appelez-les! Fatigués, haraffés, moulus de votre façon, n'a-t-il pas fallu les faire coucher !

Figaro. — Eh bien ! j'irai tout chercher. N'eft-ce pas, dans votre chambre ? *(Bas au comte.)* Je vais l'attirer dehors.

Bartholo *détache fon trouffeau de clefs, et dit par réflexion :* — Non, non, j'y vais moi-même. *(Bas au comte en s'en allant.)* Ayez les yeux fur eux, je vous prie.

SCÈNE VI.

FIGARO, LE COMTE, ROSINE.

Figaro. — Ah! que nous l'avons manqué belle! il allait me donner le trousseau. La clef de la jalousie n'y est-elle pas?

Rosine. — C'est la plus neuve de toutes.

SCÈNE VII.

BARTHOLO, FIGARO, LE COMTE, ROSINE.

Bartholo, *revenant.*— *(A part.)* Bon! je ne fais ce que je fais, de laisser ici ce maudit barbier. *(A Figaro.)* Tenez. *(Il lui donne le trousseau.)* Dans mon cabinet, sous mon bureau; mais ne touchez à rien.

Figaro. — La peste! il y ferait bon, méfiant comme vous êtes! *(A part en s'en allant.)* Voyez comme le ciel protège l'innocence!

SCÈNE VIII.

BARTHOLO, LE COMTE, ROSINE.

Bartholo, *bas au comte.* — C'est le drôle qui a porté la lettre au comte.

Le Comte, *bas.* — Il m'a l'air d'un fripon.

Bartholo. — Il ne m'attrapera plus.

Le Comte. — Je crois qu'à cet égard le plus fort est fait.

Bartholo. — Tout confidéré, j'ai penfé qu'il était plus prudent de l'envoyer dans ma chambre que de le laiffer avec elle.

Le Comte. — Ils n'auraient pas dit un mot que je n'euffe été en tiers.

Rosine. — Il eft bien poli, meffieurs, de parler bas fans ceffe! Et ma leçon? *(Ici l'on entend un bruit, comme de la vaiffelle caffée.)*

Bartholo, *criant.* — Qu'eft-ce que j'entends donc! Le cruel barbier aura tout laiffé tomber par l'efcalier, et les plus belles pièces de mon néceffaire!... *(Il court dehors.)*

SCÈNE IX.

LE COMTE, ROSINE.

Le Comte. — Profitons du moment que l'intelligence de Figaro nous ménage. Accordez-moi, ce foir, je vous en conjure, madame, un moment d'entretien indifpenfable pour vous fouftraire à l'efclavage où vous alliez tomber.

Rosine. — Ah! Lindor!

Le Comte. — Je puis monter à votre jaloufie; et quant à la lettre que j'ai reçue de vous ce matin, je me fuis vu forcé...

SCÈNE X.

ROSINE, BARTHOLO, FIGARO, LE COMTE.

Bartholo. — Je ne m'étais pas trompé; tout eft brifé, fracaffé.

Figaro. — Voyez le grand malheur pour tant de

train! On ne voit goutte fur l'efcalier. *(Il montre la clef au comte.)* Moi, en montant, j'ai accroché une clef...

BARTHOLO. — On prend garde à ce qu'on fait. Accrocher une clef! L'habile homme!

FIGARO. — Ma foi, monfieur, cherchez-en un plus fubtil.

SCÈNE XI.

LES ACTEURS PRÉCÉDENTS, DON BAZILE.

ROSINE, *effrayée. (A part.)* — Don Bazile!...

LE COMTE, *à part.* — Jufte ciel!

FIGARO, *à part.* — C'eft le diable!

BARTHOLO *va au-devant de lui.* — Ah! Bazile, mon ami, foyez le bien rétabli. Votre accident n'a donc point eu de fuites? En vérité, le feigneur Alonzo m'avait fort effrayé fur votre état; demandez-lui, je partais pour vous aller voir; et s'il ne m'avait point retenu...

BAZILE, *étonné.* — Le feigneur Alonzo?...

FIGARO *frappe du pied.* — Eh quoi! toujours des accrocs? Deux heures pour une méchante barbe... Chienne de pratique!

BAZILE, *regardant tout le monde.* — Me ferez-vous bien le plaifir de me dire, meffieurs..?

FIGARO. — Vous lui parlerez quand je ferai parti.

BAZILE. — Mais encore faudrait-il...

LE COMTE. — Il faudrait vous taire, Bazile. Croyez-vous apprendre à monfieur quelque chofe qu'il ignore? Je lui ai raconté que vous m'aviez chargé de venir donner une leçon de mufique à votre place.

BAZILE, *plus étonné.* — La leçon de mufique!..... Alonzo!...

Rosine, *à part, à Bazile.* — Eh! taifez-vous.

Bazile. — Elle auffi!

Le Comte, *bas à Bartholo.* — Dites-lui donc tout bas que nous en fommes convenus.

Bartholo, *à Bazile, à part.* — N'allez pas nous démentir, Bazile, en difant qu'il n'eft pas votre élève, vous gâteriez tout.

Bazile. — Ah! ah!

Bartholo, *haut.* — En vérité, Bazile, on n'a pas plus de talent que votre élève.

Bazile, *ftupéfait.* — Que mon élève!... *(Bas.)* Je venais pour vous dire que le comte eft déménagé.

Bartholo, *bas.* — Je le fais, taifez-vous.

Bazile, *bas.* — Qui vous l'a dit?

Bartholo, *bas.* — Lui, apparemment!

Le Comte, *bas.* — Moi, fans doute: écoutez feulement.

Rosine, *bas à Bazile.* — Eft-il fi difficile de vous taire?

Figaro, *bas à Bazile.* — Hum! Grand efcogriffe! Il eft fourd!

Bazile, *à part.* — Qui diable eft-ce donc qu'on trompe ici? Tout le monde eft dans le fecret!

Bartholo, *haut.* — Eh bien, Bazile, votre homme de loi...?

Figaro. — Vous avez toute la foirée pour parler de l'homme de loi.

Bartholo, *à Bazile.* — Un mot; dites-moi feulement fi vous êtes content de l'homme de loi?

Bazile, *effaré.* — De l'homme de loi?

Le Comte, *fouriant.* — Vous ne l'avez pas vu l'homme de loi?

Bazile, *impatienté.* — Eh! non, je ne l'ai pas vu, l'homme de loi.

Le Comte, *à Bartholo, à part.* — Voulez-vous donc qu'il s'explique ici devant elle? Renvoyez-le.

Bartholo, *bas, au comte.* — Vous avez raiſon. *(A Bazile.)* Mais quel mal vous a donc pris ſi ſubitement?

Bazile, *en colère.* — Je ne vous entends pas.

Le Comte *lui met, à part, une bourſe dans la main.* — Oui: Monſieur vous demande ce que vous venez faire ici, dans l'état d'indiſpoſition où vous êtes?

Figaro. — Il eſt pâle comme un mort!

Bazile. — Ah! je comprends...

Le Comte. — Allez vous coucher, mon cher Bazile: vous n'êtes pas bien, et vous nous faites mourir de frayeur. Allez vous coucher.

Figaro. — Il a la phyſionomie toute renverſée. Allez vous coucher.

Bartholo. — D'honneur, il ſent la fièvre d'une lieue. Allez vous coucher.

Rosine. — Pourquoi donc êtes-vous ſorti? On dit que cela ſe gagne. Allez vous coucher.

Bazile, *au dernier étonnement.* — Que j'aille me coucher!

Tous les acteurs ensemble. — Eh! ſans doute.

Bazile, *les regardant tous.* — En effet, meſſieurs, je crois que je ne ferai pas mal de me retirer; je ſens que je ne ſuis pas ici dans mon aſſiette ordinaire.

Bartholo — A demain, toujours, ſi vous êtes mieux.

Le Comte. — Bazile, je ſerai chez vous de très bonne heure.

Figaro. — Croyez-moi, tenez-vous bien chaudement dans votre lit.

Rosine. — Bonſoir, monſieur Bazile.

Bazile, *à part.* — Diable emporte ſi j'y comprends rien! et ſans cette bourſe...

Tous. — Bonſoir, Bazile, bonſoir.

Bazile, *en s'en allant*. — Eh bien! bonſoir donc, bonſoir. (*Ils l'accompagnent tous en riant.*)

SCÈNE XII.

LES ACTEURS PRÉCÉDENTS, *excepté* BAZILE.

Bartholo, *d'un ton important*. — Cet homme-là n'eſt pas bien du tout.

Rosine. — Il a les yeux égarés.

Le Comte. — Le grand air l'aura ſaiſi.

Figaro. — Avez-vous vu comme il parlait tout ſeul? Ce que c'eſt que de nous! (*A Bartholo.*) Ah çà, vous décidez-vous, cette fois? (*Il lui pouſſe un fauteuil très loin du comte et lui préſente le linge.*)

Le Comte. — Avant de finir, madame, je dois vous dire un mot eſſentiel au progrès de l'art que j'ai l'honneur de vous enseigner. *(Il s'approche et lui parle bas à l'oreille.)*

Bartholo, *à Figaro*. — Eh mais! il semble que vous le fassiez exprès de vous approcher, et de vous mettre devant moi pour m'empêcher de voir...

Le Comte, *bas à Rosine*. — Nous avons la clef de la jalousie, et nous serons ici à minuit.

Figaro *passe le linge au cou de Bartholo*. — Quoi voir? Si c'était une leçon de danse, on vous passerait d'y regarder; mais du chant!... ahi, ahi.

Bartholo. — Qu'est-ce que c'est?

Figaro. — Je ne sais ce qui m'est entré dans l'œil. *(Il rapproche sa tête.)*

Bartholo. — Ne frottez donc pas.

Figaro. — C'est le gauche. Voudriez-vous me faire le plaisir d'y souffler un peu fort?

Bartholo *prend la tête de Figaro, regarde par-dessus, le pousse violemment et va derrière les amants écouter leur conversation.*

Le Comte, *bas à Rosine*. — Et quant à votre lettre, je me suis trouvé tantôt dans un tel embarras pour rester ici...

Figaro, *de loin pour avertir*. — Hem!... hem!...

Le Comte. — Désolé de voir encore mon déguisement inutile...

Bartholo, *passant entre deux*. — Votre déguisement inutile!

Rosine, *effrayée*. — Ah!...

Bartholo. — Fort bien, madame, ne vous gênez pas. Comment! sous mes yeux mêmes, en ma présence, on m'ose outrager de la sorte!

Le Comte. — Qu'avez-vous donc, seigneur?

Bartholo. — Perfide Alonzo!

Le Comte. — Seigneur Bartholo, fi vous avez fouvent des lubies comme celle dont le hafard me rend témoin, je ne fuis plus étonné de l'éloignement que mademoifelle a pour devenir votre femme.

Rosine — Sa femme! Moi! Paffer mes jours auprès d'un vieux jaloux, qui, pour tout bonheur, offre à ma jeuneffe un efclavage abominable!

Bartholo. — Ah! qu'eft-ce que j'entends!

Rosine. — Oui, je le dis tout haut : je donnerai mon cœur et ma main à celui qui pourra m'arracher de cette horrible prifon, où ma perfonne et mon bien font retenus contre toute juftice. *(Rofine fort.)*

SCÈNE XIII.

BARTHOLO, FIGARO, LE COMTE.

Bartholo. — La colère me fuffoque.

Le Comte. — En effet, feigneur, il eft difficile qu'une jeune femme...

Figaro. — Oui, une jeune femme et un grand âge, voilà ce qui trouble la tête d'un vieillard.

Bartholo. — Comment! lorfque je les prends fur le fait! Maudit barbier! il me prend des envies...

Figaro. — Je me retire, il eft fou.

Le Comte. — Et moi auffi; d'honneur il eft fou.

Figaro. — Il eft fou, il eft fou... *(Ils fortent.)*

SCÈNE XIV.

Bartholo, *feul, les pourfuit.* — Je fuis fou! Infâmes fuborneurs, émiffaires du diable, dont vous faites ici l'office, et qui puiſſe vous emporter tous... Je ſuis fou!... Je les ai vus comme je vois ce pupitre... et me ſoutenir effrontément!... Ah! il n'y a que Bazile qui puiſſe m'expliquer ceci. Oui, envoyons-le chercher. Holà, quelqu'un... Ah! j'oublie que je n'ai perſonne .. Un voiſin, le premier venu, n'importe. Il y a de quoi perdre l'eſprit! il y a de quoi perdre l'eſprit!

Pendant l'entracte, le théâtre s'obſcurcit : on entend un bruit d'orage, et l'orcheſtre joue celui qui eſt gravé dans le recueil de la muſique du BARBIER, n° 5.

ACTE IV

Le théâtre est obscur.

SCÈNE PREMIÈRE.

BARTHOLO, DON BAZILE, *une lanterne de papier à la main*.

BARTHOLO — Comment, Bazile, vous ne le connaissez pas ! Ce que vous dites est-il possible ?

BAZILE. — Vous m'interrogeriez cent fois, que je vous ferais toujours la même réponse. S'il vous a remis la lettre de Rosine, c'est sans doute un des émissaires du comte. Mais, à la magnificence du présent qu'il m'a fait, il se pourrait que ce fût le comte lui-même.

BARTHOLO. — Quelle apparence ? Mais, à propos de ce présent, eh ! pourquoi l'avez-vous reçu ?

BAZILE. — Vous aviez l'air d'accord ; je n'y entendais rien ; et, dans les cas difficiles à juger, une bourse d'or me paraît toujours un argument sans réplique. Et puis, comme dit le proverbe, ce qui est bon à prendre...

BARTHOLO. — J'entends, est bon...

Bazile. — A garder.

Bartholo, *surpris*. — Ah! ah!

Bazile. — Oui, j'ai arrangé comme cela plusieurs petits proverbes avec des variations. Mais allons au fait : à quoi vous arrêtez-vous ?

Bartholo. — En ma place, Bazile, ne feriez-vous pas les derniers efforts pour la posséder?

Bazile. — Ma foi non, docteur. En toute espèce de biens, posséder est peu de chose ; c'est jouir qui rend heureux : mon avis est qu'épouser une femme dont on n'est point aimé, c'est s'exposer...

Bartholo. — Vous craindriez les accidents?

Bazile. — Hé, hé, monsieur... on en voit beaucoup cette année. Je ne ferais point violence à son cœur.

Bartholo. — Votre valet, Bazile. Il vaut mieux qu'elle pleure de m'avoir, que moi je meure de ne l'avoir pas.

Bazile. — Il y va de la vie ? Épousez, docteur, épousez.

Bartholo. — Aussi ferai-je, et cette nuit même.

Bazile. — Adieu donc. — Souvenez-vous, en parlant à la pupille, de les rendre tous plus noirs que l'enfer.

Bartholo. — Vous avez raison.

Bazile. — La calomnie, docteur, la calomnie! Il faut toujours en venir là.

Bartholo. — Voici la lettre de Rosine que cet Alonzo m'a remise ; et il m'a montré, sans le vouloir, l'usage que j'en dois faire auprès d'elle.

Bazile. — Adieu : nous serons tous ici à **quatre** heures.

Bartholo. — Pourquoi pas plus tôt?

Bazile. — Impossible ; le notaire est retenu.

Bartholo. — Pour un mariage?

Bazile. — Oui, chez le barbier Figaro ; c'eſt ſa nièce qu'il marie.

Bartholo. — Sa nièce ? il n'en a pas.

Bazile. — Voilà ce qu'ils ont dit au notaire.

Bartholo. — Ce drôle eſt du complot : que diable !...

Bazile. — Eſt-ce que vous penſeriez ?...

Bartholo. — Ma foi, ces gens-là ſont ſi alertes ! Tenez, mon ami, je ne ſuis pas tranquille. Retournez chez le notaire. Qu'il vienne ici ſur-le-champ avec vous.

Bazile. — Il pleut, il fait un temps du diable ; mais rien ne m'arrête pour vous ſervir. Que faites-vous donc ?

Bartholo. — Je vous reconduis : n'ont-ils pas fait eſtropier tout mon monde par ce Figaro ! Je ſuis ſeul ici.

Bazile. — J'ai ma lanterne.

Bartholo. — Tenez, Bazile, voilà mon paſſe-partout. Je vous attends, je veille ; et vienne qui voudra, hors le notaire et vous, perſonne n'entrera de la nuit.

Bazile. — Avec ces précautions, vous êtes ſûr de votre fait.

SCÈNE II.

Rosine, *ſeule, ſortant de ſa chambre.* — Il me ſemblait avoir entendu parler. Il eſt minuit ſonné ; Lindor ne vient point ! Ce mauvais temps même était propre à le favoriſer. Sûr de ne rencontrer perſonne... Ah ! Lindor ! ſi vous m'aviez trompée !... Quel bruit entends-je ! Dieux ! c'eſt mon tuteur. Rentrons.

SCÈNE III.

ROSINE, BARTHOLO.

Bartholo, *tenant de la lumière.* — Ah ! Roſine, puiſque vous n'êtes pas encore rentrée dans votre appartement...

Rosine. — Je vais me retirer.

Bartholo. — Par le temps affreux qu'il fait, vous ne repoferez pas, et j'ai des chofes très preffées à vous dire.

Rosine. — Que me voulez-vous, monfieur ? N'eft-ce donc pas affez d'être tourmentée le jour ?

Bartholo. — Rofine, écoutez-moi.

Rosine. — Demain je vous entendrai.

Bartholo. — Un moment, de grâce !

Rosine, *à part*. — S'il allait venir !

Bartholo *lui montre fa lettre*. — Connaiffez-vous cette lettre ?

Rosine *la reconnaît*. — Ah! grands dieux!...

Bartholo. — Mon intention, Rofine, n'eft point de vous faire de reproches : à votre âge, on peut s'égarer ; mais je fuis votre ami ; écoutez-moi.

Rosine. — Je n'en puis plus.

Bartholo. — Cette lettre que vous avez écrite au comte Almaviva...

Rosine, *étonnée*. — Au comte Almaviva !

Bartholo. — Voyez quel homme affreux eft ce comte : auffitôt qu'il l'a reçue, il en a fait trophée. Je la tiens d'une femme à qui il l'a facrifiée.

Rosine. — Le comte Almaviva!..

Bartholo. — Vous avez peine à vous perfuader cette horreur. L'inexpérience, Rofine, rend votre fexe confiant et crédule ; mais apprenez dans quel piège on vous attirait. Cette femme m'a fait donner avis de tout, apparemment pour écarter une rivale auffi dangereufe que vous. J'en frémis ! le plus abominable complot entre Almaviva, Figaro et cet Alonzo, cet élève fuppofé de Bazile qui porte un autre nom, et n'eft que le vil agent du comte, allait vous entraîner dans un abime dont rien n'eût pu vous tirer.

Rosine, *accablée*. — Quelle horreur!... quoi, Lindor!... quoi, ce jeune homme!

Bartholo, *à part*. — Ah! c'est Lindor.

Rosine. — C'est pour le comte Almaviva... C'est pour un autre...

Bartholo. — Voilà ce qu'on m'a dit en me remettant votre lettre.

Rosine, *outrée*. — Ah! quelle indignité!... Il en sera puni. — Monsieur, vous avez désiré de m'épouser?

Bartholo. — Tu connais la vivacité de mes sentiments.

Rosine. — S'il peut vous en rester encore, je suis à vous.

Bartholo. — Eh bien! le notaire viendra cette nuit même.

Rosine. — Ce n'est pas tout. O ciel! suis-je assez humiliée!... Apprenez que dans peu le perfide ose entrer par cette jalousie, dont ils ont eu l'art de vous dérober la clef.

Bartholo, *regardant au trousseau*. — Ah! les scélérats! Mon enfant, je ne te quitte plus.

Rosine, *avec effroi*. — Ah! monsieur! et s'ils sont armés?

Bartholo. — Tu as raison : je perdrais ma vengeance. Monte chez Marceline, enferme-toi chez elle à double tour. Je vais chercher main-forte, et l'attendre auprès de la maison. Arrêté comme voleur, nous aurons le plaisir d'en être à la fois vengés et délivrés! Et compte que mon amour te dédommagera...

Rosine, *au désespoir*. — Oubliez seulement mon erreur. (*A part.*) Ah! je m'en punis assez!

BARTHOLO, *s'en allant.* — Allons nous embufquer. A la fin je la tiens. *(Il fort.)*

SCÈNE IV.

ROSINE, *feule.* — Son amour me dédommagera!... Ma!heureufe!... *(Elle tire fon mouchoir et s'abandonne aux larmes.)* Que faire?... Il va venir. Je veux refter et feindre avec lui, pour le contempler un moment dans toute fa noirceur. La baffeffe de fon procédé fera mon préfervatif... Ah! j'en ai grand befoin. Figure noble, air doux, une voix fi tendre!... et ce n'eft que le vil agent d'un corrupteur! Ah, malheureufe! malheureufe!... Ciel! on ouvre la jaloufie! *(Elle fe fauve.)*

SCÈNE V.

LE COMTE, FIGARO, *enveloppé d'un manteau, paraît à la fenêtre.*

FIGARO *parle en dehors.* — Quelqu'un s'enfuit : entrerai-je?

LE COMTE, *en dehors.* — Un homme?

FIGARO. — Non.

LE COMTE. — C'eft Rofine, que ta figure atroce aura mife en fuite.

FIGARO *faute dans la chambre.* — Ma foi, je le crois... Nous voici enfin arrivés, malgré la pluie, la foudre et les éclairs.

LE COMTE, *enveloppé d'un long manteau.* — Donne-moi la main. *(Il faute à fon tour.)* A nous la victoire!

Figaro *jette son manteau.* — Nous sommes tout percés

Charmant temps, pour aller en bonne fortune ! Monseigneur, comment trouvez-vous cette nuit ?

Le Comte. — Superbe pour un amant.

Figaro. — Oui; mais pour un confident?... Et ſi quelqu'un allait nous ſurprendre ici ?

Le Comte. — N'es-tu pas avec moi? J'ai bien une autre inquiétude : c'eſt de la déterminer à quitter ſur-le-champ la maiſon du tuteur.

Figaro. — Vous avez pour vous trois paſſions toutes-puiſſantes ſur le beau ſexe : l'amour, la haine et la crainte.

Le Comte *regarde dans l'obſcurité*. — Comment lui annoncer bruſquement que le notaire l'attend chez toi pour nous unir? Elle trouvera mon projet bien hardi; elle va me nommer audacieux.

Figaro. — Si elle vous nomme audacieux, vous l'appellerez cruelle. Les femmes aiment beaucoup qu'on les appelle cruelles. Au ſurplus, ſi ſon amour eſt tel que vous le déſirez, vous lui direz qui vous êtes; elle ne doutera plus de vos ſentiments.

SCÈNE VI.

LE COMTE, ROSINE, FIGARO.

(Figaro *allume toutes les bougies qui ſont ſur la table.*)

Le Comte. — La voici. — Ma belle Roſine !...

Rosine, *d'un ton très compoſé*. — Je commençais, monſieur, à craindre que vous ne vinſſiez pas.

Le Comte. — Charmante inquiétude !... Mademoiſelle, il ne me convient point d'abuſer des circonſtances pour vous propoſer de partager le ſort d'un infortuné; mais quelque aſile que vous choiſiſſiez, je jure mon honneur...

Rosine. — Monsieur, si le don de ma main n'avait pas dû suivre à l'instant celui de mon cœur, vous ne seriez pas ici. Que la nécessité justifie à vos yeux ce que cette entrevue a d'irrégulier.

Le Comte. — Vous, Rosine! la compagne d'un malheureux, sans fortune, sans naissance!...

Rosine. — La naissance, la fortune! Laissons là les jeux du hasard; et si vous m'assurez que vos intentions sont pures...

Le Comte, *à ses pieds*. — Ah! Rosine! je vous adore!...

Rosine, *indignée*. — Arrêtez, malheureux!... vous osez profaner...! Tu m'adores!... Va! tu n'es plus dangereux pour moi; j'attendais ce mot pour te détester. Mais avant de t'abandonner au remords qui t'attend *(en pleurant)*, apprends que je t'aimais; apprends que je faisais mon bonheur de partager ton mauvais sort. Misérable Lindor! j'allais tout quitter pour te suivre. Mais le lâche abus que tu as fait de mes bontés, et l'indignité de cet affreux comte Almaviva, à qui tu me vendais, ont fait rentrer dans mes mains ce témoignage de ma faiblesse. Connais-tu cette lettre?

Le Comte, *vivement*. — Que votre tuteur vous a remise?

Rosine, *fièrement*. — Oui, je lui en ai l'obligation.

Le Comte. — Dieux, que je suis heureux! Il la tient de moi. Dans mon embarras, hier, je m'en suis servi pour arracher sa confiance; et je n'ai pu trouver l'instant de vous en informer. Ah! Rosine! il est donc vrai que vous m'aimez véritablement!

Figaro. — Monseigneur, vous cherchiez une femme qui vous aimât pour vous-même...

Rosine. — Monseigneur!... Que dit-il?

Le Comte, *jetant son large manteau, paraît en habit magnifique*. — O la plus aimée des femmes ! il n'eſt plus temps de vous abuſer : l'heureux homme que vous voyez

à vos pieds n'eſt point Lindor ; je ſuis le comte Almaviva, qui meurt d'amour, et vous cherche en vain depuis ſix mois.

Rosine *tombe dans les bras du comte*. — Ah !...

Le Comte, *effrayé*. — Figaro !

Figaro. — Point d'inquiétude, monſeigneur : la douce émotion de la joie n'a jamais de ſuites fâcheuſes ; la voilà, la voilà qui reprend ſes ſens. Morbleu, qu'elle eſt belle !

Rosine. — Ah ! Lindor !... Ah ! monſieur ! que je ſuis coupable ! j'allais me donner cette nuit même à mon tuteur.

Le Comte. — Vous, Roſine !

BARBIER DE SÉVILLE
Acte IV. Scène VII.

ROSINE. — Ne voyez que ma punition! J'aurais paffé ma vie à vous détefter. Ah! Lindor! le plus affreux fupplice n'eft-il pas de haïr, quand on fent qu'on eft faite pour aimer?

FIGARO *regarde à la fenêtre.* — Monfeigneur, le retour eft fermé; l'échelle eft enlevée.

LE COMTE. — Enlevée!

ROSINE, *troublée.* — Oui, c'eft moi... c'eft le docteur. Voilà le fruit de ma crédulité. Il m'a trompée. J'ai tout avoué, tout trahi : il fait que vous êtes ici, et va venir avec main-forte.

FIGARO *regarde encore.* — Monfeigneur! on ouvre la porte de la rue.

ROSINE, *courant dans les bras du comte avec frayeur.* — Ah! Lindor!...

LE COMTE, *avec fermeté.* — Rofine, vous m'aimez! Je ne crains perfonne; et vous ferez ma femme. J'aurai donc le plaifir de punir à mon gré l'odieux vieillard!...

ROSINE. — Non, non; grâce pour lui, cher Lindor! Mon cœur eft fi plein, que la vengeance ne peut y trouver place.

SCÈNE VII.

LE NOTAIRE, DON BAZILE, *les acteurs précédents.*

FIGARO. — Monfeigneur, c'eft notre notaire.

LE COMTE. — Et l'ami Bazile avec lui!

BAZILE. — Ah! qu'eft-ce que j'aperçois?

FIGARO. — Et! par quel hafard, notre ami?..

BAZILE. — Par quel accident, meffieurs?...

LE NOTAIRE. — Sont-ce là les futurs conjoints?

LE COMTE. — Oui, monfieur. Vous deviez unir la fignora Rofine et moi cette nuit, chez le barbier Figaro;

mais nous avons préféré cette maison, pour des raisons que vous saurez. Avez-vous notre contrat?

Le Notaire. — J'ai donc l'honneur de parler à son excellence monsieur le comte Almaviva?

Figaro. — Précisément.

Bazile, *à part.* — Si c'est pour cela qu'il m'a donné le passe-partout...

Le Notaire. — C'est que j'ai deux contrats de mariage, monseigneur. Ne confondons point : voici le vôtre; et c'est ici celui du seigneur Bartholo avec la signora... Rosine aussi? Les demoiselles apparemment sont deux sœurs qui portent le même nom.

Le Comte. — Signons toujours. Don Bazile voudra bien nous servir de second témoin.   *(Ils signent.)*

Bazile. — Mais, votre excellence... je ne comprends pas...

Le Comte. — Mon maître Bazile, un rien vous embarrasse, et tout vous étonne

Bazile. — Monseigneur... mais si le docteur...

Le Comte, *lui jetant une bourse.* — Vous faites l'enfant! Signez donc vite.

Bazile, *étonné.* — Ah! ah!...

Figaro. — Où donc est la difficulté de signer?

Bazile, *pesant la bourse.* — Il n'y en a plus. Mais c'est que moi, quand j'ai donné ma parole une fois, il faut des motifs d'un grand poids...   *(Il signe.)*

SCÈNE VIII et dernière.

Bartholo, *un alcade, des alguasils, des valets avec des flambeaux, et les acteurs précédents.*

Bartholo *voit le comte baiser la main de Rosine, et*

Figaro qui embraſſe grotefquement don Bazile; il crie en prenant le notaire à la gorge : Rofine avec ces fripons! Arrêtez tout le monde. J'en tiens un au collet.

Le Notaire. — C'eſt votre notaire.

Bazile. — C'eſt votre notaire. Vous moquez-vous?

Bartholo. — Ah! don Bazile, eh comment êtes-vous ici?

Bazile. — Mais plutôt vous, comment n'y êtes-vous pas?

L'Alcade, *montrant Figaro.* — Un moment! je connais celui-ci. Que viens-tu faire dans cette maifon à des heures indues?

Figaro. — Heure indue? Monfieur voit bien qu'il eſt auſſi près du matin que du foir. D'ailleurs, je fuis de la compagnie de fon excellence monfeigneur le comte Almaviva.

Bartholo. — Almaviva!

L'Alcade. — Ce ne font donc pas des voleurs?

Bartholo. — Laiſſons cela. — Partout ailleurs, monfieur le comte, je fuis le ferviteur de votre excellence; mais vous fentez que la fupériorité du rang eſt ici fans force. Ayez, s'il vous plaît, la bonté de vous retirer.

Le Comte. — Oui, le rang doit être ici fans force; mais ce qui en a beaucoup, eſt la préférence que mademoifelle vient de m'accorder fur vous, en fe donnant à moi volontairement.

Bartholo. — Que dit-il, Rofine?

Rosine. — Il dit vrai. D'où naît votre étonnement? Ne devais-je pas, cette nuit même, être vengée d'un trompeur? Je le fuis.

Bazile. — Quand je vous difais que c'était le comte lui-même, docteur?

BARTHOLO. — Que m'importe à moi ? Plaifant mariage ! Où font les témoins ?

LE NOTAIRE. — Il n'y manque rien. Je fuis affifté de ces deux meffieurs.

BARTHOLO. — Comment, Bazile! vous avez figné ?

BAZILE. — Que voulez-vous? ce diable d'homme a toujours fes poches pleines d'arguments irréfiftibles.

BARTHOLO. — Je me moque de fes arguments. J'uferai de mon autorité.

LE COMTE. — Vous l'avez perdue en en abufant.

BARTHOLO. — La demoifelle eft mineure.

FIGARO. — Elle vient de s'émanciper.

BARTHOLO. — Qui te parle à toi, maître fripon?

LE COMTE. — Mademoifelle eft noble et belle ; je fuis homme de qualité, jeune et riche ; elle eft ma femme : à ce titre, qui nous honore également, prétend-on me la difputer ?

BARTHOLO, — Jamais on ne l'ôtera de mes mains.

LE COMTE. — Elle n'eft plus en votre pouvoir. Je la mets fous l'autorité des lois ; et monfieur, que vous avez amené vous-même, la protégera contre la violence que vous voulez lui faire. Les vrais magiftrats font les foutiens de tous ceux qu'on opprime.

L'ALCADE. — Certainement. Et cette inutile réfiftance au plus honorable mariage indique affez fa frayeur fur la mauvaife adminiftration des biens de fa pupille, dont il faudra qu'il rende compte.

LE COMTE. — Ah! qu'il confente à tout, et je ne lui dnmande rien.

FIGARO. — Que la quittance de mes cent écus : ne perdons pas la tête.

BARTHOLO, *irrité*. — Ils étaient tous contre moi ; je me fuis fourré la tête dans un guêpier.

Bazile. — Quel guêpier? Ne pouvant avoir la femme, calculez, docteur, que l'argent vous reste ; et oui, vous reste !

Bartholo. — Eh ! laissez-moi donc en repos, Bazile ! Vous ne songez qu'à l'argent. Je me soucie bien de l'argent, moi ! A la bonne heure, je le garde ; mais croyez-vous que ce soit le motif qui me détermine? *(Il signe.)*

Figaro, *riant*. — Ah, ah, ah, monseigneur ! ils sont de la même famille.

Le Notaire. — Mais, messieurs, je n'y comprends plus rien. Est-ce qu'elles ne sont pas deux demoiselles qui portent le même nom ?

Figaro. — Non, monsieur, elles ne sont qu'une.

Bartholo, *se désolant*. — Et moi qui leur ai enlevé l'échelle, pour que le mariage fût plus sûr ! Ah ! je me suis perdu faute de soins.

Figaro. — Faute de sens. Mais soyons vrais, docteur : quand la jeunesse et l'amour sont d'accord pour tromper un vieillard, tout ce qu'il fait pour l'empêcher peut bien s'appeler à bon droit la *Précaution inutile*.

FIN DU BARBIER DE SÉVILLE.

LA FOLLE JOURNÉE

ou

MARIAGE DE FIGARO

Comédie en cinq actes et en prose

REPRÉSENTÉE POUR LA PREMIÈRE FOIS PAR LES COMÉDIENS FRANÇAIS ORDINAIRES DU ROI LE 27 AVRIL 1784.

PRÉFACE

DU

MARIAGE DE FIGARO

EN écrivant cette préface, mon but n'eft pas de rechercher oifeufement fi j'ai mis au théâtre une pièce bonne ou mauvaife; il n'eft plus temps pour moi : mais d'examiner fcrupuleufement (et je le dois toujours) fi j'ai fait une œuvre blâmable.

Perfonne n'étant tenu de faire une comédie qui reffemble aux autres; fi je me fuis écarté d'un chemin trop battu, pour des raifons qui m'ont paru folides, ira-t-on me juger, comme l'ont fait meffieurs tels, fur des règles qui ne font pas les miennes? imprimer puérilement que je reporte l'art à fon enfance, parce que j'entreprends de frayer un nouveau fentier à cet art dont la loi première, et peut-être la feule, eft d'amufer en inftruifant? Mais ce n'eft pas de cela qu'il s'agit.

Il y a fouvent très loin du mal que l'on dit d'un ouvrage à celui qu'on en penfe. Le trait qui nous pourfuit, le mot qui importune refte enfeveli dans le cœur pendant que la bouche fe venge en blâmant prefque tout le refte : de forte qu'on peut regarder comme un point établi au théâtre, qu'en fait de reproche à l'auteur, ce qui nous affecte le plus eft ce dont on parle le moins.

Il eft peut-être utile de dévoiler, aux yeux de tous, ce double afpect des comédies; et j'aurai fait encore un bon ufage de la mienne, fi je parviens, en la fcrutant, à fixer l'opinion publique fur ce qu'on doit entendre par ces mots : Qu'eft-ce que LA DÉCENCE THÉATRALE?

A force de nous montrer délicats, fins connaiffeurs, et d'affecter, comme j'ai dit autre part, l'hypocrifie de la décence auprès du relâchement des mœurs, nous devenons des êtres nuls, incapables de s'amufer et de juger de ce qui leur convient : faut-il le dire enfin ? des bégueules raffafiées qui ne favent plus ce qu'elles veulent, ni ce qu'elles doivent aimer ou rejeter. Déjà ces mots fi rebattus, *bon ton, bonne compagnie*, toujours ajuftés au niveau de chaque infipide coterie, et dont la latitude eft fi grande qu'on ne fait où ils commencent et finiffent, ont détruit la franche et vraie gaieté qui diftinguait de tout autre le comique de notre nation.

Ajoutez-y le pédantefque abus de ces autres grands mots, *décence et bonnes mœurs*, qui donnent un air fi important, fi fupérieur, que nos jugeurs de comédies feraient défolés de n'avoir pas à les prononcer fur toutes les pièces de théâtre, et vous connaîtrez à peu près ce qui garrotte le génie, intimide tous les auteurs, et porte un coup mortel à la vigueur de l'intrigue, fans laquelle il n'y a pourtant que du bel efprit à la glace et des comédies de quatre jours.

Enfin, pour dernier mal, tous les états de la fociété font parvenus à fe fouftraire à la cenfure dramatique : on ne pourrait mettre au théâtre *les Plaideurs* de Racine, fans entendre aujourd'hui les Dandins et les Brid'oifons, même des gens plus éclairés, s'écrier qu'il n'y a plus ni mœurs, ni refpect pour les magiftrats.

On ne ferait point le *Turcaret* (1), fans avoir à l'inftant fur les bras fermes, fous-fermes, traites et gabelles, droits réunis, tailles, taillons, le trop-plein, le trop-bu, tous les impofiteurs royaux. Il eft vrai qu'aujourd'hui *Turcaret* n'a plus de modèles. On l'offrirait fous d'autres traits ; l'obftacle refterait le même.

On ne jouerait point *les fâcheux, les marquis, les emprunteurs* de Molière, fans révolter à la fois la haute, la moyenne, la moderne et l'antique nobleffe. Ses *Femmes savantes* irriteraient nos féminins bureaux d'efprit. Mais quel calculateur peut évaluer la force et la longueur du levier qu'il faudrait, de nos jours, pour élever jufqu'au théâtre l'œuvre fublime du *Tartufe?* Auffi l'auteur qui fe compromet avec le public *pour l'amuser ou pour l'instruire*, au lieu d'intriguer à fon choix fon ouvrage, eft-il obligé de tourniller dans des incidents impoffibles, de perfifler au lieu de rire, et de prendre fes modèles hors de la fociété, crainte de fe trouver mille ennemis, dont il ne connaiffait aucun en compofant fon trifte drame.

J'ai donc réfléchi que, fi quelque homme courageux ne fecouait pas toute cette pouffière, bientôt l'ennui des pièces françaifes porterait la nation au frivole opéra-comique, et plus loin encore, aux boulevards, à ce ramas infect de tréteaux élevés à notre honte, où la décente liberté, bannie du théâtre français, se change en une licence effrénée ; où la jeuneſſe va ſe nourrir de groſſières inepties, et perdre, avec ſes mœurs, le goût de la décence et des chefs-d'œuvre de nos maîtres. J'ai tenté d'être cet homme ; et ſi je n'ai pas mis plus de talent à mes ouvrages, au moins mon intention s'eſt-elle manifeſtée dans tous.

J'ai penſé, je penſe encore, qu'on n'obtient ni grand pathétique, ni profonde moralité, ni bon et vrai comique au théâtre, ſans des ſituations fortes, et qui naiſſent toujours d'une diſconvenance ſociale, dans le sujet qu'on veut traiter. L'auteur tragique, hardi dans ſes moyens, oſe admettre le crime atroce, les conſpirations, l'uſurpation du trône, le meurtre, l'empoiſonnement, l'inceſte dans *Œdipe* et *Phèdre;* le fratricide dans *Vendôme;* le parricide dans *Mahomet;* le régicide dans *Macbeth* (2), etc., etc. La comédie, moins audacieuſe, n'excède pas les diſconvenances, parce que ſes tableaux ſont tirés de nos mœurs ; ſes ſujets, de la ſociété. Mais comment frapper ſur l'avarice, à moins de mettre en ſcène un mépriſable avare ? démaſquer l'hypocriſie, ſans montrer, comme *Orgon* dans le *Tartufe*, un abominable hypocrite, *épousant sa fille et convoitant sa femme?* un homme à bonnes fortunes, ſans le faire parcourir un cercle entier de femmes galantes ? un joueur effréné, ſans l'envelopper de fripons, s'il ne l'eſt pas déjà lui-même ?

Tous ces gens-là ſont loin d'être vertueux ; l'auteur ne les donne pas pour tels : il n'eſt le patron d'aucun d'eux, il eſt le peintre de leurs vices. Et parce que le lion eſt féroce, le loup vorace et glouton, le renard ruſé, cauteleux, la fable eſt-elle ſans moralité ? Quand l'auteur la dirige contre un ſot que la louange enivre, il fait choir du bec du corbeau le fromage dans la gueule du renard, ſa moralité eſt remplie : s'il la tournait contre le bas flatteur, il finirait ſon apologue ainſi : *Le renard s'en saisit, le dévore; mais le fromage était empoisonné.* La fable eſt une comédie légère, et toute comédie n'eſt qu'un long apologue : leur différence eſt que dans la fable les animaux ont de l'eſprit, et que dans notre comédie les hommes ſont ſouvent des bêtes, et, qui pis eſt, des bêtes méchantes.

Ainſi, lorſque Molière, qui fut ſi tourmenté par les ſots, donne à l'*Avare* un fils prodigue et vicieux qui lui vole ſa caſſette et l'injurie en face, eſt-ce des vertus ou des vices qu'il tire ſa moralité ?

Que lui importent fes fantômes ? c'eft vous qu'il entend corriger. Il eft vrai que les afficheurs et balayeurs littéraires de fon temps ne manquèrent pas d'apprendre au bon public combien tout cela était horrible ! Il eft auffi prouvé que des envieux très importants, ou des importants très envieux, fe déchaînèrent contre lui. Voyez le févère Boileau, dans fon épître au grand Racine, venger fon ami qui n'eft plus, en rappelant ainfi les faits :

> L'ignorance et l'erreur, à fes naiffantes pièces
> En habits de marquis, en robes de comteffes,
> Venaient pour diffamer fon chef-d'œuvre nouveau,
> Et fecouaient le tête à l'endroit le plus beau.
> Le commandeur voulait la fcène plus exacte ;
> Le vicomte, indigné, fortait au fecond acte :
> L'un, défenfeur zélé des dévots mis en jeu,
> Pour prix de fes bons mots, le condamnait au feu ;
> L'autre, fougueux marquis, lui déclarant la guerre,
> Voulait venger la cour immolée au parterre.

On voit même dans un placet de Molière à Louis XIV, qui fut fi grand en protégeant les arts, et fans le goût éclairé duquel notre théâtre n'aurait pas un feul chef-d'œuvre de Molière ; on voit ce philofophe auteur fe plaindre amèrement au roi que, pour avoir démafqué les hypocrites, ils imprimaient partout qu'il était *un libertin, un impie, un athée, un démon vêtu de chair, habillé en homme;* et cela s'imprimait avec APPROBATION ET PRIVILÈGE de ce roi qui le protégeait : rien là-deffus n'eft empiré.

Mais parce que les perfonnages d'une pièce s'y montrent fous des mœurs vicieufes, faut-il les bannir de la fcène ? Que pourfuivrait-on au théâtre ? les travers et les ridicules ? cela vaut bien la peine d'écrire ! ils font chez nous comme les modes : on ne s'en corrige point, on en change.

Les vices, les abus, voilà ce qui ne change point, mais fe déguife en mille formes fous le mafque des mœurs dominantes : leur arracher ce mafque et les montrer à découvert, telle eft la noble tâche de l'homme qui fe voue au théâtre. Soit qu'il moralife en riant, foit qu'il pleure en moralifant : Héraclite ou Démocrite, il n'a pas un autre devoir. Malheur à lui, s'il s'en écarte ! On ne peut corriger les hommes qu'en les faifant voir tels qu'ils font. La comédie utile et véridique n'eft point un éloge menteur, un vain difcours d'académie.

Mais gardons-nous bien de confondre cette critique générale, un des plus nobles buts de l'art, avec la satire odieuse et personnelle : l'avantage de la première est de corriger sans blesser. Faites prononcer au théâtre, par l'homme juste, aigri de l'horrible abus des bienfaits, *tous les hommes sont des ingrats* : quoique chacun soit bien près de penser comme lui, personne ne s'offensera. Ne pouvant y avoir un ingrat sans qu'il existe un bienfaiteur, ce reproche même établit une balance égale entre les bons et mauvais cœurs; on le sent, et cela console. Que si l'humoriste répond *qu'un bienfaiteur fait cent ingrats*, on répliquera justement qu'*il n'y a peut-être pas un ingrat qui n'ait été plusieurs fois bienfaiteur* : et cela console encore. Et c'est ainsi qu'en généralisant, la critique la plus amère porte du fruit, sans nous blesser; quand la satire personnelle, aussi stérile que funeste, blesse toujours et ne produit jamais. Je hais partout cette dernière; et je la crois un si punissable abus, que j'ai plusieurs fois d'office invoqué la vigilance du magistrat, pour empêcher que le théâtre ne devînt une arène de gladiateurs, où le puissant se crût en droit de faire exercer ses vengeances par les plumes vénales, et malheureusement trop communes, qui mettent leur bassesse à l'enchère.

N'ont-ils donc pas assez, ces grands, des mille et un feuillistes, faiseurs de bulletins, afficheurs, pour y trier les plus mauvais, en choisir un bien lâche, et dénigrer qui les offusque? On tolère un si léger mal, parce qu'il est sans conséquence, et que la vermine éphémère démange un instant et périt; mais le théâtre est un géant qui blesse à mort tout ce qu'il frappe. On doit réserver ses grands coups pour les abus et pour les maux publics.

Ce n'est donc ni le vice, ni les incidents qu'il amène, qui font l'indécence théâtrale; mais le défaut de leçons et de moralité. Si l'auteur, ou faible ou timide, n'ose en tirer de son sujet, voilà ce qui rend sa pièce équivoque ou vicieuse.

Lorsque je mis *Eugénie* au théâtre (et il faut bien que je me cite, puisque c'est toujours moi qu'on attaque), lorsque je mis *Eugénie* au théâtre, tous nos jurés-crieurs à la décence jetaient des flammes dans les foyers sur ce que j'avais osé montrer un seigneur libertin, habillant ses valets en prêtres, et feignant d'épouser une jeune personne qui paraît enceinte au théâtre, sans avoir été mariée.

Malgré leurs cris, la pièce a été jugée, sinon le meilleur, au moins le plus moral des drames, constamment jouée sur tous les théâtres, et traduite dans toutes les langues. Les bons esprits ont vu que la moralité, que l'intérêt y naiffaient entièrement de l'abus qu'un homme puiffant et vicieux fait de fon nom, de fon crédit, pour tourmenter une faible fille, fans appui, trompée, vertueufe et délaiffée. Ainfi tout ce que l'ouvrage a d'utile et de bon naît du courage qu'eut l'auteur d'ofer porter la difconvenance fociale au plus haut point de liberté.

Depuis, j'ai fait les *Deux Amis*, pièce dans laquelle un père avoue à fa prétendue nièce qu'elle eft fa fille illégitime. Ce drame eft auffi très moral, parce qu'à travers les facrifices de la plus parfaite amitié, l'auteur s'attache à y montrer les devoirs qu'impofe la nature fur les fruits d'un ancien amour, que la rigoureufe dureté des convenances fociales, ou plutôt leur abus, laiffe trop fouvent fans appui.

Entre autres critiques de la pièce, j'entendis dans une loge, auprès de celle que j'occupais, un jeune *important* de la cour qui difait gaiement à des dames : « L'auteur, fans doute, eft un garçon fripier qui ne voit rien de plus élevé que des commis des fermes et des marchands d'étoffes ; et c'eft au fond d'un magafin qu'il va chercher les nobles amis qu'il traduit à la fcène françaife ! — Hélas ! monfieur, lui dis-je en m'avançant, il a fallu du moins les prendre où il n'eft par impoffible de les fuppofer. Vous ririez bien plus de l'auteur, s'il eût tiré deux vrais amis de l'Œil-de-bœuf ou des carroffes ? Il faut un peu de vraifemblance, même dans les actes vertueux. »

Me livrant à mon gai caractère, j'ai depuis tenté, dans le *Barbier de Séville*, de ramener au théâtre l'ancienne et franche gaieté, en l'alliant avec le ton léger de notre plaifanterie actuelle ; mais comme cela même était une efpèce de nouveauté, la pièce fut vivement pourfuivie. Il femblait que j'euffe ébranlé l'État ; l'excès des précautions qu'on prit, et des cris qu'on fit contre moi, décelait furtout la frayeur que certains vicieux de ce temps avaient de s'y voir démafqués. La pièce fut cenfurée quatre fois, cartonnée trois fois fur l'affiche, à l'inftant d'être jouée, dénoncée même au parlement d'alors ; et moi, frappé de ce tumulte, je perfiftais à demander que le public reftât le juge de ce que j'avais deftiné à l'amufement du public.

Je l'obtins au bout de trois ans, après les clameurs, les éloges ; et chacun me difait tout bas : « Faites-nous donc des pièces de ce genre, puifqu'il n'y a plus que vous qui ofiez rire en face. »

Un auteur défolé par la cabale et les criards, mais qui voit fa pièce marcher, reprend courage; et c'eſt ce que j'ai fait. Feu M. le prince de Conti, de patriotique mémoire (car en frappant l'air de ſon nom, l'on ſent vibrer le vieux mot Patrie), feu M. le prince de Conti, donc, me porta le défi public de mettre au théâtre ma préface du *Barbier*, plus gaie, diſait-il, que la pièce, et d'y montrer la famille de *Figaro*, que j'indiquais dans cette préface. « Monſeigneur, lui répondis-je, ſi je mettais une ſeconde fois ce caractère ſur la ſcène, comme je le montrerais plus âgé, qu'il en ſaurait quelque peu davantage, ce ſerait bien un autre bruit; et qui fait s'il verrait le jour ! » Cependant, par reſpect, j'accepte le défi; je compoſai cette *Folle Journée*, qui cauſe aujourd'hui la rumeur. Il daigna la voir le premier. C'était un homme d'un grand caractère, un prince auguſte, un eſprit noble et fier : le dirai-je ? il en fut content.

Mais quel piège, hélas ! j'ai tendu au jugement de nos critiques en appelant ma comédie du vain nom de *Folle Journée !* Mon objet était bien de lui ôter quelque importance; mais je ne ſavais pas encore à quel point un changement d'annonce peut égarer tous les eſprits. En lui laiſſant ſon véritable titre, on eût lu l'*Époux ſuborneur*.

C'était pour eux une autre piſte; on me courait différemment. Mais ce nom de *Folle Journée* les a mis à cent lieues de moi : ils n'ont plus rien vu dans l'ouvrage que ce qui n'y ſera jamais; et cette remarque un peu ſévère, ſur la facilité de prendre le change, a plus d'étendue qu'on ne croit. Au lieu du nom de *Georges Dandin*, ſi Molière eût appelé ſon drame la *Sottiſe des alliances*, il eût porté bien plus de fruit; ſi Regnard eût nommé ſon *Légataire* la *Punition du célibat*, la pièce nous eût fait frémir. Ce à quoi il ne ſongea pas, je l'ai fait avec réflexion. Mais qu'on ferait un beau chapitre ſur tous les jugements des hommes et la morale du théâtre, et qu'on pourrait intituler *De l'influence de l'affiche !*

Quoi qu'il en ſoit, la *Folle Journée* reſta cinq ans au portefeuille; les comédiens ont ſu que je l'avais, ils me l'ont enfin arrachée. S'ils ont bien ou mal fait pour eux, c'eſt ce qu'on a pu voir depuis. Soit que la difficulté de la rendre excitât leur émulation, ſoit qu'ils ſentiſſent avec le public que, pour lui plaire en comédie, il fallait de nouveaux efforts, jamais pièce auſſi difficile n'a été jouée avec autant d'enſemble; et ſi l'auteur (comme on le dit) eſt reſté au-deſſous de lui-même, il n'y a pas un ſeul acteur dont cet ouvrage n'ait établi, augmenté ou confirmé la réputation. Mais revenons à ſa lecture, à l'adoption des comédiens.

Sur l'éloge outré qu'ils en firent, toutes les sociétés voulurent le connaître, et dès lors il fallut me faire des querelles de toute espèce, ou céder aux instances universelles. Dès lors aussi les grands ennemis de l'auteur ne manquèrent pas de répandre à la cour qu'il blessait dans cet ouvrage, d'ailleurs *un tissu de bêtises*, la religion, le gouvernement, tous les états de la société, les bonnes mœurs; et qu'enfin la vertu y était opprimée et le vice triomphant, *comme de raison*, ajoutait-on. Si les graves messieurs qui l'ont tant répété me font l'honneur de lire cette préface, ils y verront au moins que j'ai cité bien juste; et la bourgeoise intégrité que je mets à mes citations n'en fera que mieux ressortir la noble infidélité des leurs.

Ainsi, dans le *Barbier de Séville*, je n'avais qu'ébranlé l'État; dans ce nouvel essai, plus infâme et plus séditieux, je le renversais de fond en comble. Il n'y avait plus rien de sacré, si l'on permettait cet ouvrage. On abusait l'autorité par les plus insidieux rapports; on cabalait auprès des corps puissants; on alarmait les dames timorées; on me faisait des ennemis sur le prie-Dieu des oratoires : et moi, selon les hommes et les lieux, je repoussais la basse intrigue par mon excessive patience, par la roideur de mon respect, l'obstination de ma docilité; par la raison, quand on voulait l'entendre.

Ce combat a duré quatre ans. Ajoutez-les au cinq du portefeuille : que reste-t-il des allusions qu'on s'efforce à voir dans l'ouvrage? Hélas! quand il fut composé, tout ce qui fleurit aujourd'hui n'avait pas même encore germé : c'était tout un autre univers.

Pendant ces quatre ans de débat, je ne demandais qu'un censeur; on m'en accorda cinq ou six (3). Que virent-ils dans l'ouvrage, objet d'un tel déchaînement? La plus badine des intrigues. Un grand seigneur espagnol, amoureux d'une jeune fille qu'il veut séduire, et les efforts que cette fiancée, celui qu'elle doit épouser, et la femme du seigneur, réunissent pour faire échouer dans son dessein un maître absolu, que son rang, sa fortune et sa prodigalité rendent tout-puissant pour l'accomplir. Voilà tout, rien de plus. La pièce est sous vos yeux.

D'où naissent donc ces cris perçants? De ce qu'au lieu de poursuivre un seul caractère vicieux, comme le joueur, l'ambitieux, l'avare, ou l'hypocrite, ce qui ne lui eût mis sur les bras qu'une seule classe d'ennemis, l'auteur a profité d'une composition légère, ou plutôt a formé son plan de façon à y faire entrer la critique d'une foule d'abus qui désolent la société. Mais comme ce n'est pas là ce qui gâte un ouvrage aux yeux du censeur éclairé, tous, en l'approuvant, l'ont réclamé pour le théâtre. Il a donc fallu l'y fouffrir : alors les grands du monde ont vu jouer avec fcandale

> Cette pièce où l'on peint un infolent valet
> Difputant fans pudeur fon époufe à fon maître.
> M. GUDIN.

Oh ! que j'ai de regrets de n'avoir pas fait de ce fujet moral une tragédie bien fanguinaire ! Mettant un poignard à la main de l'époux outragé, que je n'aurais pas nommé *Figaro*, dans fa jaloufe fureur je lui aurais fait noblement poignarder le puiffant vicieux ; et comme il aurait vengé fon honneur dans des vers carrés, bien ronflants, et que mon jaloux, tout au moins général d'armée, aurait eu pour rival quelque tyran bien horrible, et régnant au plus mal fur un peuple défolé ; tout cela, très loin de nos mœurs, n'aurait, je crois, bleffé perfonne ; on eût crié *bravo ! ouvrage bien moral !* Nous étions fauvés, moi et mon Figaro fauvage.

Mais ne voulant qu'amufer des Français et non faire ruiffeler les larmes de leurs époufes, de mon coupable amant j'ai fait un jeune feigneur de ce temps-là, prodigue, affez galant, même un peu libertin, à peu près comme les autres feigneurs de ce temps-là. Mais qu'oferait-on dire au théâtre d'un feigneur, fans les offenfer tous, finon de lui reprocher fon trop de galanterie ? N'eft-ce pas là le défaut le moins contefté par eux-mêmes ? J'en vois beaucoup d'ici rougir modeftement (et c'eft un noble effort) en convenant que j'ai raifon.

Voulant donc faire le mien coupable, j'ai eu le refpect généreux de ne lui prêter aucun des vices du peuple. Direz-vous que je ne le pouvais pas, que c'eût été bleffer toutes les vraifemblances ? Concluez donc en faveur de ma pièce, puifque enfin je ne l'ai pas fait.

Le défaut même dont je l'accufe n'aurait produit aucun mouvement comique, fi je ne lui avais gaiement oppofé l'homme le plus dégourdi de fa nation, *le véritable Figaro*, qui, tout en défendant Suzanne, fa propriété, fe moque des projets de fon maître, et s'indigne très plaifamment qu'il ofe jouter de rufe avec lui, maître paffé dans ce genre d'efcrime.

Ainfi, d'une lutte affez vive entre l'abus de la puiffance, l'oubli des principes, la prodigalité, l'occafion, tout ce que la féduction a de plus entraînant, et le feu, l'efprit, les reffources, que l'infériorité piquée au jeu peut oppofer à cette attaque, il naît dans ma pièce un jeu plaifant d'intrigue, où *l'époux suborneur*, contrarié, laffé, haraffé, toujours arrêté dans fes vues, eft obligé, trois fois dans cette journée, de tomber aux pieds de fa femme, qui, bonne, indulgente et fenfible, finit par lui pardonner : c'eft ce qu'elles font toujours. Qu'a donc cette moralité de blâmable, meffieurs?

La trouvez-vous un peu badine pour le ton grave que je prends? Accueillez-en une plus févère qui bleffe vos yeux dans l'ouvrage, quoique vous ne l'y cherchiez pas : c'eft qu'un feigneur affez vicieux pour vouloir proftituer à fes caprices tout ce qui lui eft fubordonné, pour fe jouer, dans fes domaines, de la pudicité de toutes fes jeunes vaffales, doit finir, comme celui-ci, par être la rifée de fes valets. Et c'eft ce que l'auteur a très fortement prononcé, lorfqu'en fureur, au cinquième acte, Almaviva, croyant confondre une femme infidèle, montre à fon jardinier un cabinet, en lui criant : *Entres-y, toi, Antonio; conduis devant son juge l'infâme qui m'a déshonoré;* et que celui-ci lui répond : *Il y a, parguienne, une bonne Providence! Vous en avez tant fait dans le pays, qu'il faut bien aussi qu'à votre tour...*

Cette profonde moralité fe fait fentir dans tout l'ouvrage; et s'il convenait à l'auteur de démontrer aux adverfaires qu'à travers fa forte leçon il a porté la confidération pour la dignité du coupable plus loin qu'on ne devait l'attendre de la fermeté de fon pinceau, je leur ferais remarquer que, croifé dans tous fes projets, le comte Almaviva fe voit toujours humilié, fans être jamais avili.

En effet, fi la comteffe ufait de rufe pour aveugler fa jaloufie dans le deffein de le trahir, devenue coupable elle-même, elle ne pourrait mettre à fes pieds fon époux fans le dégrader à nos yeux. La vicieufe intention de l'époufe brifant un lien refpecté, l'on reprocherait juftement à l'auteur d'avoir tracé des mœurs blâmables : car nos jugements fur les mœurs fe rapportent toujours aux femmes; on n'eftime pas affez les hommes pour tant exiger d'eux fur ce point délicat. Mais, loin qu'elle ait ce vil projet, ce qu'il y a de mieux établi dans l'ouvrage eft que nul ne veut faire une tromperie au comte, mais feulement l'empêcher d'en faire à tout le monde. C'eft la pureté des motifs qui fauve ici les moyens du reproche; et de cela feul que la comteffe ne veut que ramener fon mari, toutes les confufions qu'il éprouve font certainement très morales; aucune n'eft aviliffante.

Pour que cette vérité vous frappe davantage, l'auteur oppofe à ce mari peu délicat la plus vertueufe des femmes, par goût et par principes.

Abandonnée d'un époux trop aimé, quand l'expofe-t-on à vos regards? Dans le moment critique où fa bienveillance pour un aimable enfant, fon filleul, peut devenir un goût dangereux, fi elle permet au reffentiment qui l'appuie de prendre trop d'empire fur elle. C'eft pour mieux faire reffortir l'amour vrai du devoir, que l'auteur la met un moment aux prifes avec un goût naiffant qui le combat. Oh! combien on s'eft étayé de ce léger mouvement dramatique pour nous accufer d'indécence! On accorde à la tragédie que toutes les reines, les princeffes, aient des paffions bien allumées qu'elles combattent plus ou moins; et l'on ne fouffre pas que, dans la comédie, une femme ordinaire puiffe lutter contre la moindre faibleffe! O grande *influence de l'affiche!* jugement fûr et conféquent! Avec la différence du genre, on blâme ici ce qu'on approuvait là. Et cependant, en ces deux cas, c'eft toujours le même principe : point de vertu fans facrifice.

J'ofe en appeler à vous, jeunes infortunées que votre malheur attache à des *Almaviva !* diftingueriez-vous toujours votre vertu de vos chagrins, fi quelque intérêt importun, tendant trop à les diffiper, ne vous avertiffait enfin qu'il eft temps de combattre pour elle? Le chagrin de perdre un mari n'eft pas ici ce qui nous touche : un regret auffi perfonnel eft trop loin d'être une vertu. Ce qui nous plait dans la comteffe, c'eft de la voir lutter franchement contre un goût naiffant qu'elle blâme, et des reffentiments légitimes. Les efforts qu'elle fait alors pour ramener fon infidèle époux, mettant dans le plus heureux jour les deux facrifices pénibles de fon goût et de fa colère, on n'a nul befoin d'y penfer pour applaudir à fon triomphe ; elle eft un modèle de vertu, l'exemple de fon fexe et l'amour du nôtre.

Si cette métaphyfique de l'honnêteté des fcènes, fi ce principe avoué de toute décence théâtrale n'a point frappé nos juges à la repréfentation, c'eft vainement que j'en étendrais ici le développement et les conféquences : un tribunal d'iniquité n'écoute point les défenfes de l'accufé qu'il eft chargé de perdre ; et ma comteffe n'eft point traduite au parlement de la nation : c'eft une commiffion qui la juge.

On a vu la légère efquiffe de fon aimable caractère dans la charmante pièce d'*Heureusement* (4). Le goût naiffant que la jeune femme éprouve pour fon petit coufin l'officier n'y parut blâmable à perfonne, quoique la tournure des fcènes pût laiffer à penfer que la foirée eût fini d'autre manière, fi l'époux ne fût pas rentré, comme dit l'auteur, *heureusement*. Heureufement auffi l'on n'avait pas le projet de calomnier cet auteur : chacun fe livra de bonne foi à ce doux intérêt qu'infpire une jeune femme honnête et fenfible, qui réprime fes premiers goûts; et notez que, dans cette pièce, l'époux ne paraît qu'un peu fot; dans la mienne, il eft infidèle : ma comteffe a plus de mérite.

Auffi, dans l'ouvrage que je défends, le plus véritable intérêt fe porte-t-il fur la comteffe; le refte eft dans le même efprit.

Pourquoi Suzanne, la camérifte (5) fpirituelle, adroite et rieufe, a-t-elle auffi le droit de nous intéreffer? C'eft qu'attaquée par un féducteur puiffant, avec plus d'avantage qu'il n'en faudrait pour vaincre une fille de fon état, elle n'héfite pas à confier les intentions du comte aux deux perfonnes les plus intéreffées à bien furveiller fa conduite : fa maîtreffe et fon fiancé. C'eft que, dans tout fon rôle, prefque le plus long de la pièce, il n'y a pas une phrafe, un mot, qui ne refpire la fageffe et l'attachement à fes devoirs : la feule rufe qu'elle fe permette eft en faveur de fa maîtreffe, à qui fon dévouement eft cher, et dont tous les vœux font honnêtes.

Pourquoi, dans fes libertés fur fon maître, Figaro m'amufe-t-il, au lieu de m'indigner? C'eft que, l'oppofé des valets, il n'eft pas, et vous le favez, le malhonnête homme de la pièce : en le voyant forcé, par fon état, de repouffer l'infulte avec adreffe, on lui pardonne tout, dès qu'on fait qu'il ne rufe avec fon feigneur que pour garantir ce qu'il aime et fauver fa propriété.

Donc, hors le comte et fes agents, chacun fait dans la pièce à peu près ce qu'il doit. Si vous les croyez malhonnêtes parce qu'ils difent du mal les uns des autres, c'eft une règle très fautive. Voyez nos honnêtes gens du fiècle : on paffe la vie à ne faire autre chofe! Il eft même tellement reçu de déchirer fans pitié les abfents, que moi, qui les défends toujours, j'entends murmurer très fouvent : « Quel diable d'homme, et qu'il eft contrariant! il dit du bien de tout le monde! »

Eft-ce mon page, enfin, qui vous fcandalife? et l'immoralité qu'on reproche au fond de l'ouvrage ferait-elle dans l'acceffoire? O cenfeurs délicats, beaux efprits fans fatigue, inquifiteurs pour la morale, qui condamnez en un clin d'œil les réflexions de cinq années, foyez juftes une fois, fans tirer à conféquence! Un enfant de treize ans, aux premiers battements du cœur cherchant tout fans rien démêler, idolâtre, ainfi qu'on l'eft à cet âge heureux, d'un objet célefte pour lui, dont le hafard fit fa marraine, eft-il un fujet de scandale? Aimé de tout le monde au château, vif, efpiègle et brûlant comme tous les enfants fpirituels, par fon agitation extrême il dérange dix fois, fans le vouloir, les coupables projets du comte. Jeune adepte de la nature, tout ce qu'il voit a droit de l'agiter : peut-être il n'eft plus un enfant, mais il n'eft pas encore un homme; et c'eft le moment que j'ai choifi pour qu'il obtînt de l'intérêt, fans forcer perfonne à rougir. Ce qu'il prouve innocemment, il l'infpire partout de même. Direz-vous qu'on l'aime d'amour? Cenfeurs, ce n'eft pas là le mot. Vous êtes trop éclairés pour ignorer que l'amour, même le plus pur, a un motif intéreffé : on ne l'aime donc pas encore ; on fent qu'un jour on l'aimera. Et c'eft ce que l'auteur a mis avec gaieté dans la bouche de Suzanne, quand elle dit à cet enfant : *Oh ! dans trois ou quatre ans, je prédis que vous serez le plus grand petit vaurien !...*

Pour lui imprimer plus fortement le caractère de l'enfance, nous le faifons exprès tutoyer par Figaro. Suppofez-lui deux ans de plus, quel valet dans le château prendrait ces libertés ? Voyez-le à la fin de fon rôle ; à peine a-t-il un habit d'officier, qu'il porte la main à l'épée aux premières railleries du comte, fur le quiproquo d'un fouf-flet. Il fera fier, notre étourdi ! mais c'eft un enfant, rien de plus. N'ai-je pas vu nos dames, dans les loges, aimer mon page à la folie? Que lui voulaient-elles ? hélas ! rien : c'était de l'intérêt auffi ; mais, comme celui de la comteffe, un pur et naïf intérêt... un intérêt... fans intérêt.

Mais eft-ce la perfonne du page ou la confcience du feigneur qui fait le tourment du dernier toutes les fois que l'auteur les condamne à fe rencontrer dans la pièce ? Fixez ce léger aperçu, il peut vous mettre fur la voie ; ou plutôt apprenez de lui que cet enfant n'eft amené que pour ajouter à la moralité de l'ouvrage, en vous montrant que l'homme le plus abfolu chez lui, dès qu'il fuit un projet coupable, peut être mis au défefpoir par l'être le moins important, par celui qui redoute le plus de fe rencontrer fur fa route.

Quand mon page aura dix-huit ans, avec le caractère vif et bouil-lant que je lui ai donné, je ferai coupable à mon tour fi je le mon-tre fur la fcène. Mais à treize ans, qu'infpire-t-il ? quelque chofe de fenfible et doux, qui n'eft amitié ni amour, et qui tient un peu de tous deux.

J'aurais de la peine à faire croire à l'innocence de ces impreffions, fi nous vivions dans un fiècle moins chafte, dans un de ces fiècles de calcul, où, voulant tout prématuré, comme les fruits de leurs ferres chaudes, les grands mariaient leurs enfants à douze ans, et faifaient plier la nature, la décence et le goût aux plus fordides convenances, en fe hâtant furtout d'arracher de ces êtres non formés des enfants encore moins formables, dont le bonheur n'occupait perfonne, et qui n'étaient que le prétexte d'un certain trafic d'avantages qui n'avait nul rapport à eux, mais uniquement à leur nom. Heureufement nous en fommes bien loin : et le caractère de mon page, fans conféquence pour lui-même, en a une relative au comte, que le moralifte aperçoit, mais qui n'a pas encore frappé le grand commun de nos jugeurs.

Ainfi, dans cet ouvrage, chaque rôle important a quelque but moral. Le feul qui femble y déroger eft le rôle de Marceline.

Coupable d'un ancien égarement dont fon Figaro fut le fruit, elle devrait, dit-on, fe voir au moins punie par la confufion de fa faute, lorfqu'elle reconnaît fon fils. L'auteur eût pu en tirer une moralité plus profonde : dans les mœurs qu'il veut corriger, la faute d'une jeune fille féduite eft celle des hommes et non la fienne. Pourquoi donc ne l'a-t-il pas fait ?

Il l'a fait, cenfeurs raifonnables ! Étudiez la fcène fuivante, qui faifait le nerf du troifième acte, et que les comédiens m'ont prié de retrancher, craignant qu'un morceau fi févère n'obfcurcît la gaieté de l'action.

Quand Molière a bien humilié la coquette ou coquine du *Misanthrope* par la lecture publique de fes lettres à tous fes amants, il la laiffe avilie fous les coups qu'il lui a portés : il a raifon ; qu'en ferait-il ? Vicieufe par goût et par choix, veuve aguerrie, femme de cour, fans aucune excufe d'erreur, et fléau d'un fort honnête homme, il l'abandonne à nos mépris, et telle eft fa moralité. Quant à moi, faififfant l'aveu naïf de Marceline au moment de la reconnaiffance, je montrais cette femme humiliée, et Bartholo qui la refufe, et Figaro, leur fils commun, dirigeant l'attention publique fur les vrais fauteurs du défordre où l'on entraîne fans pitié toutes les jeunes filles du peuple douées d'une jolie figure.

Telle eft la marche de la fcène.

BRID'OISON. (Parlant de Figaro qui vient de reconnaître fa mère en Marceline.) — C'eft clair : i-il ne l'époufera pas.

BARTHOLO. — Ni moi non plus.

MARCELINE. — Ni vous ! Et votre fils ? Vous m'aviez juré...

BARTHOLO. — J'étais fou. Si pareils fouvenirs engageaient, on ferait tenu d'époufer tout le monde.

BRID'OISON. — E-et fi l'on y regardait de fi près, pè-erfonne n'é-
pouferait perfonne.

BARTHOLO. — Des fautes fi connues ! une jeuneffe déplorable !

MARCELINE, *s'échauffant par degrés*. — Oui, déplorable, et
plus qu'on ne croit ! Je n'entends pas nier mes fautes ; ce jour les a
trop bien prouvées ! Mais qu'il eft dur de les expier après trente ans
d'une vie modefte ! J'étais née, moi, pour être fage, et je le fuis devenue fitôt qu'on m'a permis d'ufer de ma raifon. Mais dans l'âge
des illufions, de l'inexpérience et des befoins, où les féducteurs
nous affiègent pendant que la mifère nous poignarde, que peut oppofer une enfant à tant d'ennemis raffemblés ? Tel nous juge ici
févèrement, qui peut-être en fa vie a perdu dix infortunées.

FIGARO. — Les plus coupables font les moins généreux; c'eft la règle.

MARCELINE, *vivement*. — Hommes plus qu'ingrats, qui flétrif-
fez par le mépris les jouets de vos paffions, vos victimes, c'eft vous
qu'il faut punir des erreurs de notre jeuneffe : vous et vos magiftrats fi vains du droit de nous juger, et qui nous laiffent enlever,
par leur coupable négligence, tout honnête moyen de fubfifter ! Eft-
il un feul état pour les malheureufes filles ? Elles avaient un droit
naturel à toute la parure des femmes ; on y laiffe former mille ouvriers de l'autre fexe.

FIGARO. — Ils font broder jufqu'aux foldats !

MARCELINE, *exaltée*. — Dans les rangs mêmes plus élevés, les
femmes n'obtiennent de vous qu'une confidération dérifoire. Leur-
rées de refpects apparents, dans une fervitude réelle ; traitées en mineures pour nos biens, punies en majeures pour nos fautes : ah ! fous
tous les afpects, votre conduite avec nous fait horreur ou pitié.

FIGARO. — Elle a raifon.

LE COMTE, *à part*. — Que trop raifon,

BRID'OISON. — Elle a, mon-on dieu, raifon.

MARCELINE. — Mais que nous font, mon fils, les refus d'un
homme injufte ? Ne regarde pas d'où tu viens, vois où tu vas ; cela
feul importe à chacun. Dans quelques mois ta fiancée ne dépendra
plus que d'elle-même ; elle t'acceptera, j'en réponds : vis entre une
époufe, une mère tendres, qui te chériront à qui mieux mieux. Sois
indulgent pour elles, heureux pour toi, mon fils ! gai, libre et bon
pour tout le monde, il ne manquera rien à ta mère.

FIGARO. — Tu parles d'or, maman, et je me tiens à ton avis.
Qu'on eft fot, en effet ! Il y a des mille et mille ans que le monde
roule, et dans cet océan de durée, où j'ai par hafard attrapé quel-

ques chétifs trente ans qui ne reviendront plus, j'irais me tourmenter pour favoir à qui je les dois! Tant pis pour qui s'en inquiète. Paffer ainfi la vie à chamailler, c'eft pefer fur le collier fans relâche, comme les malheureux chevaux de la remonte des fleuves, qui ne repofent pas, même quand ils s'arrêtent, et qui tirent toujours, quoiqu'ils ceffent de marcher. Nous attendrons.

J'ai bien regretté ce morceau; et maintenant que la pièce eft connue, fi les comédiens avaient le courage de le reftituer à ma prière, je penfe que le public leur en faurait beaucoup de gré. Ils n'auraient plus même à répondre, comme je fus forcé de le faire à certains cenfeurs du beau monde, qui me reprochaient, à la lecture, de les intéreffer pour une femme de mauvaifes mœurs. « Non, meffieurs, je n'en parle pas pour excufer fes mœurs, mais pour vous faire rougir des vôtres fur le point le plus deftructeur de toute honnêteté publique, *la corruption des jeunes personnes*: et j'avais raifon de le dire, que vous trouvez ma pièce trop gaie, parce qu'elle eft fouvent trop févère. Il n'y a que façon de s'entendre.

— Mais votre *Figaro* eft un foleil tournant, qui brûle, en jailliffant, les manchettes de tout le monde. — *Tout le monde* eft exagéré. Qu'on me fache gré du moins s'il ne brûle pas auffi les doigts de ceux qui croient s'y reconnaître : au temps qui court, on a beau jeu fur cette matière au théâtre. M'eft-il permis de compofer en auteur qui fort du collège? de toujours faire rire des enfants, fans jamais rien dire à des hommes? Et ne devez-vous pas me paffer un peu de morale en faveur de ma gaieté, comme on paffe aux Français un peu de folie en faveur de leur raifon?

« Si je n'ai verfé fur nos fottifes qu'un peu de critique badine, ce n'eft pas que je ne fache en former de plus févères : quiconque a dit tout ce qu'il fait dans fon ouvrage, y a mis plus que moi dans le mien. Mais je garde une foule d'idées qui me preffent pour un des fujets les plus moraux du théâtre, aujourd'hui fur mon chantier : *la Mère coupable:* et fi le dégoût dont on m'abreuve me permet jamais de l'achever, mon projet étant d'y faire verfer des larmes à toutes les femmes fenfibles, j'élèverai mon langage à la hauteur de mes fituations; j'y prodiguerai les traits de la plus auftère morale, et je tonnerai fortement fur les vices que j'ai trop ménagés. Apprêtez-vous donc bien, meffieurs, à me tourmenter de nouveau : ma poitrine a déjà grondé; j'ai noirci beaucoup de papier au fervice de votre colère.

« Et vous, honnêtes indifférents, qui jouissez de tout sans prendre parti sur rien ; jeunes personnes modestes et timides, qui vous plaisez à ma *Folle Journée* (et je n'entreprends sa défense que pour justifier votre goût), lorsque vous verrez dans le monde un de ces hommes tranchants critiquer vaguement la pièce, tout blâmer sans rien désigner, surtout la trouver indécente ; examinez bien cet homme-là, sachez son rang, son état, son caractère, et vous connaîtrez sur-le-champ le mot qui l'a blessé dans l'ouvrage. »

On sent bien que je ne parle pas de ces écumeurs littéraires qui vendent leurs bulletins ou leurs affiches à tant de liards le paragraphe. Ceux-là, comme l'abbé Bazille, peuvent calomnier ; *ils médiraient, qu'on ne les croirait pas.*

Je parle moins encore de ces libellistes honteux qui n'ont trouvé d'autre moyen de satisfaire leur rage, l'assassinat étant trop dangereux, que de lancer, du cintre de nos salles, des vers infâmes contre l'auteur, pendant que l'on jouait sa pièce. Ils savent que je les connais : si j'avais eu dessein de les nommer (6), c'aurait été au ministère public ; leur supplice est de l'avoir craint ; il suffit à mon ressentiment : mais on n'imaginera jamais jusqu'où ils ont osé élever les soupçons du public sur une aussi lâche épigramme ! semblables à ces vils charlatans du Pont-Neuf, qui, pour accréditer leurs drogues, farcissent d'ordres, de cordons, le tableau qui leur sert d'enseigne.

Non, je cite nos importants, qui, blessés, on ne sait pourquoi, des critiques semées dans l'ouvrage, se chargent d'en dire du mal, sans cesser de venir aux noces.

C'est un plaisir assez piquant de les voir d'en bas au spectacle, dans le très plaisant embarras de n'oser montrer ni satisfaction ni colère ; s'avançant sur le bord des loges, prêts à se moquer de l'auteur, et se retirant aussitôt pour celer un peu de grimace ; emportés par un mot de la scène, et soudainement rembrunis par le pinceau du moraliste : au plus léger trait de gaieté jouer tristement les étonnés, prendre un air gauche en faisant les pudiques, et regardant les femmes dans les yeux, comme pour leur reprocher de soutenir un tel scandale ; puis, aux grands applaudissements, lancer sur le public un regard méprisant, dont il est écrasé ; toujours prêts à lui dire, comme ce courtisan dont parle Molière, lequel, outré du succès de l'*École des femmes*, criait des balcons au public : *Ris donc, public, ris donc !* En vérité, c'est un plaisir, et j'en ai joui bien des fois.

Celui-là m'en rappelle un autre. Le premier jour de la *Folle Journée*, on s'échauffait dans le foyer (même d'honnêtes plébéiens) fur ce qu'ils nommaient fpirituellement *mon audace*. Un petit vieillard fec et brufque, impatienté de tous ces cris, frappe le plancher de fa canne, et dit en s'en allant : *Nos Français font comme les enfants qui braillent quand on les éberne.* Il avait du fens, ce vieillard ! Peut-être on pouvait mieux parler : mais pour mieux penfer, j'en défie.

Avec cette intention de tout blâmer, on conçoit que les traits les plus fenfés ont été pris en mauvaife part. N'ai-je pas entendu vingt fois un murmure defcendre des loges à cette réponfe de Figaro ?

Le Comte. — *Une réputation détestable !*
Figaro. — *Et si je vaux mieux qu'elle ? Y a t-il beaucoup de seigneurs qui puissent en dire autant ?*

Je dis, moi, qu'il n'y en a point ; qu'il ne faurait y en avoir, à moins d'une exception bien rare. Un homme obfcur ou peu connu peut valoir mieux que fa réputation, qui n'eft que l'opinion d'autrui. Mais de même qu'un fot en place en paraît une fois plus fot parce qu'il ne peut plus rien cacher, de même un grand feigneur, l'homme élevé en dignités, que la fortune et fa naiffance ont placé fur le grand théâtre, et qui, en entrant dans le monde, eut toutes les préventions pour lui, vaut toujours moins que fa réputation, s'il parvient à la rendre mauvaife. Une affertion fi fimple et fi loin du farcafme devait-elle exciter le murmure ? Si fon application paraît fâcheufe aux grands peu foigneux de leur gloire, en quel fens fait-elle épigramme fur ceux qui méritent nos refpects ? et quelle maxime plus jufte au théâtre peut fervir de frein aux puiffants, et tenir lieu de leçon à ceux qui n'en reçoivent point d'autres ?

Non qu'il faille oublier (a dit un écrivain févère, et je me plais à le citer parce que je fuis de fon avis), « non qu'il faille oublier, dit-il, ce qu'on doit aux rangs élevés : il eft jufte, au contraire, que l'avantage de la naiffance foit le moins contefté de tous, parce que ce bienfait gratuit de l'hérédité, relatif aux exploits, vertus ou qualités des aïeux de qui le reçut, ne peut aucunement bleffer l'amour-propre de ceux auxquels il fut refufé ; parce que, dans une monarchie, fi l'on ôtait les rangs intermédiaires, il y aurait trop loin du monarque aux fujets ; bientôt on n'y verrait qu'un defpote et des efclaves : le maintien d'une échelle graduée du laboureur au potentat intéreffe également les hommes de tous les rangs, et peut-être eft le plus ferme appui de la conftitution monarchique. »

Mais quel auteur parlait ainsi? qui faisait cette profession de foi sur la noblesse, dont on me suppose si loin? C'était PIERRE-AUGUSTIN CARON DE BEAUMARCHAIS, plaidant par écrit au parlement d'Aix, en 1778, une grande et sévère question qui décida bientôt de l'honneur d'un noble (7) et du sien. Dans l'ouvrage que je défends, on n'attaque point les états, mais les abus de chaque état: les gens seuls qui s'en rendent coupables ont intérêt à le trouver mauvais. Voilà les rumeurs expliquées. Mais quoi donc! les abus sont-ils devenus si sacrés qu'on n'en puisse attaquer aucun sans lui trouver vingt défenseurs?

Un avocat célèbre, un magistrat respectable, iront-ils donc s'approprier le plaidoyer d'un Bartholo, le jugement d'un Brid'oison? Ce mot de Figaro sur l'indigne abus des plaidoiries de nos jours (*c'est dégrader le plus noble institut*) a bien montré le cas que je fais du noble métier d'avocat; et mon respect pour la magistrature ne sera pas plus suspecté quand on saura dans quelle école j'en ai recherché la leçon, quand on lira le morceau suivant, aussi tiré d'un moraliste, lequel, parlant des magistrats, s'exprime en ces termes formels :

« Quel homme aisé voudrait, pour le plus modique honoraire, faire le métier cruel de se lever à quatre heures, pour aller au palais tous les jours s'occuper, sous des formes prescrites, d'intérêts qui ne sont jamais les siens? d'éprouver sans cesse l'ennui de l'importunité, le dégoût des sollicitations, le bavardage des plaideurs, la monotonie des audiences, la fatigue des délibérations, et la contention d'esprit nécessaire aux prononcés des arrêts, s'il ne se croyait pas payé de cette vie laborieuse et pénible par l'estime et la considération publique? Et cette estime est-elle autre chose qu'un jugement, qui n'est même aussi flatteur pour les bons magistrats qu'en raison de sa rigueur excessive contre les mauvais? »

Mais quel écrivain m'instruisait ainsi par ses leçons? Vous allez croire encore que c'est PIERRE-AUGUSTIN; vous l'avez dit : c'est lui, en 1773, dans son quatrième Mémoire, en défendant jusqu'à la mort sa triste existence, attaquée par un soi-disant magistrat (8). Je respecte donc hautement ce que chacun doit honorer, et je blâme ce qui peut nuire.

« Mais dans cette *Folle Journée*, au lieu de saper les abus, vous vous donnez des libertés très répréhensibles au théâtre ; votre monologue surtout contient, sur les gens disgraciés, des traits qui passent la licence. — Eh! croyez-vous, messieurs, que j'eusse un talifman pour tromper, féduire, enchaîner la cenfure et l'autorité, quand je leur foumis mon ouvrage ? que je n'aie pas dû juftifier ce que j'avais ofé écrire ? Que fais-je dire à Figaro, parlant à l'homme déplacé ? *Que les sottises imprimées n ont d'importance qu'aux lieux où l'on en gêne le cours.* Eft-ce donc là une vérité d'une conféquence dangereufe ? Au lieu de ces inquifitions puériles et fatigantes, et qui feules donnent de l'importance à ce qui n'en aurait jamais ; fi, comme en Angleterre, on était affez fage ici pour traiter les fottifes avec ce mépris qui les tue, loin de fortir du vil fumier qui les enfante, elles y pourriraient en germant, et ne fe propageraient point. Ce qui multiplie les libelles eft la faibleffe de les craindre ; ce qui fait vendre les fottifes eft la fottife de les défendre.

Et comment conclut Figaro ? *Que, sans la liberté de blâmer, il n'est point d'éloge flatteur ; et qu'il n'y a que les petits hommes qui redoutent les petits écrits.* Sont-ce là des hardieffes coupables, ou bien des aiguillons de gloire ? des moralités infidieufes, ou des maximes réfléchies, auffi juftes qu'encourageantes ?

Suppofez-les le fruit des fouvenirs. Lorfque, fatisfait du préfent, l'auteur veille pour l'avenir dans la critique du paffé, qui peut avoir droit de s'en plaindre ? Et fi, ne défignant ni temps, ni lieu, ni perfonnes, il ouvre la voie au théâtre à des réformes défirables, n'eft-ce pas aller à fon but ?

La *Folle Journée* explique donc comment, dans un temps profpère, fous un roi jufte et des miniftres modérés, l'écrivain peut tonner fur les oppreffeurs, fans craindre de bleffer perfonne. C'eft pendant le règne d'un bon prince qu'on écrit fans danger l'hiftoire des méchants rois ; et plus le gouvernement eft fage, eft éclairé, moins la liberté de dire eft en preffe : chacun y faifant fon devoir, on n'y craint pas les allufions ; nul homme en place ne redoutant ce qu'il eft forcé d'eftimer, on n'affecte point alors d'opprimer chez nous cette même littérature qui fait notre gloire au dehors, et nous y donne une forte de primauté que nous ne pouvons tirer d'ailleurs.

En effet, à quel titre y prétendrions-nous ? Chaque peuple tient à fon culte et chérit fon gouvernement. Nous ne fommes pas reftés plus braves que ceux qui nous ont battus à leur tour. Nos mœurs plus douces, mais non meilleures, n'ont rien qui nous élève au-deffus d'eux. Notre littérature feule, eftimée de toutes les nations, étend l'empire de la langue françaife, et nous obtient de l'Europe entière une prédilection avouée, qui juftifie, en l'honorant, la protection que le gouvernement lui accorde.

Et comme chacun cherche toujours le feul avantage qui lui manque, c'eft alors qu'on peut voir dans nos académies l'homme de la cour fiéger avec les gens de lettres; les talents perfonnels et la confidération héritée fe difputer ce noble objet, et les archives académiques fe remplir prefque également de papiers et de parchemins.

Revenons à la *Folle Journée*.

Un monfieur de beaucoup d'efprit, mais qui l'économife un peu trop, me difait un foir au fpectacle : « Expliquez-moi donc, je vous prie, pourquoi dans votre pièce on trouve autant de phrafes négligées qui ne font pas de votre ftyle? — De mon ftyle, monfieur? Si par malheur j'en avais un, je m'efforcerais de l'oublier quand je fais une comédie : ne connaiffant rien d'infipide au théâtre comme ces fades camaïeux où tout eft bleu, où tout eft rofe, où tout eft l'auteur, quel qu'il foit.

« Lorfque mon fujet me faifit, j'évoque tous mes perfonnages et les mets en fituation. — Songe à toi, Figaro, ton maître va te deviner. — Sauvez-vous vite, Chérubin! c'eft le comte que vous touchez. —Ah! comteffe, quelle imprudence avec un époux fi violent! — Ce qu'ils diront, je n'en fais rien; c'eft ce qu'ils feront qui m'occupe. Puis, quand ils font bien animés, j'écris fous leur dictée rapide, fûr qu'ils ne me tromperont pas; que je reconnaîtrai Bazile, lequel n'a pas l'efprit de Figaro, qui n'a pas le ton noble du comte, qui n'a pas la fenfibilité de la comteffe, qui n'a pas la gaieté de Suzanne, qui n'a pas l'efpiéglerie du page, et furtout aucun d'eux la fublimité de Brid'oifon. Chacun y parle fon langage ; eh! que le dieu du naturel les préferve d'en parler d'autre! Ne nous attachons donc qu'à l'examen de leurs idées, et non à rechercher fi j'ai dû leur prêter mon ftyle. »

Quelques malveillants ont voulu jeter de la défaveur fur cette phrafe de Figaro : *Sommes-nous des soldats qui tuent et se font tuer pour des intérêts qu'ils ignorent? Je veux savoir, moi, pourquoi je me fâche!* A travers le nuage d'une conception indigefte, ils ont feint d'apercevoir *que je répands une lumière décourageante sur l'état pénible du soldat ; et il y a des choses qu'il ne faut jamais dire.* Voilà dans toute fa force l'argument de la méchanceté; refte à en prouver la bêtife.

Si, comparant la dureté du fervice à la modicité de la paye, ou difcutant tel autre inconvénient de la guerre, et comptant la gloire pour rien, je verfais de la défaveur fur ce plus noble des affreux métiers, on me demanderait juſtement compte d'un mot indiſcrètement échappé. Mais du ſoldat au colonel, au général excluſivement, quel imbécile homme de guerre a jamais eu la prétention qu'il dût pénétrer les ſecrets du cabinet, pour leſquels il fait la campagne? C'eſt de cela ſeul qu'il s'agit dans la phraſe de Figaro. Que ce fou-là ſe montre, s'il exiſte; nous l'enverrons étudier ſous le philoſophe Babouc (9), lequel éclaircit diſertement ce point de diſcipline militaire.

En raiſonnant ſur l'uſage que l'homme fait de ſa liberté dans les occaſions difficiles, Figaro pouvait également oppoſer à ſa ſituation tout état qui exige une obéiſſance implicite; et le cénobite zélé, dont le devoir eſt de tout croire ſans jamais rien examiner; comme le guerrier valeureux, dont la gloire eſt de tout affronter ſur des ordres non motivés, *de tuer et ſe faire tuer pour des intérêts qu'il ignore*. Le mot de Figaro ne dit donc rien, ſinon qu'un homme libre de ſes actions doit agir ſur d'autres principes que ceux dont le devoir eſt d'obéir aveuglément.

Qu'aurait-ce été, bon Dieu! ſi j'avais fait uſage d'un mot qu'on attribue au grand Condé, et que j'entends louer à outrance par ces mêmes logiciens qui déraiſonnent ſur ma phraſe? A les croire, le grand Condé montra la plus noble préſence d'eſprit, lorſque, arrêtant Louis XIV prêt à pouſſer ſon cheval dans le Rhin, il dit à ce monarque: *Sire, avez-vous beſoin du bâton de maréchal?*

Heureuſement on ne prouve nulle part que ce grand homme ait dit cette grande ſottiſe. C'eût été dire au roi, devant toute ſon armée: « Vous moquez-vous donc, Sire, de vous expoſer dans un fleuve? Pour courir de pareils dangers, il faut avoir beſoin d'avancement ou de fortune! »

Ainſi l'homme le plus vaillant, le plus grand général du ſiècle aurait compté pour rien l'honneur, le patriotiſme et la gloire! un miſérable calcul d'intérêt eût été, ſelon lui, le ſeul principe de la bravoure! Il eût dit là un affreux mot! et ſi j'en avais pris le ſens pour l'enfermer dans quelque trait, je mériterais le reproche qu'on fait gratuitement au mien.

Laiſſons donc les cerveaux fumeux louer ou blâmer au haſard, ſans ſe rendre compte de rien; s'extaſier ſur une ſottiſe qui n'a pu jamais être dite, et proſcrire un mot juſte et ſimple, qui ne montre que du bon ſens.

Un autre reproche aſſez fort, mais dont je n'ai pu me laver, eſt d'avoir aſſigné pour retraite à la comteſſe un certain couvent d'*Urſulines*. « *Urſulines!* a dit un ſeigneur, joignant les mains avec éclat.

—*Ursulines!* a dit une dame, en fe renverfant de furprife fur un jeune Anglais de fa loge. *Ursulines!* ah, milord! fi vous entendiez le français!... — Je fens, je fens beaucoup, madame, dit le jeune homme en rougiffant. — C'eft qu'on n'a jamais mis au théâtre aucune femme aux *Ursulines!* Abbé, parlez-nous donc! L'abbé (toujours appuyée fur l'Anglais), comment trouvez-vous *Ursulines*? — Fort indécent!» répond l'abbé, fans ceffer de lorgner Suzanne ; et tout le beau monde a répété : *Ursulines est fort indécent.* Pauvre auteur ! on te croit jugé, quand chacun fonge à fon affaire. En vain j'effayais d'établir que, dans l'événement de la fcène, moins la comteffe a desfein de fe cloîtrer, plus elle doit le feindre et faire croire à fon époux que fa retraite eft bien choifie : ils ont profcrit mes *Ursulines!*

Dans le plus fort de la rumeur, moi, bon homme, j'avais été jufqu'à prier une des actrices qui font le charme de ma pièce de demander aux mécontents à quel autre couvent de filles ils eftimaient qu'il fût *décent* que l'on fit entrer la comteffe? A moi, cela m'était égal; je l'aurais mife où l'on aurait voulu ; aux *Augustines*, aux *Célestines*, aux *Clairettes*, aux *Visitandines*, même aux *Petites Cordelières*, tant je tiens peu aux *Ursulines*. Mais on agit fi durement!

Enfin, le bruit croiffant toujours, pour arranger l'affaire avec douceur, j'ai laiffé le mot *Ursulines* à la place où je l'avais mis : chacun, alors content de foi, de tout l'efprit qu'il avait montré, s'eft apaifé fur *Ursulines*, et l'on a parlé d'autre chofe.

Je ne fuis point, comme l'on voit, l'ennemi de mes ennemis. En difant bien du mal de moi, ils n'en ont point fait à ma pièce ; et s'ils fentaient feulement autant de joie à la déchirer que j'eus de plaifir à la faire, il n'y aurait perfonne d'affligé. Le malheur eft qu'ils ne rient point; et ils ne rient point à ma pièce, parce qu'on ne rit point à la leur. Je connais plufieurs amateurs qui font même beaucoup maigris depuis le fuccès du *Mariage :* excufons donc l'effet de leur colère.

A des moralités d'enfemble et de détail, répandues dans les flots d'une inaltérable gaieté; à un dialogue affez vif, dont la facilité nous cache le travail, fi l'auteur a joint une intrigue aifément filée, où l'art fe dérobe fous l'art, qui fe noue et fe dénoue fans ceffe, à travers une foule de fituations comiques, de tableaux piquants et variés qui foutiennent, fans la fatiguer, l'attention du public pendant les trois heures et demie que dure le même fpectacle (effai que nul homme de lettres n'avait encore ofé tenter); que reftait-il à faire à de pauvres méchants que tout cela irrite? Attaquer, pourfuivre l'auteur par des injures verbales, manufcrites, imprimées : c'eft ce qu'on a fait fans relâche. Ils ont même épuifé jufqu'à la calomnie, pour tâcher de me perdre dans l'efprit de tout ce qui influe en France fur le repos d'un citoyen. Heureufement que mon ouvrage eft fous les yeux de la nation, qui depuis dix grands mois le voit, le juge et l'apprécie. Le laiffer jouer tant qu'il fera plaifir eft la feule vengeance que je me fois permife. Je n'écris point ceci pour les lecteurs actuels : le récit d'un mal trop connu touche peu; mais dans quatre-vingts ans il portera fon fruit. Les auteurs de ce temps-là compareront leur fort au nôtre, et nos enfants fauront à quel prix on pouvait amufer leurs pères.

Allons au fait; ce n'eft pas tout cela qui bleffe. Le vrai motif qui fe cache, et qui dans les replis du cœur produit tous les autres reproches, eft renfermé dans ce quatrain :

> Pourquoi ce Figaro qu'on va tant écouter
> Eft-il avec fureur déchiré par les fots?
> *Recevoir, prendre et demander,*
> *Voilà le secret en trois mots.*

En effet, Figaro, parlant du métier de courtifan, le définit dans ces termes févères. Je ne puis le nier, je l'ai dit. Mais reviendrai-je fur ce point? Si c'eft un mal, le remède ferait pire : il faudrait pofer méthodiquement ce que je n'ai fait qu'indiquer; revenir à montrer qu'il n'y a point de fynonyme en français entre *l'homme de la cour, l'homme de cour, et le courtifan par métier.*

Il faudrait répéter qu'*homme de la cour* peint feulement un noble état : qu'il s'entend de l'homme de qualité, vivant avec la nobleffe et l'éclat que fon rang lui impofe; que fi cet *homme de la cour* aime le bien par goût, fans intérêt; fi, loin de jamais nuire à perfonne, il fe fait eftimer de fes maîtres, aimer de fes égaux et refpecter des autres; alors cette acception reçoit un nouveau luftre; et j'en connais plus d'un que je nommerais avec plaifir, s'il en était queftion.

Il faudrait montrer qu'*homme de cour*, en bon français, eft moins l'énoncé d'un état que le réfumé d'un caractère adroit, liant, mais réfervé; preffant la main de tout le monde en gliffant chemin à travers; menant finement fon intrigue avec l'air de toujours fervir; ne fe faifant point d'ennemis, mais donnant près d'un foffé, dans l'occafion, de l'épaule au meilleur ami, pour affurer fa chute et le remplacer fur la crête; laiffant à part tout préjugé qui pourrait ralentir fa marche; fouriant à ce qui lui déplaît, et critiquant ce qu'il approuve, felon les hommes qui l'écoutent; dans les liaifons utiles de fa femme ou de fa maîtreffe, ne voyant que ce qu'il doit voir; enfin...

> Prenant tout, pour le faire court,
> En véritable *homme de cour*.
> LA FONTAINE.

Cette acception n'eft pas auffi défavorable que celle du *courtisan par métier*, et c'eft l'homme dont parle *Figaro*.

Mais quand j'étendrais la définition de ce dernier; quand, parcourant tous les poffibles, je le montrerais avec fon maintien équivoque, haut et bas à la fois; rampant avec orgueil; ayant toutes les prétentions fans en juftifier une; fe donnant l'air du *protégement* pour fe faire chef de parti; dénigrant tous les concurrents qui balanceraient fon crédit; faifant un métier lucratif de ce qui ne devrait qu'honorer; vendant fes maîtreffes à fon maître, lui faifant payer fes plaifirs, etc., etc., et quatre pages d'etc., il faudrait toujours revenir au diftique de Figaro : *Recevoir, prendre et demander, voilà le secret en trois mots.*

Pour ceux-ci, je n'en connais point; il y en eut, dit-on, fous Henri III, fous d'autres rois encore; mais c'eft l'affaire de l'hiftorien : et, quant à moi, je fuis d'avis que les vicieux du fiècle en font comme les faints; qu'il faut cent ans pour les canonifer. Mais puifque j'ai promis la critique de ma pièce, il faut enfin que je la donne.

En général fon grand défaut eft *que je ne l'ai point faite en observant le monde; qu'elle ne peint rien de ce qui existe, et ne rappelle jamais l'image de la société où l'on vit; que ses mœurs, basses et corrompues, n'ont pas même le mérite d'être vraies.* Et c'eft ce qu'on lifait dernièrement dans un beau difcours imprimé, compofé par un homme de bien, auquel il n'a manqué qu'un peu d'efprit pour être un écrivain médiocre (10). Mais, médiocre ou non, moi qui ne fis jamais ufage de cette allure oblique et torfe avec laquelle un sbire, qui n'a pas l'air de vous regarder, vous donne du ftylet au flanc, je fuis de l'avis de celui-ci. Je conviens qu'à la vérité la génération paffée reffemblait beaucoup à ma pièce; que la génération future lui reffemblera beaucoup auffi; mais que, pour la génération préfente, elle ne lui reffemble aucunement; que je n'ai jamais rencontré ni mari fuborneur, ni feigneur libertin, ni courtifan avide, ni juge ignorant ou paffionné, ni avocat injuriant, ni gens médiocres avancés, ni traducteur baffement jaloux. Et que fi des âmes pures, qui ne s'y reconnaiffent point du tout, s'irritent contre ma pièce et la déchirent fans relâche, c'eft uniquement par refpect pour leurs grands-pères et fenfibilité pour leurs petits-enfants. J'efpère, après cette déclaration, qu'on me laiffera bien tranquille. Et j'ai fini.

PERSONNAGES.

(Caractères et habillements de la pièce.)

Le comte Almaviva, grand corrégidor d'Andaloufie, doit être joué très noblement, mais avec grâce et liberté. La corruption du cœur ne doit rien ôter au bon ton de fes manières. Dans les mœurs de ce temps-là les grands traitaient en badinant toute entreprife fur les femmes. Ce rôle eft d'autant plus pénible à bien rendre, que le perfonnage eft toujours facrifié. Mais joué par un comédien excellent (M. Molé), il a fait reffortir tous les rôles, et affuré le fuccès de la pièce.

Son vêtement du premier et fecond acte eft un habit de chaffe avec des bottines à mi-jambes, de l'ancien coftume efpagnol. Du troifième acte jufqu'à la fin, un habit fuperbe de ce coftume.

La Comtesse, fa femme, agitée de deux fentiments contraires, ne doit montrer qu'une fenfibilité réprimée, ou une colère très modérée; rien furtout qui dégrade, aux yeux du fpectateur, fon caractère aimable et vertueux. Ce rôle, un des plus difficiles de la pièce, a fait infiniment d'honneur au grand talent de mademoifelle Saint-Val cadette.

Son vêtement du premier, fecond et quatrième acte, eft une lévite commode, et nul ornement fur la tête : elle eft chez elle, et cenfée incommodée. Au cinquième acte elle a l'habillement et la haute coiffure de Suzanne.

Figaro, valet de chambre du comte et concierge du château. L'on ne peut trop recommander à l'acteur qui jouera ce rôle, de bien fe pénétrer de fon efprit, comme l'a fait M. Dazincourt. S'il y voyait autre chofe que de la raifon affaifonnée de gaieté et de faillies, furtout s'il y mettait la moindre charge, il avilirait un rôle que le premier comique du théâtre, M. Préville, a jugé devoir honorer le talent de tout comédien qui faurait en faifir les nuances multipliées, et pourrait s'élever à fon entière conception.

Son vêtement comme dans le *Barbier de Séville*.

Suzanne, première camérifte de la comteffe, et fiancée de Figaro. Jeune perfonne adroite, fpirituelle et rieufe, mais non de cette gaieté prefque effrontée de nos foubrettes corruptrices; fon joli caractère eft deffiné dans la préface, et c'eft là que l'actrice qui n'a point vu mademoifelle Contat doit l'étudier pour le bien rendre.

Son vêtement des quatre premiers actes est un jufte blanc à basquines, très élégant, jupe de même, avec une toque, appelée depuis par nos marchandes *à la Suzanne*. Dans la fête du quatrième acte, le comte lui pofe fur la tête une toque à long voile, à hautes plumes et à rubans blancs. Elle porte au cinquième acte la lévite de fa maîtreffe, et nul ornement fur la tête.

Marceline, femme de charge, eft une femme d'efprit, née un peu vive, mais dont les fautes et l'expérience ont réformé le caractère. Si l'actrice qui le joue s'élève avec une fierté bien placée à la hauteur très morale qui fuit la reconnaiffance du troifième acte, elle ajoutera beaucoup à l'intérêt de l'ouvrage.

Son vêtement eft celui des duègnes efpagnoles, d'une couleur modefte, un bonnet noir fur la tête.

Antonio, jardinier du château, oncle de Suzanne et père de Fanchette, ne doit montrer qu'une demi-ivreffe, qui fe diffipe par degrés; de forte qu'au cinquième acte on n'en aperçoive prefque plus.

Son vêtement eft celui d'un payfan efpagnol, où les manches pendent par derrière; un chapeau et des fouliers blancs.

Fanchette, fille d'Antonio, eft une enfant de douze ans, très naïve. Son petit habit eft un jufte brun avec des ganfes et des boutons d'argent, la jupe de couleur tranchante, et une toque noire à plumes fur la tête. Il fera celui des autres payfannes de la noce.

Chérubin, premier page du comte. Ce rôle ne peut être joué, comme il l'a été, que par une jeune et très jolie femme; nous n'avons point à nos théâtres de très jeune homme affez formé pour en bien fentir les fineffes. Timide à l'excès devant la comteffe, ailleurs un charmant poliffon; un défir inquiet et vague eft le fond de fon caractère. Il s'élance à la puberté, mais fans projet, fans connaiffances, et tout entier à chaque événement; enfin il eft ce que toute mère, au fond du cœur, voudrait peut-être que fût fon fils, quoiqu'elle dût beaucoup en fouffrir.

Son riche vêtement, aux premier et fecond actes, eft celui d'un page de cour efpagnol, blanc et brodé d'argent; le léger manteau bleu fur l'épaule, et un chapeau chargé de plumes. Au quatrième acte il a le corfet, la jupe et la toque des jeunes payfannes qui l'amènent. Au cinquième acte, un habit uniforme d'officier, une cocarde et une épée.

Bartholo, médecin de Séville. Le caractère et l'habit comme dans le *Barbier de Séville*; il n'eft ici qu'un rôle fecondaire.

Bazile, maître de clavecin de la comteffe. Caractère et vêtement comme dans le *Barbier de Séville*; il n'eft auffi qu'un rôle fecondaire.

Brid'oison, lieutenant du fiège, doit avoir cette bonne et franche affurance des bêtes qui n'ont plus leur timidité. Son bégaiement n'eft qu'une grâce de plus, qui doit être à peine fentie; et l'acteur fe tromperait lourdement et jouerait à contre-fens, s'il y cherchait le plaifant de fon rôle. Il eft tout entier dans l'oppofition de la gravité de fon état au ridicule du caractère; et moins l'acteur le chargera, plus il montrera de vrai talent.

Son habit eft une robe de juge efpagnol, moins ample que celle de nos procureurs, prefque une foutane; une groffe perruque, une gonille ou rabat efpagnol au cou, et une longue baguette blanche à la main.

DOUBLE-MAIN, greffier, fecrétaire de don Gufman Brid'oifon. Vêtu comme le juge; mais la baguette blanche plus courte.

L'HUISSIER ou ALGUAZIL. Habit, manteau, épée de Crifpin, mais portée à fon côté fans ceinture de cuir. Point de bottines, une chauffure noire, une perruque blanche naiffante et longue, à mille boucles, une courte baguette blanche.

GRIPPE-SOLEIL, jeune pâtoureau. Habit de payfan, les manches pendantes, vefte de couleur tranchante, chapeau blanc.

UNE JEUNE BERGÈRE. Son vêtement comme celui de Fanchette.

PÉDRILLE, piqueur du comte. En vefte, gilet, ceinture, fouet, et bottes de pofte, une réfille fur la tête, chapeau de courrier.

PERSONNAGES MUETS.

TROUPE DE VALETS, TROUPE DE PAYSANNES, TROUPE DE PAYSANS, les uns en habits de juges, d'autres en habits de payfans, les autres en habits de livrée.

(La fcène eft au château d'Aguas-Frefcas, à trois lieues de Séville.)

(Placement des acteurs.)

Pour faciliter les jeux du théâtre, on a eu l'attention d'écrire au commencement de chaque fcène le nom des perfonnages dans l'ordre où le fpectateur les voit. S'ils font quelque mouvement grave dans la fcène, il eft défigné par un nouvel ordre de noms, écrit en note à l'inftant qu'il arrive. Il eft important de conferver les bonnes pofitions théâtrales; le relâchement dans la tradition donnée par les premiers acteurs en produit bientôt un total dans le jeu des pièces, qui finit par affimiler les troupes négligentes aux plus faibles comédiens de fociété.

LE MARIAGE DE FIGARO

> En faveur du badinage,
> Faites grâce à la raison.
> (*Vaud. de la pièce*).

ACTE PREMIER

Le théâtre représente une chambre à demi démeublée; un grand fauteuil de malade est au milieu. Figaro, avec une toise, mesure le plancher. Suzanne attache à sa tête, devant une glace, le petit bouquet de fleurs d'orange appelé chapeau de la mariée.

SCÈNE PREMIÈRE.

FIGARO, SUZANNE.

Figaro. — Dix-neuf pieds sur vingt-six.

Suzanne. — Tiens, Figaro, voilà mon petit chapeau : le trouves-tu mieux ainsi ?

Figaro *lui prend les mains*. — Sans comparaison, ma

charmante. Oh! que ce joli bouquet virginal, élevé fur la tête d'une belle fille, eft doux, le matin des noces, à l'œil amoureux d'un époux!...

Suzanne *Je retire.* — Que mefures-tu donc là, mon fils?

Figaro. — Je regarde, ma petite Suzanne, fi ce beau lit que monfeigneur nous a donné aura bonne grâce ici.

Suzanne. — Dans cette chambre?

Figaro. — Il nous la cède.

Suzanne. — Et moi je n'en veux point.

Figaro. — Pourquoi?

Suzanne. — Je n'en veux point.

Figaro. — Mais encore?

Suzanne. — Elle me déplaît.

Figaro. — On dit une raifon.

Suzanne. — Si je n'en veux pas dire?

Figaro. — Oh! quand elles font fûres de nous!

Suzanne. — Prouver que j'ai raifon ferait accorder que je puis avoir tort. Es-tu mon ferviteur, ou non?

Figaro. — Tu prends de l'humeur contre la chambre du château la plus commode, et qui tient le milieu des deux appartements. La nuit, fi madame eft incommodée, elle fonnera de fon côté; zefte, en deux pas tu es chez elle. Monfeigneur veut-il quelque chofe? il n'a qu'à tinter du fien; crac, en trois fauts me voilà rendu.

Suzanne. — Fort bien! Mais quand il aura *tinté* le matin, pour te donner quelque bonne et longue commiffion, zefte, en deux pas, il eft à ma porte, et crac, en trois fauts...

Figaro. — Qu'entendez-vous par ces paroles?

Suzanne. — Il faudrait m'écouter tranquillement.

Figaro. — Et qu'eft-ce qu'il y a, bon dieu?

Suzanne. — Il y a, mon ami, que, las de courtifer les

beautés des environs, monsieur le comte Almaviva veut rentrer au château, mais non pas chez sa femme; c'est sur la tienne, entends-tu, qu'il a jeté ses vues, auxquelles il espère que ce logement ne nuira pas. Et c'est ce que le loyal Bazile, honnête agent de ses plaisirs, et mon noble maître à chanter, me répète chaque jour, en me donnant leçon.

Figaro. — Bazile! ô mon mignon, si jamais volée de bois vert, appliquée sur une échine, a dûment redressé la moelle épinière à quelqu'un...

Suzanne. — Tu croyais, bon garçon, que cette dot qu'on me donne était pour les beaux yeux de ton mérite?

Figaro. — J'avais assez fait pour l'espérer.

Suzanne. — Que les gens d'esprit sont bêtes!

Figaro. — On le dit.

Suzanne. — Mais c'est qu'on ne veut pas le croire.

Figaro. — On a tort.

Suzanne. — Apprends qu'il la destine à obtenir de moi, secrètement, certain quart d'heure, seul à seule, qu'un ancien droit du seigneur... Tu sais s'il était triste!

Figaro. — Je le sais tellement que, si monsieur le comte en se mariant n'eût pas aboli ce droit honteux, jamais je ne t'eusse épousée dans ses domaines.

Suzanne. — Eh bien! s'il l'a détruit, il s'en repent; et c'est de ta fiancée qu'il veut le racheter en secret aujourd'hui.

Figaro, *se frottant la tête*. — Ma tête s'amollit de surprise, et mon front fertilisé...

Suzanne. — Ne le frotte donc pas!

Figaro. — Quel danger?

Suzanne, *riant*. — S'il y venait un petit bouton, des gens superstitieux...

Figaro. — Tu ris, friponne! Ah! s'il y avait moyen d'attraper ce grand trompeur, de le faire donner dans un bon piège, et d'empocher son or!

Suzanne. — De l'intrigue et de l'argent, te voilà dans ta sphère.

Figaro. — Ce n'est pas la honte qui me retient.

Suzanne. — La crainte?

Figaro. — Ce n'est rien d'entreprendre une chose dangereuse, mais d'échapper au péril en la menant à bien : car d'entrer chez quelqu'un la nuit, de lui souffler sa femme, et d'y recevoir cent coups de fouet pour la peine, il n'est rien plus aisé; mille sots coquins l'ont fait. Mais.... *(On sonne à l'intérieur.)*

Suzanne. — Voilà madame éveillée; elle m'a bien recommandé d'être la première à lui parler le matin de mes noces.

Figaro. — Y a-t-il encore quelque chose là-dessous?

Suzanne. — Le berger dit que cela porte bonheur aux épouses délaissées. Adieu, mon petit Fi, Fi, Figaro; rêve à notre affaire.

Figaro. — Pour m'ouvrir l'esprit, donne un petit baiser.

Suzanne. — A mon amant aujourd'hui? Je t'en souhaite! Et qu'en dirait demain mon mari? *(Figaro l'embrasse.)*

Suzanne. — Hé bien! hé bien!

Figaro. — C'est que tu n'as pas d'idée de mon amour.

Suzanne, *se défrippant*. — Quand cesserez-vous, importun, de m'en parler du matin au soir?

Figaro, *mystérieusement*. — Quand je pourrai te le prouver du soir jusqu'au matin. *(On sonne une seconde fois.)*

SUZANNE, *de loin, les doigts unis sur sa bouche.* — Voilà votre baiser, monsieur; je n'ai plus rien à vous.

FIGARO *court après elle.* — Oh! mais ce n'est pas ainsi que vous l'avez reçu.

SCÈNE II.

FIGARO, *seul.* — La charmante fille! toujours riante, verdissante, pleine de gaieté, d'esprit, d'amour et de délices! mais sage!.... *(Il marche vivement en se frottant les mains.)* Ah! monseigneur, mon cher monseigneur! vous voulez m'en donner.... à garder! Je cherchais aussi pourquoi m'ayant nommé concierge, il m'emmène à son ambassade, et m'établit courrier de dépêches. J'entends, monsieur le comte : trois promotions à la fois : vous, compagnon ministre; moi, casse-cou politique, et Suzon, dame du lieu, l'ambassadrice de poche. et puis fouette courrier! Pendant que je galoperais d'un côté, vous feriez faire de l'autre à ma belle un joli chemin ! Me crottant, m'échinant pour la gloire de votre famille; vous, daignant concourir à l'accroiffement de la mienne ! Quelle douce réciprocité ! Mais, monfeigneur, il y a de l'abus. Faire à Londres, en même temps, les affaires de votre maître et celles de votre valet ! repréfenter à la fois le roi et moi dans une cour étrangère, c'eft trop de moitié, c'eft trop. — Pour toi, Bazile, fripon mon cadet, je veux t'apprendre à clocher devant les boiteux; je veux..... Non, diffimulons avec eux, pour les enferrer l'un par l'autre. Attention fur la journée, monfieur Figaro ! D'abord avancer l'heure de votre petite fête, pour époufer plus fûrement; écarter une Marceline qui de vous eft friande en diable; empocher l'or et les préfents; donner le change aux petites paffions de monfieur le comte; étriller rondement monfieur du Bazile, et.....

SCÈNE III.

MARCELINE, BARTHOLO, FIGARO.

FIGARO *s'interrompt.* — ..... Héééé, voilà le gros docteur; la fête fera complète. Hé, bonjour, cher docteur de mon cœur ! Eft-ce ma noce avec Suzon qui vous attire au château ?

BARTHOLO, *avec dédain.* — Ah ! mon cher monfieur, point du tout !

FIGARO. — Cela ferait bien généreux !

BARTHOLO. — Certainement, et par trop fot.

FIGARO. — Moi qui eus le malheur de troubler la vôtre !

BARTHOLO. — Avez-vous autre chofe à nous dire ?

FIGARO. — On n'aura pas pris foin de votre mule !

BARTHOLO, *en colère*. — Bavard enragé, laiffez-nous!

FIGARO. — Vous vous fâchez, docteur? Les gens de votre état font bien durs! Pas plus de pitié des pauvres animaux..... en vérité..... que fi c'était des hommes! Adieu, Marceline : avez-vous toujours envie de plaider contre moi ?

Pour n'aimer pas, faut-il qu'on fe haïffe ?

Je m'en rapporte au docteur.

BARTHOLO. — Qu'eft-ce que c'eft?

FIGARO. — Elle vous le contera de refte. *(Il fort.)*

SCÈNE IV.

MARCELINE, BARTHOLO.

BARTHOLO *le regarde aller*. — Ce drôle eft toujours le même! Et à moins qu'on ne l'écorche vif, je prédis qu'il mourra dans la peau du plus fier infolent....

MARCELINE *le retourne*. — Enfin, vous voilà donc, éternel docteur? toujours fi grave et compaffé, qu'on pourrait mourir en attendant vos fecours, comme on s'eft marié jadis, malgré vos précautions.

BARTHOLO. — Toujours amère et provoquante ! Hé bien, qui rend donc ma préfence au château fi néceffaire? Monfieur le comte a-t-il eu quelque accident?

MARCELINE. — Non, docteur.

BARTHOLO. — La Rofine, fa trompeufe comteffe, eft-elle incommodée, dieu merci ?

MARCELINE. — Elle languit.

BARTHOLO. — Et de quoi?

MARCELINE. — Son mari la néglige.

BARTHOLO, *avec joie*. — Ah! le digne époux qui me venge!

Marceline. — On ne fait comment définir le comte; il eft jaloux et libertin.

Bartholo. — Libertin par ennui, jaloux par vanité; cela va fans dire.

Marceline. — Aujourd'hui, par exemple, il marie notre Suzon à fon Figaro, qu'il comble en faveur de cette union.....

Bartholo. — Que fon excellence a rendue néceffaire?

Marceline. — Pas tout à fait, mais dont fon excellence voudrait égayer en fecret l'événement avec l'époufée...

Bartholo. — De monfieur Figaro? C'eft un marché qu'on peut conclure avec lui.

Marceline. — Bazile affure que non.

Bartholo. — Cet autre maraud loge ici? C'eft une caverne! Hé qu'y fait-il?

Marceline. — Tout le mal dont il eft capable. Mais le pis que j'y trouve eft cette ennuyeufe paffion qu'il a pour moi depuis fi longtemps.

Bartholo. — Je me ferais débarraffé vingt fois de fa pourfuite.

Marceline. — De quelle manière?

Bartholo. — En l'époufant.

Marceline. — Railleur fade et cruel, que ne vous débarraffez-vous de la mienne à ce prix? Ne le devez-vous pas? Où eft le fouvenir de vos engagements? Qu'eft devenu celui de notre petit Emmanuel, ce fruit d'un amour oublié qui devait nous conduire à des noces?

Bartholo, *ôtant fon chapeau*. — Eft-ce pour écouter ces fornettes que vous m'avez fait venir de Séville? Et cet accès d'hymen qui vous reprend fi vif...

Marceline. — Eh bien! n'en parlons plus. Mais fi

rien n'a pu vous porter à la justice de m'époufer, aidez-moi donc du moins à en époufer un autre.

Bartholo. — Ah! volontiers : parlons. Mais quel mortel abandonné du ciel et des femmes...?

Marceline. — Eh! qui pourrait-ce être, docteur, sinon le beau, le gai, l'aimable Figaro?

Bartholo. — Ce fripon-là?

Marceline. — Jamais lâché, toujours en belle humeur; donnant le préfent à la joie, et s'inquiétant de l'avenir tout auffi peu que du paflé; fémillant, généreux! généreux...

Bartholo. — Comme un voleur.

Marceline. — Comme un feigneur. Charmant enfin : mais c'eft le plus grand monftre !

Bartholo. — Et fa Suzanne?

Marceline. — Elle ne l'aurait pas, la rufée, fi vous vouliez m'aider, mon petit docteur, à faire valoir un engagement que j'ai de lui.

Bartholo. — Le jour de fon mariage?

Marceline. — On en rompt de plus avancés ; et fi je ne craignais d'éventer un petit fecret des femmes!....

Bartholo. — En ont-elles pour le médecin du corps ?

Marceline. — Ah! vous favez que je n'en ai pas pour vous. Mon fexe eft ardent, mais timide : un certain charme a beau nous attirer vers le plaifir, la femme la plus aventurée fent en elle une voix qui lui dit: Sois belle fi tu peux, fage fi tu veux; mais foisconfidérée, il le faut. Or, puifqu'il faut être au moins confidérée, que toute femme en fent l'importance, effrayons d'abord la Suzanne fur la divulgation des offres qu'on lui fait.

Bartholo. — Où cela mènera-t-il?

Marceline. — Que, la honte la prenant au collet, elle continuera de refufer le comte, lequel, pour fe venger, appuiera l'oppofition que j'ai faite à fon mariage : alors le mien devient certain.

Bartholo. — Elle a raifon. Parbleu! c'eft un bon tour que de faire époufer ma vieille gouvernante au coquin qui fit enlever ma jeune maîtreffe.

Marceline, *vite*. — Et qui croit ajouter à fes plaifirs en trompant mes efpérances.

Bartholo, *vite*. — Et qui m'a volé dans le temps cent écus que j'ai fur le cœur.

Marceline. — Ah! quelle volupté!

Bartholo. — De punir un fcélérat...

Marceline. — De l'époufer, docteur, de l'époufer!

SCÈNE V.

MARCELINE, BARTHOLO, SUZANNE.

Suzanne, *un bonnet de femme avec un large ruban dans la main, une robe de femme fur le bras*. — L'époufer, l'époufer! Qui donc? mon Figaro?

Marceline, *aigrement*. — Pourquoi non? Vous l'époufez bien!

Bartholo, *riant*. — Le bon argument de femme en colère! Nous parlions, belle Suzon, du bonheur qu'il aura de vous poffëder.

Marceline. — Sans compter monfeigneur, dont on ne parle pas.

Suzanne, *une révérence*. — Votre fervante, madame; il y a toujours quelque chofe d'amer dans vos propos.

Marceline, *une révérence*. — Bien la vôtre, madame; où donc eft l'amertume? N'eft il pas jufte qu'un libéral feigneur partage un peu la joie qu'il procure à fes gens?

Suzanne. — Qu'il procure ?

Marceline. — Oui, madame.

Suzanne. — Heureusement, la jalousie de madame est aussi connue que ses droits sur Figaro sont légers.

Marceline. — On eût pu les rendre plus forts en les cimentant à la façon de madame.

Suzanne. — Oh ! cette façon, madame, est celle des dames savantes.

Marceline. — Et l'enfant ne l'est pas du tout ! Innocente comme un vieux juge !

Bartholo, *attirant Marceline*. — Adieu, jolie fiancée de notre Figaro.

Marceline, *une révérence*. — L'accordée secrète de monseigneur.

Suzanne, *une révérence*. — Qui vous estime beaucoup, madame.

Marceline, *une révérence*. — Me fera-t-elle l'honneur de me chérir un peu, madame ?

Suzanne, *une révérence*. — A cet égard, madame n'a rien à désirer.

Marceline, *une révérence*. — C'est une si jolie personne que madame !

Suzanne, *une révérence*. — Eh ! mais assez pour désoler madame.

Marceline, *une révérence*. — Surtout bien respectable !

Suzanne, *une révérence*. — C'est aux duègnes à l'être.

Marceline, *outrée*. — Aux duègnes ! aux duègnes !

Bartholo, *l'arrêtant*. — Marceline !

Marceline. — Allons, docteur, car je n'y tiendrais pas. Bonjour, madame. *(Une révérence.)*

SCÈNE VI.

Suzanne, *seule*. — Allez, madame! allez, pédante! je crains auſſi peu vos efforts que je mépriſe vos outrages. — Voyez cette vieille ſibylle! parce qu'elle a fait quelques études et tourmenté la jeuneſſe de madame, elle veut tout dominer au château! *(Elle jette la robe qu'elle tient ſur une chaiſe.)* Je ne ſais plus ce que je venais prendre.

SCÈNE VII.

SUZANNE, CHÉRUBIN.

Chérubin, *accourant*. — Ah! Suzon, depuis deux heures j'épie le moment de te trouver ſeule. Hélas! tu te maries, et moi je vais partir.

Suzanne. — Comment mon mariage éloigne-t-il du château le premier page de monſeigneur?

Chérubin, *piteuſement*. — Suzanne, il me renvoie.

Suzanne *le contrefait*. — Chérubin, quelque ſottiſe!

Chérubin. — Il m'a trouvé hier au ſoir chez ta couſine Fanchette, à qui je faiſais répéter ſon petit rôle d'innocente, pour la fête de ce ſoir: il s'eſt mis dans une fureur en me voyant! — *Sortez*, m'a-t-il dit, *petit*... Je n'oſe pas prononcer devant une femme le gros mot qu'il a dit: *ſortez, et demain, vous ne coucherez pas au château.* Si madame, ſi ma belle marraine ne parvient pas à l'apaiſer, c'eſt fait, Suzon; je ſuis à jamais privé du bonheur de te voir.

Suzanne. — De me voir! moi? c'eſt mon tour! Ce

n'eft donc plus pour ma maîtreffe que vous foupirez en fecret?

Chérubin. — Ah! Suzon, qu'elle eft noble et belle! mais qu'elle eft impofante!

Suzanne. — C'eft-à-dire que je ne le fuis pas, et qu'on peut ofer avec moi...

Chérubin. — Tu fais trop bien, méchante, que je n'ofe pas ofer. Mais que tu es heureufe! à tous moments la voir, lui parler, l'habiller le matin et la déshabiller le foir, épingle à épingle... Ah! Suzon, je donnerais... Qu'eft-ce que tu tiens donc là?

Suzanne, *raillant*. — Hélas! l'heureux bonnet et le fortuné ruban qui renferment la nuit les cheveux de cette belle marraine...

Chérubin, *vivement*. — Son ruban de nuit! donne-le-moi, mon cœur.

Suzanne *le retirant* — Eh que non pas! — *Son cœur!* Comme il eft familier donc! Si ce n'était pas un morveux fans conféquence. *(Chérubin arrache le ruban.)* Ah! le ruban!

Chérubin *tourne autour du grand fauteuil*. — Tu diras qu'il eft égaré, gâté; qu'il eft perdu. Tu diras tout ce que tu voudras.

Suzanne *tourne après lui*. — Oh! dans trois ou quatre ans, je prédis que vous ferez le plus grand petit vaurien!... Rendez-vous le ruban? *(Elle veut le reprendre.)*

Chérubin *tire une romance de fa poche*. — Laiffe, ah! laiffe-le-moi, Suzon; je te donnerai ma romance; et pendant que le fouvenir de ta belle maîtreffe attriftera tous mes moments, le tien y verfera le feul rayon de joie qui puiffe encore amufer mon cœur.

Suzanne *arrache la romance*. — Amufer votre cœur,

petit fcélérat! vous croyez parler à votre Fanchette. On vous furprend chez elle, et vous foupirez pour madame; et vous m'en contez à moi, par-deffus le marché!

Chérubin, *exalté*. — Cela eft vrai, d'honneur! Je ne fais plus ce que je fuis; mais depuis quelque temps je fens ma poitrine agitée; mon cœur palpite au feul afpect d'une femme; les mots *amour* et *volupté* le font treffaillir et le troublent. Enfin le befoin de dire à quelqu'un *je vous aime* eft devenu pour moi fi preffant, que je le dis tout feul, en courant dans le parc, à ta maîtreffe, à toi, aux arbres, aux nuages, au vent qui les emporte avec mes paroles perdues. — Hier je rencontrai Marceline...

Suzanne, *riant*. — Ah! ah! ah! ah!

Chérubin. — Pourquoi non? elle eft femme, elle eft fille! Une fille! une femme! ah que ces noms font doux! qu'ils font intéreffants!

Suzanne. — Il devient fou !

Chérubin. — Fanchette est douce ; elle m'écoute au moins : tu ne l'es pas, toi !

Suzanne. — C'est bien dommage ; écoutez donc monsieur ! *(Elle veut arracher le ruban.)*

Chérubin *tourne en fuyant.* — Ah ! ouiche ! on ne l'aura, vois-tu, qu'avec ma vie. Mais si tu n'es pas contente du prix, j'y joindrai mille baisers. *(Il lui donne chasse à son tour.)*

Suzanne *tourne en fuyant.* — Mille soufflets, si vous approchez. Je vais m'en plaindre à ma maîtresse ; et loin de supplier pour vous, je dirai moi-même à monseigneur : C'est bien fait, monseigneur ; chassez-nous ce petit voleur ; renvoyez à ses parents un petit mauvais sujet qui se donne les airs d'aimer madame, et qui veut toujours m'embrasser par contre-coup.

Chérubin *voit le comte entrer ; il se jette derrière le fauteuil avec effroi.* — Je suis perdu !

Suzanne. — Quelle frayeur !

SCÈNE VIII.

SUZANNE, LE COMTE, CHÉRUBIN, *caché.*

Suzanne *aperçoit le comte.* — Ah !... *(Elle s'approche du fauteuil pour masquer Chérubin.)*

Le Comte *s'avance.* — Tu es émue, Suzon ! tu parlais seule, et ton petit cœur paraît dans une agitation... bien pardonnable, au reste, un jour comme celui-ci.

Suzanne, *troublée.* — Monseigneur, que me voulez-vous ? Si l'on vous trouvait avec moi...

Le Comte. — Je serais désolé qu'on m'y surprît ;

mais tu fais tout l'intérêt que je prends à toi. Bazile ne t'a pas laiſſé ignorer mon amour. Je n'ai qu'un inſtant pour expliquer mes vues; écoute. *(Il s'aſſied dans le fauteuil.)*

Suzanne, *vivement*. — Je n'écoute rien.

Le Comte *lui prend la main*. — Un feul mot. Tu fais que le roi m'a nommé fon ambaſſadeur à Londres. J'emmène avec moi Figaro; je lui donne un excellent poſte; et comme le devoir d'une femme eſt de fuivre fon mari...

Suzanne. — Ah! fi j'ofais parler!

Le Comte *la rapproche de lui*. — Parle, parle, ma chère; ufe aujourd'hui d'un droit que tu prends fur moi pour la vie.

Suzanne, *effrayée*. — Je n'en veux point, monfeigneur, je n'en veux point. Quittez-moi, je vous prie.

Le Comte. — Mais dis auparavant.

Suzanne, *en colère*. — Je ne fais plus ce que je difais.

Le Comte. — Sur le devoir des femmes.

Suzanne. — Eh bien! lorfque monfeigneur enleva la fienne de chez le docteur, et qu'il l'époufa par amour; lorfqu'il abolit pour elle un certain affreux droit du feigneur...

Le Comte, *gaiement*. — Qui faifait bien de la peine aux filles! Ah! Suzette! ce droit charmant! Si tu venais en jafer fur la brune au jardin, je mettrais un tel prix à cette légère faveur...

Bazile *parle en dehors*. — Il n'eſt pas chez lui, monfeigneur.

Le Comte *fe lève*. — Quelle eſt cette voix?

Suzanne. — Que je fuis malheureufe!

Le Comte. — Sors, pour qu'on n'entre pas.

Suzanne, *troublée*. — Que je vous laiſſe ici?

Bazile *crie en dehors.* — Monseigneur était chez madame, il en est sorti : je vais voir.

Le Comte. — Et pas un lieu pour se cacher ! Ah ! derrière ce fauteuil... assez mal ; mais renvoie-le bien vite.

Suzanne *lui barre le chemin ; il la pousse doucement, elle recule, et se met ainsi entre lui et le petit page ; mais pendant que le comte s'abaisse et prend sa place, Chérubin tourne et se jette effrayé sur le fauteuil à genoux, et s'y blottit. Suzanne prend la robe qu'elle apportait, en couvre le page, et se met devant le fauteuil.*

SCÈNE IX.

LE COMTE ET CHÉRUBIN *cachés*, SUZANNE, BAZILE.

Bazile. — N'auriez-vous pas vu monseigneur, mademoiselle ?

Suzanne, *brusquement.* — Hé pourquoi l'aurais-je vu ? Laissez-moi.

Bazile *s'approche.* — Si vous étiez plus raisonnable, il n'y aurait rien d'étonnant à ma question. C'est Figaro qui le cherche.

Suzanne. — Il cherche donc l'homme qui lui veut le plus de mal après vous ?

Le Comte, *à part.* — Voyons un peu comme il me sert.

Bazile. — Désirer du bien à une femme, est-ce vouloir du mal à son mari ?

Suzanne. — Non, dans vos affreux principes, agent de corruption.

Bazile. — Que vous demande-t-on ici que vous n'alliez prodiguer à un autre ? Grâce à la douce cérémonie, ce qu'on vous défendait hier, on vous prefcrira demain.

Suzanne. — Indigne !

Bazile. — De toutes les chofes férieufes le mariage étant la plus bouffonne, j'avais penfé...

Suzanne, *outrée*. — Des horreurs ! Qui vous permet d'entrer ici ?

Bazile. — Là, là, mauvaife ! Dieu vous apaife ! il n'en fera que ce que vous voulez : mais ne croyez pas non plus que je regarde monfieur Figaro comme l'obftacle qui nuit à monfeigneur ; et fans le petit page...

Suzanne, *timidement*. — Don Chérubin ?

Bazile *la contrefait*. — *Cherubino di amore,* qui tourne autour de vous fans ceffe, et qui ce matin encore rôdait ici pour y entrer, quand je vous ai quittée. Dites que cela n'eft pas vrai ?

Suzanne. — Quelle impofture ! Allez-vous-en, méchant homme !

Bazile. — On eft un méchant homme, parce qu'on y voit clair. N'eft-ce pas pour vous auffi cette romance dont il fait myftère ?

Suzanne, *en colère*. — Ah ! oui, pour moi !

Bazile. — A moins qu'il ne l'ait compofée pour madame ! En effet, quand il fert à table on dit qu'il la regarde avec des yeux !... Mais, pefte, qu'il ne s'y joue pas ! monfeigneur eft *brutal* fur l'article.

Suzanne, *outrée*. — Et vous bien fcélérat, d'aller femant de pareils bruits pour perdre un malheureux enfant tombé dans la difgrâce de fon maître.

Bazile. — L'ai-je inventé ? Je le dis, parce que tout le monde en parle.

Le Comte *fe lève*. — Comment tout le monde en parle !

Suzanne*. — Ah! Ciel!

Bazile. — Ha, ha!

Le Comte. — Courez, Bazile, et qu'on le chasse.

Bazile. — Ah! que je suis fâché d'être entré!

Suzanne, *troublée*. — Mon dieu! mon dieu!

Le Comte, *à Bazile*. — Elle est saisie. Asseyons-la dans ce fauteuil.

Suzanne *le repousse vivement*. — Je ne veux pas m'asseoir. Entrer ainsi librement, c'est indigne!

Le Comte. — Nous sommes deux avec toi, ma chère. Il n'y a plus le moindre danger!

Bazile. — Moi je suis désolé de m'être égayé sur le page, puisque vous l'entendiez. Je n'en usais ainsi que pour pénétrer ses sentiments; car au fond...

Le Comte. — Cinquante pistoles, un cheval, et qu'on le renvoie à ses parents.

Bazile. — Monseigneur, pour un badinage?

Le Comte. — Un petit libertin que j'ai surpris encore hier avec la fille du jardinier.

Bazile. — Avec Fanchette?

Le Comte. — Et dans sa chambre.

Suzanne, *outrée*. — Où monseigneur avait sans doute affaire aussi!

Le Comte, *gaiement*. — J'en aime assez la remarque.

Bazile. — Elle est d'un bon augure.

Le Comte, *gaiement*. — Mais non; j'allais chercher ton oncle Antonio, mon ivrogne de jardinier, pour lui donner des ordres. Je frappe, on est longtemps à m'ouvrir; ta cousine a l'air empêtré; je prends un soupçon, je lui parle, et tout en causant j'examine. Il y avait derrière la porte une espèce de rideau, de portemanteau,

---

* Chérubin dans le fauteuil, le Comte, Suzanne, Bazile.

de je ne fais pas quoi, qui couvrait des hardes; fans faire femblant de rien, je vais doucement, doucement lever ce rideau *(pour imiter le gefte il lève la robe du fauteuil)*, et je vois... *Il aperçoit le page.* Ah!...

Bazile*. — Ha, ha!

Le Comte. — Ce tour-ci vaut l'autre.

Bazile. — Encore mieux.

Le Comte, *à Suzanne*. — A merveilles, mademoifelle! à peine fiancée, vous faites de ces apprêts? C'était pour recevoir mon page que vous défiriez d'être feule? Et vous, monfieur, qui ne changez point de conduite, il vous manquait de vous adreffer, fans refpect pour votre marraine, à fa première camérifte, à la femme de votre ami! Mais je ne fouffrirai point que Figaro, qu'un homme que j'eftime et que j'aime, foit victime d'une pareille tromperie. Était-il avec vous, Bazile?

Suzanne, *outrée*. — Il n'y a tromperie ni victime; il était là lorfque vous me parliez.

Le Comte, *emporté*. — Puiffes-tu mentir en le difant! fon plus cruel ennemi n'oferait lui fouhaiter ce malheur.

Suzanne. — Il me priait d'engager madame à vous demander fa grâce. Votre arrivée l'a fi fort troublé, qu'il s'eft mafqué de ce fauteuil.

Le Comte, *en colère*. — Rufe d'enfer! je m'y fuis affis en entrant.

Chérubin. — Hélas! monfeigneur, j'étais tremblant derrière.

Le Comte. — Autre fourberie! je viens de m'y placer moi-même.

Chérubin. — Pardon; mais c'eft alors que je me fuis blotti dedans.

---

* Suzanne, Chérubin dans le fauteuil, le Comte, Bazile.

Le Comte, *plus outré.* — C'eſt donc une couleuvre que ce petit... ſerpent-là ! Il nous écoutait !

Chérubin. — Au contraire, monſeigneur, j'ai fait ce que j'ai pu pour ne rien entendre.

Le Comte. — O perfidie ! *(A Suzanne.)* Tu n'épouſeras pas Figaro.

Bazile. — Contenez-vous, on vient...

Le Comte, *tirant Chérubin du fauteuil et le mettant ſur ſes pieds.* — Il reſterait là devant toute la terre !

SCÈNE X.

CHÉRUBIN, SUZANNE, FIGARO, LA COMTESSE, LE COMTE, FANCHETTE, BAZILE.

(Beaucoup de valets, payſannes, payſans vêtus de blanc.)

Figaro, *tenant une toque de femme, garnie de plumes blanches et de rubans blancs, parle à la comteſſe.* — Il n'y a que vous, madame, qui puiſſiez nous obtenir cette faveur.

La Comtesse. — Vous les voyez, monſieur le comte, ils me ſuppoſent un crédit que je n'ai point ; mais comme leur demande n'eſt pas déraiſonnable...

Le Comte, *embarraſſé.* — Il faudrait qu'elle le fût beaucoup...

Figaro, *bas à Suzanne.* — Soutiens bien mes efforts.

Suzanne, *bas à Figaro.* — Qui ne mèneront à rien.

Figaro, *bas.* — Va toujours.

Le Comte, *à Figaro.* — Que voulez-vous ?

Figaro. — Monſeigneur, vos vaſſaux, touchés de l'abolition d'un certain droit fâcheux que votre amour pour madame...

Le Comte. — Hé bien, ce droit n'exiſte plus. Que veux-tu dire ?

Figaro, *malignement*. — Qu'il eſt bien temps que la vertu d'un ſi bon maître éclate ; elle m'eſt d'un tel avantage aujourd'hui, que je déſire être le premier à la célébrer à mes noces.

Le Comte, *plus embarraſſé*. — Tu te moques, ami ! l'abolition d'un droit honteux n'eſt que l'acquit d'une dette envers l'honnêteté. Un Eſpagnol peut vouloir conquérir la beauté par des ſoins ; mais en exiger le premier, le plus doux emploi, comme une ſervile redevance, ah ! c'eſt la tyrannie d'un Vandale, et non le droit avoué d'un noble Caſtillan.

Figaro, *tenant Suzanne par la main*. — Permettez donc que cette jeune créature, de qui votre ſageſſe a préſervé l'honneur, reçoive de votre main, publiquement, la toque virginale, ornée de plumes et de rubans blancs, ſymbole de la pureté de vos intentions ; adoptez-en la cérémonie pour tous les mariages, et qu'un quatrain chanté en chœur rappelle à jamais le ſouvenir...

Le Comte, *embarraſſé*. — Si je ne ſavais pas qu'amoureux, poète et muſicien ſont trois titres d'indulgence pour toutes les folies...

Figaro. — Joignez-vous à moi, mes amis !

Tous ensemble. — Monſeigneur ! monſeigneur !

Suzanne, *au comte*. — Pourquoi fuir un éloge que vous méritez ſi bien ?

Le Comte, *à part*. — La perfide !

Figaro. — Regardez-la donc, monſeigneur. Jamais plus jolie fiancée ne montrera mieux la grandeur de votre ſacrifice.

Suzanne. — Laiſſez là ma figure, et ne vantons que ſa vertu.

Le Comte, *à part.* — C'est un jeu que tout ceci.

La Comtesse. — Je me joins à eux, monsieur le comte; et cette cérémonie me sera toujours chère, puisqu'elle doit son motif à l'amour charmant que vous aviez pour moi.

Le Comte. — Que j'ai toujours, madame; et c'est à ce titre que je me rends.

Tous ensemble. — *Vivat!*

Le Comte, *à part.* — Je suis pris. *(Haut.)* Pour que la cérémonie eût un peu plus d'éclat, je voudrais seulement qu'on la remît à tantôt. *(A part.)* Faisons vite chercher Marceline.

Figaro, *à Chérubin.* — Eh bien, espiègle, vous n'applaudissez pas?

Suzanne. — Il est au désespoir; monseigneur le renvoie.

La Comtesse. — Ah! monsieur, je demande sa grâce.

Le Comte. — Il ne la mérite point.

La Comtesse. — Hélas! il est si jeune!

Le Comte. — Pas tant que vous le croyez.

Chérubin, *tremblant.* — Pardonner généreusement n'est pas le droit du seigneur auquel vous avez renoncé en épousant madame.

La Comtesse. — Il n'a renoncé qu'à celui qui vous affligeait tous.

Suzanne. — Si monseigneur avait cédé le droit de pardonner, ce serait sûrement le premier qu'il voudrait racheter en secret.

Le Comte, *embarrassé.* — Sans doute.

La Comtesse. — Et pourquoi le racheter?

Chérubin, *au comte.* — Je fus léger dans ma conduite, il est vrai, monseigneur; mais jamais la moindre indiscrétion dans mes paroles...

Le Comte, *embarraſſé*. — Eh bien, c'eſt aſſez !

Figaro. — Qu'entend-il ?

Le Comte, *vivement*. — C'eſt aſſez, c'eſt aſſez. Tout le monde exige ſon pardon, je l'accorde ; et j'irai plus loin : je lui donne une compagnie dans ma légion.

Tous ensemble. — *Vivat !*

Le Comte. — Mais c'eſt à condition qu'il partira ſur-le-champ pour joindre en Catalogne.

Figaro. — Ah ! monſeigneur, demain.

Le Comte *inſiſte*. — Je le veux.

Chérubin. — J'obéis.

Le Comte. — Saluez votre marraine, et demandez ſa protection. *(Chérubin met un genou en terre devant la comteſſe, et ne peut parler.)*

La Comtesse, *émue*. — Puiſqu'on ne peut vous garder ſeulement aujourd'hui, partez, jeune homme. Un nouvel état vous appelle ; allez le remplir dignement. Honorez votre bienfaiteur. Souvenez-vous de cette maiſon, où votre jeuneſſe a trouvé tant d'indulgence. Soyez ſoumis, honnête et brave ; nous prendrons part à vos ſuccès. *(Chérubin ſe relève, et retourne à ſa place.)*

Le Comte. — Vous êtes bien émue, madame !

La Comtesse. — Je ne m'en défends pas. Qui ſait le ſort d'un enfant jeté dans une carrière auſſi dangereuſe ! Il eſt allié de mes parents ; et, de plus, il eſt mon filleul.

Le Comte, *à part*. — Je vois que Bazile avait raiſon. *(Haut.)* Jeune homme, embraſſez Suzanne.... **pour la dernière fois.**

Figaro. — Pourquoi cela, monſeigneur ? **Il viendra** paſſer ſes hivers. Baiſe-moi donc auſſi, capitaine ! *(Il l'embraſſe.)* Adieu, mon petit Chérubin. Tu vas mener un train de vie bien différent, mon enfant : dame ! tu ne rôderas plus tout le jour au quartier des femmes ;

plus d'échaudés, de goûtés à la crème ; plus de main-chaude ou de colin-maillard. De bons foldats, morbleu ! bafanés, mal vêtus ; un grand fufil bien lourd : tourne à droite, tourne à gauche, en avant, marche à la gloire ; et ne va pas broncher en chemin, à moins qu'un bon coup de feu...

Suzanne. — Fi donc, l'horreur !

La Comtesse. — Quel pronoftic !

Le Comte. — Où donc eft Marceline ? Il eft bien fingulier qu'elle ne foit pas des vôtres !

Fanchette. — Monfeigneur, elle a pris le chemin du bourg, par le petit fentier de la ferme.

Le Comte. — Et elle en reviendra...?

Bazile. — Quand il plaira à Dieu.

Figaro. — S'il lui plaifait qu'il ne lui plût jamais...

Fanchette. — Monfieur le docteur lui donnait le bras.

Le Comte, *vivement*. — Le docteur eft ici ?

Bazile. — Elle s'en eft d'abord emparée...

Le Comte, *à part*. — Il ne pouvait venir plus à propos.

Fanchette. — Elle avait l'air bien échauffé ; elle parlait tout haut en marchant, puis elle s'arrêtait, et faifait comme ça de grands bras... et monfieur le docteur lui faifait comme ça de la main, en l'apaifant : elle paraiffait fi courroucée ! elle nommait mon coufin Figaro.

Le Comte *lui prend le menton*. — Coufin... futur.

Fanchette, *montrant Chérubin*. — Monfeigneur, nous avez-vous pardonné d'hier?...

Le Comte *interrompt*. — Bonjour, bonjour, petite.

Figaro. — C'eft fon chien d'amour qui la berce ; elle aurait troublé notre fête.

Le Comte, *à part*. — Elle la troublera, je t'en réponds. (*Haut.*) Allons, madame, entrons. Bazile, vous pafferez chez moi.

SUZANNE, *à Figaro*. — Tu me rejoindras, mon fils?
FIGARO, *bas à Suzanne*. — Eſt-il bien enfilé?
SUZANNE, *bas*. — Charmant garçon! *(Ils ſortent tous.)*

SCÈNE XI.

CHÉRUBIN, FIGARO, BAZILE.

Pendant qu'on ſort, Figaro les arrête tous deux et les ramène.

FIGARO. — Ah çà, vous autres, la cérémonie adoptée, ma fête de ce ſoir en eſt la ſuite; il faut bravement nous recorder : ne faiſons point comme ces acteurs qui ne jouent jamais ſi mal que le jour où la critique eſt le plus éveillée. Nous n'avons point de lendemain qui nous excuſe, nous. Sachons bien nos rôles aujourd'hui.

BAZILE, *malignement*. — Le mien eſt plus difficile que tu ne crois.

FIGARO, *faiſant, ſans qu'il le voie, le geſte de le roſſer*. — Tu es loin auſſi de ſavoir tout le ſuccès qu'il te vaudra.

CHÉRUBIN. — Mon ami, tu oublies que je pars.

FIGARO. — Et toi, tu voudrais bien reſter!

CHÉRUBIN. — Ah! ſi je le voudrais!

FIGARO. — Il faut ruſer. Point de murmure à ton départ. Le manteau de voyage à l'épaule; arrange ouvertement ta trouſſe, et qu'on voie ton cheval à la grille; un temps de galop juſqu'à la ferme; reviens à pied par les derrières. Monſeigneur te croira parti; tiens-toi ſeulement hors de ſa vue; je me charge de l'apaiſer après la fête.

CHÉRUBIN. — Mais Fanchette qui ne ſait pas ſon rôle!

BAZILE — Que diable lui apprenez-vous donc, depuis huit jours que vous ne la quittez pas?

Figaro. — Tu n'as rien à faire aujourd'hui : donne-lui, par grâce, une leçon.

Bazile. — Prenez garde, jeune homme, prenez garde ! le père n'eſt pas ſatisfait ; la fille a été souffletée ; elle n'étudie pas avec vous. Chérubin ! Chérubin ! vous lui cauſerez des chagrins ! *Tant va la cruche à l'eau...!*

Figaro. — Ah ! voilà notre imbécile avec ſes vieux proverbes ! Hé bien ! pédant, que dit la ſageſſe des nations ? *Tant va la cruche à l'eau, qu'à la fin...*

Bazile. — Elle s'emplit.

Figaro, *en s'en allant*. — Pas ſi bête, pourtant, pas ſi bête !

ACTE II

Le théâtre repréfente une chambre à coucher fuperbe, un grand lit en alcôve, une eftrade au-devant. La porte pour entrer s'ouvre et fe ferme à la troifième couliffe à droite; celle d'un cabinet, à la première couliffe à gauche. Une porte dans le fond va chez les femmes. Une fenêtre s'ouvre de l'autre côté.

SCÈNE PREMIÈRE.

SUZANNE, LA COMTESSE *entrent par la porte à droite.*

La Comtesse *fe jette dans une bergère.* — Ferme la porte, et conte-moi tout dans le plus grand détail.

Suzanne. — Je n'ai rien caché à madame.

La Comtesse. — Quoi, Suzon, il voulait te féduire?

Suzanne. — Oh! que non! monfeigneur n'y met pas tant de façon avec fa fervante : il voulait m'acheter.

La Comtesse. — Et le petit page était préfent?

Suzanne. — C'eft-à-dire caché derrière le grand fauteuil. Il venait me prier de vous demander fa grâce.

La Comtesse. — Eh! pourquoi ne pas s'adreffer à moi-même? Eft-ce que je l'aurais refufé, Suzon?

Suzanne. — C'eft ce que j'ai dit : mais fes regrets de

partir, et surtout de quitter madame! *Ah! Suzon, qu'elle est noble et belle! mais qu'elle est imposante!*

La Comtesse. — Est-ce que j'ai cet air-là, Suzon? Moi qui l'ai toujours protégé.

Suzanne. — Puis il a vu votre ruban de nuit que je tenais : il s'est jeté dessus...

La Comtesse, *souriant*. — Mon ruban ?... Quelle enfance !

Suzanne. — J'ai voulu le lui ôter; madame, c'était un lion; ses yeux brillaient... Tu ne l'auras qu'avec ma vie, disait-il en forçant sa petite voix douce et grêle.

La Comtesse, *rêvant*. — Eh bien, Suzon ?

Suzanne. — Eh bien, madame, est-ce qu'on peut faire finir ce petit démon-là? Ma marraine par-ci; je voudrais bien par l'autre; et parce qu'il n'oserait seulement baiser la robe de madame, il voudrait toujours m'embrasser, moi.

La Comtesse, *rêvant*. — Laissons... laissons ces folies... Enfin, ma pauvre Suzanne, mon époux a fini par te dire... ?

Suzanne. — Que si je ne voulais pas l'entendre, il allait protéger Marceline.

La Comtesse *se lève et se promène en se servant fortement de l'éventail*. — Il ne m'aime plus du tout.

Suzanne. — Pourquoi tant de jalousie?

La Comtesse. — Comme tous les maris, ma chère! uniquement par orgueil. Ah! je l'ai trop aimé! je l'ai lassé de mes tendresses et fatigué de mon amour; voilà mon seul tort avec lui. Mais je n'entends pas que cet honnête aveu te nuise, et tu épouseras Figaro. Lui seul peut nous y aider : viendra-t-il?

Suzanne. — Dès qu'il verra partir la chasse.

La Comtesse, *se servant de l'éventail*. — Ouvre un peu la croisée sur le jardin. Il fait une chaleur ici !...

Suzanne. — C'eſt que madame parle et marche avec action. *(Elle va ouvrir la croiſée du fond.)*

La Comtesse, *rêvant longtemps*. — Sans cette conſtance à me fuir... Les hommes ſont bien coupables !

Suzanne *crie de la fenêtre*. — Ah ! voilà monſeigneur qui traverſe à cheval le grand potager, ſuivi de Pédrille, avec deux, trois, quatre lévriers.

La Comtesse. — Nous avons du temps devant nous. *(Elle s'aſſied.)* On frappe, Suzon !

Suzanne *court ouvrir en chantant*. — Ah ! c'eſt mon Figaro ! ah ! c'eſt mon Figaro !

SCÈNE II.

FIGARO, SUZANNE, LA COMTESSE *aſſiſe*.

Suzanne. — Mon cher ami, viens donc. Madame eſt dans une impatience !...

Figaro. — Et toi, ma petite Suzanne ? — Madame n'en doit prendre aucune. Au fait, de quoi s'agit-il ? d'une miſère. Monſieur le comte trouve notre jeune femme aimable, il voudrait en faire ſa maîtreſſe ; et c'eſt bien naturel.

Suzanne. — Naturel ?

Figaro. — Puis il m'a nommé courrier de dépêches, et Suzon conſeiller d'ambaſſade. Il n'y a pas là d'étourderie.

Suzanne. — Tu finiras ?

Figaro. — Et parce que Suzanne, ma fiancée, n'accepte pas le diplôme, il va favoriſer les vues de Marceline. Quoi de plus ſimple encore ? Se venger de ceux qui nuiſent à nos projets en renverſant les leurs, c'eſt ce que chacun fait, ce que nous allons faire nous-mêmes. Eh bien, voilà tout pourtant.

La Comtesse. — Pouvez-vous, Figaro, traiter si légèrement un deffein qui nous coûte à tous le bonheur?

Figaro. — Qui dit cela, madame?

Suzanne. — Au lieu de t'affliger de nos chagrins...

Figaro. — N'eft-ce pas affez que je m'en occupe? Or, pour agir auffi méthodiquement que lui, tempérons d'abord fon ardeur de nos poffeffions, en l'inquiétant fur les fiennes.

La Comtesse. — C'eft bien dit; mais comment?

Figaro. — C'eft déjà fait, madame; un faux avis donné fur vous...

La Comtesse. — Sur moi! La tête vous tourne!

Figaro. — Oh! c'eft à lui qu'elle doit tourner.

La Comtesse. — Un homme auffi jaloux!...

Figaro. — Tant mieux: pour tirer parti des gens de ce caractère, il ne faut qu'un peu leur fouetter le fang; c'eft ce que les femmes entendent fi bien! Puis, les tient-on fâchés tout rouge, avec un brin d'intrigue on les mène où l'on veut, par le nez, dans le Guadalquivir. Je vous ai fait rendre à Bazile un billet inconnu, lequel avertit monfeigneur qu'un galant doit chercher à vous voir aujourd'hui pendant le bal.

La Comtesse. — Et vous vous jouez ainfi de la vérité fur le compte d'une femme d'honneur!...

Figaro. — Il y en a peu, madame, avec qui je l'euffe ofé, crainte de rencontrer jufte.

La Comtesse. — Il faudra que je l'en remercie!

Figaro. — Mais dites-moi s'il n'eft pas charmant de lui avoir taillé fes morceaux de la journée, de façon qu'il paffe à rôder, à jurer après fa dame, le temps qu'il deftinait à fe complaire avec la nôtre? Il eft déjà tout dérouté : galopera-t-il celle-ci ? furveillera-t-il celle-là ? Dans fon trouble d'efprit, tenez, tenez, le voilà qui court la plaine, et force un lièvre qui n'en peut mais. L'heure du mariage arrive en pofte ; il n'aura pas pris de parti contre, et jamais il n'ofera s'y oppofer devant madame.

Suzanne. — Non ; mais Marceline, le bel efprit, ofera le faire, elle.

Figaro — Brrrr ! Cela m'inquiète bien, ma foi ! Tu feras dire à monfeigneur que tu te rendras fur la brune au jardin.

Suzanne. — Tu comptes fur celui-là ?

Figaro. — Oh dame ! écoutez donc, les gens qui ne veulent rien faire de rien n'avancent à rien et ne font bons à rien. Voilà mon mot.

Suzanne. — Il eft joli !

La Comtesse. — Comme fon idée. Vous confentiriez qu'elle s'y rendît ?

Figaro. — Point du tout. Je fais endoffer un habit de Suzanne à quelqu'un : furpris par nous au rendez-vous, le comte pourra-t-il s'en dédire ?

Suzanne. — A qui mes habits ?

Figaro. — Chérubin.

La Comtesse. — Il eft parti.

Figaro. — Non pas pour moi. Veut-on me laiffer faire ?

Suzanne. — On peut s'en fier à lui pour mener une intrigue.

Figaro. — Deux, trois, quatre à la fois, bien embrouillées, qui fe croifent. J'étais né pour être courtifan.

Suzanne. — On dit que c'eft un métier fi difficile !

Figaro. — Recevoir, prendre et demander, voilà le fecret en trois mots.

La Comtesse. — Il a tant d'affurance qu'il finit par m'en infpirer.

Figaro. — C'eſt mon deſſein.

Suzanne. — Tu diſais donc?

Figaro. — Que, pendant l'abſence de monſeigneur, je vais vous envoyer le Chérubin : coiffez-le, habillez-le; je le renferme et l'endoctrine; et puis danſez, monſeigneur. *(Il ſort.)*

SCÈNE III.

SUZANNE, LA COMTESSE, *aſſiſe*.

La Comtesse, *tenant ſa boîte à mouches*. — Mon Dieu, Suzon, comme je ſuis faite!... ce jeune homme qui va venir!...

Suzanne. — Madame ne veut donc pas qu'il en réchappe?

La Comtesse *rêve devant ſa petite glace*. — Moi?... tu verras comme je vais le gronder.

Suzanne. — Faiſons-lui chanter ſa romance. *(Elle la met ſur la comteſſe.)*

La Comtesse. — Mais c'eſt qu'en vérité mes cheveux ſont dans un déſordre...

Suzanne, *riant*. — Je n'ai qu'à reprendre ces deux boucles, madame le grondera bien mieux.

La Comtesse, *revenant à elle*. — Qu'eſt-ce que vous dites donc, mademoiſelle?

SCÈNE IV.

CHÉRUBIN, *l'air honteux*, SUZANNE, LA COMTESSE, *aſſiſe*.

Suzanne. — Entrez, monſieur l'officier; on eſt viſible.

Chérubin *avance en tremblant*. — Ah! que ce nom

m'afflige, madame! il m'apprend qu'il faut quitter des lieux... une marraine fi... bonne!...

Suzanne. — Et fi belle!

Chérubin, *avec un foupir*. — Ah! oui.

Suzanne *le contrefait*. — *Ah! oui*. Le bon jeune homme! avec fes longues paupières hypocrites. Allons, bel oifeau bleu, chantez la romance à madame.

La Comtesse *la déplie*. — De qui... dit-on qu'elle eft?

Suzanne. — Voyez la rougeur du coupable : en a-t-il un pied fur les joues?

Chérubin. — Eft-ce qu'il eft défendu... de chérir?...

Suzanne *lui met le poing fous le nez*. — Je dirai tout, vaurien!

La Comtesse. — La... chante-t-il?

Chérubin. — Oh! madame, je fuis fi tremblant!...

Suzanne, *en riant*. — Et gnian, gnian, gnian, gnian,

gnian, gnian, gnian; dès que madame le veut, modeste auteur! Je vais l'accompagner.

La Comtesse. —Prends ma guitare. *(La comtesse, assise, tient le papier pour suivre. Suzanne est derrière son fauteuil, et prélude en regardant la musique par-dessus sa maîtresse. Le petit page est devant elle, les yeux baissés. Ce tableau est juste la belle estampe d'après Vanloo, appelée la « Conversation espagnole »* *.

ROMANCE.

Air : *Malbroug s'en va-t-en guerre.*

PREMIER COUPLET.

Mon coursier hors d'haleine,
(Que mon cœur, mon cœur a de peine!)
J'errais de plaine en plaine,
Au gré du destrier.

DEUXIÈME COUPLET.

Au gré du destrier,
Sans varlet, n'écuyer,
Là près d'une fontaine (1),
(Que mon cœur, mon cœur a de peine!)
Songeant à ma marraine,
Sentais mes pleurs couler.

TROISIÈME COUPLET.

Sentais mes pleurs couler,
Prêt à me désoler.
Je gravais sur un frêne,
(Que mon cœur, mon cœur a de peine!)
Sa lettre sans la mienne.
Le roi vint à passer.

---

* Chérubin, la Comtesse, Suzanne.

QUATRIÈME COUPLET.

Le roi vint à paſſer,
Ses barons, ſon clergier.
Beau page, dit la reine,
(Que mon cœur, mon cœur a de peine !)
Qui vous met à la gêne?
Qui vous fait tant plorer?

CINQUIÈME COUPLET.

Qui vous fait tant plorer?
Nous faut le déclarer.
Madame et ſouveraine,
(Que mon cœur, mon cœur a de peine !)
J'avais une marraine,
Que toujours adorai (2).

SIXIÈME COUPLET.

Que toujours adorai :
Je ſens que j'en mourrai.
Beau page, dit la reine,
(Que mon cœur, mon cœur a de peine !)
N'eſt-il qu'une marraine?
Je vous en ſervirai.

SEPTIÈME COUPLET.

Je vous en ſervirai;
Mon page vous ferai;
Puis à ma jeune Hélène,
(Que mon cœur, mon cœur a de peine !)
Fille d'un capitaine,
Un jour vous marîrai.

HUITIÈME COUPLET.

Un jour vous marîrai.
Nenni, n'en faut parler!
Je veux, traînant ma chaîne,
(Que mon cœur, mon cœur a de peine !)
Mourir de cette peine,
Mais non m'en conſoler.

MARIAGE DE FIGARO
Acte II Scène IV.

La Comtesse. — Il y a de la naïveté... du fentiment même.

Suzanne *va pofer la guitare fur un fauteuil**. — Oh! pour du fentiment, c'eft un jeune homme qui... Ah çà, monfieur l'officier, vous a-t-on dit que, pour égayer la foirée, nous voulons favoir d'avance fi un de mes habits vous ira paffablement?

La Comtesse. — J'ai peur que non.

Suzanne *se mefure avec lui.* — Il eft de ma grandeur. Otons d'abord le manteau.   *(Elle le détache.)*

La Comtesse. — Et fi quelqu'un entrait?

Suzanne. — Eft-ce que nous faifons du mal donc? Je vais fermer la porte *(Elle court).* Mais c'eft la coiffure que je veux voir.

La Comtesse. — Sur ma toilette, une baigneufe à moi. *(Suzanne entre dans le cabinet dont la porte eft au bord du théâtre.)*

SCÈNE V.

CHÉRUBIN, LA COMTESSE, *affife.*

La Comtesse. — Jufqu'à l'inftant du bal, le comte ignorera que vous foyez au château. Nous lui dirons après que le temps d'expédier votre brevet nous a fait naître l'idée...

Chérubin, *le lui montrant.* — Hélas, madame, le voici! Bazile me l'a remis de fa part.

La Comtesse. — Déjà? L'on a craint d'y perdre une minute. *(Elle lit.)* Ils fe font tant preffés, qu'ils ont oublié d'y mettre fon cachet.   *(Elle le lui rend.)*

---

* Chérubin, Suzanne, la Comteffe.

SCÈNE VI.

CHÉRUBIN, LA COMTESSE, SUZANNE.

Suzanne *entre avec un grand bonnet.* — Le cachet, à quoi?

La Comtesse. — A fon brevet.

Suzanne. — Déjà?

La Comtesse — C'eft ce que je difais. Eft-ce là ma baigneufe?

Suzanne *s'affied près de la comteffe* *. — Et la plus belle de toutes. *(Elle chante avec des épingles dans la bouche.)*

> Tournez-vous donc envers ici,
> Jean de Lyra, mon bel ami.

(Chérubin fe met à genoux. Elle le coiffe.)

Madame, il eft charmant!

La Comtesse. — Arrange fon collet d'un air un peu plus féminin.

Suzanne *l'arrange.* — Là... Mais voyez donc ce morveux, comme il eft joli en fille! j'en fuis jaloufe, moi! *(Elle lui prend le menton.)* Voulez-vous bien n'être pas joli comme ça?

La Comtesse. — Qu'elle eft folle! Il faut relever la manche, afin que l'amadis prenne mieux... *(Elle le retrouffe.)* Qu'eft-ce qu'il a donc au bras? Un ruban?

Suzanne. — Et un ruban à vous. Je fuis bien aife que

---

* Chérubin, Suzanne, la Comteffe.

madame l'ait vu. Je lui avais dit que je le dirais, déjà. Oh! si monseigneur n'était pas venu, j'aurais bien repris le ruban; car je suis presque aussi forte que lui.

La Comtesse. — Il y a du sang. *(Elle détache le ruban.)*

Chérubin, *honteux.* — Ce matin, comptant partir, j'arrangeais la gourmette de mon cheval; il a donné de la tête, et la bossette m'a effleuré le bras.

La Comtesse. — On n'a jamais mis un ruban...

Suzanne. — Et surtout un ruban volé — Voyons donc ce que la bossette... la courbette... la cornette du cheval... Je n'entends rien à tous ces noms-là. — Ah! qu'il a le bras blanc! c'est comme une femme! plus blanc que le mien! Regardez donc, madame! *(Elle les compare.)*

La Comtesse, *d'un ton glacé.* — Occupez-vous plutôt de m'avoir du taffetas gommé dans ma toilette. *(Suzanne lui pousse la tête en riant; il tombe sur les deux mains. Elle entre dans le cabinet au bord du théâtre.)*

SCÈNE VII.

Chérubin *à genoux,* La Comtesse *assise.*

La Comtesse *reste un moment sans parler, les yeux sur son ruban. Chérubin la dévore de ses regards.* — Pour mon ruban, monsieur... comme c'est celui dont la couleur m'agrée le plus..., j'étais fort en colère de l'avoir perdu.

SCÈNE VIII.

Chérubin *à genoux,* La Comtesse *assise,* Suzanne.

Suzanne, *revenant.* — Et la ligature à son bras? *(Elle remet à la comtesse du taffetas gommé et des ciseaux.)*

La Comtesse. — En allant lui chercher tes hardes, prends le ruban d'un autre bonnet. *(Suzanne fort par la porte du fond, en emportant le manteau du page.)*

SCÈNE IX.

CHÉRUBIN *à genoux*, LA COMTESSE *affife*.

Chérubin, *les yeux baiffés*. — Celui qui m'eft ôté m'aurait guéri en moins de rien.

La Comtesse. — Par quelle vertu? *(Lui montrant le taffetas.)* Ceci vaut mieux.

Chérubin, *héfitant*. — Quand un ruban... a ferré la tête... ou touché la peau d'une perfonne...

La Comtesse, *coupant la phrafe*. — ... Étrangère! il devient bon pour les bleffures? J'ignorais cette propriété. Pour l'éprouver, je garde celui-ci qui vous a ferré le bras. A la première égratignure... de mes femmes, j'en ferai l'effai.

Chérubin, *pénétré*. — Vous le gardez, et moi je pars!

La Comtesse. — Non pour toujours.

Chérubin. — Je fuis fi malheureux!

La Comtesse, *émue*. — Il pleure, à préfent! C'eft ce vilain Figaro avec fon pronoftic!

Chérubin, *exalté*. — Ah! je voudrais toucher au terme qu'il m'a prédit! Sûr de mourir à l'inftant, peut-être ma bouche oferait...

La Comtesse *l'interrompt, et lui effuie les yeux avec fon mouchoir*. — Taifez-vous, taifez-vous, enfant. Il n'y a pas un brin de raifon dans tout ce que vous dites. *(On frappe à la porte, elle élève la voix.)* Qui frappe ainfi chez moi?

SCÈNE X.

CHÉRUBIN, LA COMTESSE, LE COMTE *en dehors.*

Le Comte, *en dehors.* — Pourquoi donc enfermée ?
La Comtesse, *troublée, se lève.* — C'eſt mon époux ! grands dieux !... *(A Chérubin, qui s'eſt levé auſſi.)* Vous, ſans manteau, le col et les bras nus ! ſeul avec moi ! cet air de déſordre, un billet reçu, ſa jalouſie !...
Le Comte, *en dehors.* — Vous n'ouvrez pas ?
La Comtesse. — C'eſt que... je ſuis ſeule.
Le Comte, *en dehors.* — Seule ! Avec qui parlez-vous donc ?
La Comtesse, *cherchant.* — ... Avec vous, ſans doute.
Chérubin, *à part.* — Après les ſcènes d'hier et de ce matin, il me tuerait ſur la place ! *(Il court vers le cabinet de toilette, y entre, et tire la porte ſur lui.)*

SCÈNE XI.

La Comtesse, *ſeule, en ôte la clef, et court ouvrir au comte.* — Ah quelle faute ! quelle faute !

SCÈNE XII.

LE COMTE, LA COMTESSE.

Le Comte, *d'un ton un peu ſévère.* — Vous n'êtes pas dans l'uſage de vous enfermer !
La Comtesse, *troublée.* — Je... je chiffonnais... oui, chiffonnais avec Suzanne ; elle eſt paſſée un moment elle.

Le Comte *l'examine.* — Vous avez l'air et le ton bien altérés !

La Comtesse. — Cela n'eſt pas étonnant... pas étonnant du tout... je vous aſſure... nous parlions de vous... Elle eſt paſſée, comme je vous dis...

Le Comte. — Vous parliez de moi !... Je ſuis ramené par l'inquiétude ; en montant à cheval, un billet qu'on m'a remis, mais auquel je n'ajoute aucune foi, m'a... pourtant agité.

La Comtesse. — Comment, monſieur ?... quel billet ?

Le Comte. — Il faut avouer, madame, que vous ou moi ſommes entourés d'êtres... bien méchants ! On me donne avis que, dans la journée, quelqu'un que je crois abſent doit chercher à vous entretenir.

La Comtesse. — Quel que ſoit cet audacieux, il faudra qu'il pénètre ici ; car mon projet eſt de ne pas quitter ma chambre de tout le jour.

Le Comte. — Ce ſoir, pour la noce de Suzanne ?

La Comtesse. — Pour rien au monde ; je ſuis très incommodée.

Le Comte. — Heureuſement, le docteur eſt ici. *(Le page fait tomber une chaiſe dans le cabinet.)* Quel bruit entends-je ?

La Comtesse, *plus troublée.* — Du bruit ?

Le Comte. — On a fait tomber un meuble.

La Comtesse. — Je... je n'ai rien entendu, pour moi.

Le Comte. — Il faut que vous ſoyez furieuſement préoccupée !

La Comtesse. — Préoccupée ! de quoi ?

Le Comte. — Il y a quelqu'un dans ce cabinet, madame.

La Comtesse. — Hé... qui voulez-vous qu'il y ait, monſieur ?

Le Comte. — C'eſt moi qui vous le demande ; j'arrive.

La Comtesse. — Hé mais... Suzanne apparemment qui range.

Le Comte. — Vous avez dit qu'elle était paſſée chez elle !

La Comtesse. — Paſſée... ou entrée là ; je ne ſais lequel.

Le Comte. — Si c'eſt Suzanne, d'où vient le trouble où je vous vois ?

La Comtesse. — Du trouble pour ma camériſte ?

Le Comte. — Pour votre camériſte, je ne ſais ; mais pour du trouble, aſſurément.

La Comtesse. — Aſſurément, monſieur, cette fille vous trouble et vous occupe beaucoup plus que moi.

Le Comte, *en colère*. — Elle m'occupe à tel point, que je veux la voir à l'inſtant.

La Comtesse. — Je crois, en effet, que vous le voulez ſouvent ; mais voilà bien les ſoupçons les moins fondés...

SCÈNE XIII.

LE COMTE, LA COMTESSE, SUZANNE *entre avec des hardes et pouſſe la porte du fond.*

Le Comte. — Ils en feront plus aiſés à détruire. *(Il crie, en regardant du côté du cabinet.)* Sortez, Suzon ; je vous l'ordonne. *(Suzanne s'arrête auprès de l'alcôve, dans le fond.)*

La Comtesse. — Elle eſt preſque nue, monſieur ; vient-on troubler ainſi des femmes dans leur retraite ? Elle eſſayait des hardes que je lui donne en la mariant ; elle s'eſt enfuie quand elle vous a entendu.

Le Comte. — Si elle craint tant de ſe montrer, au

moins elle peut parler *(Il se tourne vers la porte du cabinet.)* Répondez-moi, Suzanne; êtes-vous dans ce cabinet? *(Suzanne, restée au fond, se jette dans l'alcôve, et s'y cache.)*

La Comtesse, *vivement, tournée vers le cabinet.* — Suzon, je vous défends de répondre. *(Au comte.)* On n'a jamais poussé si loin la tyrannie!

Le Comte *s'avance vers le cabinet.* — Oh! bien, puisqu'elle ne parle pas, vêtue ou non, je la verrai.

La Comtesse *se met au-devant.* — Partout ailleurs, je ne puis l'empêcher; mais j'espère aussi que chez moi...

Le Comte. — Et moi, j'espère savoir dans un moment quelle est cette Suzanne mystérieuse. Vous demander la clef serait, je le vois, inutile; mais il est un moyen sûr de jeter en dedans cette légère porte. Holà, quelqu'un!

La Comtesse. — Attirer vos gens, et faire un scandale public d'un soupçon qui nous rendrait la fable du château!

Le Comte. — Fort bien, madame. En effet, j'y suffirai; je vais, à l'instant, prendre chez moi ce qu'il faut... *(Il marche pour sortir, et revient.)* Mais, pour que tout reste au même état, voudrez-vous bien m'accompagner sans scandale et sans bruit, puisqu'il vous déplaît tant?... Une chose aussi simple, apparemment, ne me sera pas refusée!

La Comtesse, *troublée.* — Eh! monsieur, qui songe à vous contrarier?

Le Comte. — Ah! j'oubliais la porte qui va chez vos femmes; il faut que je la ferme aussi, pour que vous soyez pleinement justifiée. *(Il va fermer la porte du fond et en ôte la clef.)*

La Comtesse, *à part.* — O ciel! étourderie funeste!

Le Comte, *revenant à elle.* — Maintenant que cette

chambre eft clofe, acceptez mon bras, je vous prie; *(il élève la voix)* et quant à la Suzanne du cabinet, il faudra qu'elle ait la bonté de m'attendre; et le moindre mal qui puiffe lui arriver à mon retour...

La Comtesse. — En vérité, monfieur, voilà bien la plus odieufe aventure... *(Le comte l'emmène et ferme la porte à la clef.)*

SCÈNE XIV.

SUZANNE, CHÉRUBIN.

Suzanne *fort de l'alcôve, accourt vers le cabinet et parle à travers la ferrure.* — Ouvrez, Chérubin, ouvrez vite, c'eft Suzanne; ouvrez et fortez.

Chérubin *fort*[*]. — Ah! Suzon, quelle horrible fcène.

Suzanne. — Sortez, vous n'avez pas une minute.

Chérubin, *effrayé*. — Et par où fortir?

Suzanne. — Je n'en fais rien, mais fortez.

Chérubin. — S'il n'y a pas d'iffue?

Suzanne. — Après la rencontre de tantôt, il vous écraferait, et nous ferions perdues. — Courez conter à Figaro...

Chérubin. — La fenêtre du jardin n'eft peut-être pas bien haute. *(Il court y regarder.)*

Suzanne, *avec effroi*. — Un grand étage! impoffible! Ah! ma pauvre maîtreffe! Et mon mariage, ô ciel!

Chérubin *revient*. — Elle donne fur la melonnière; quitte à gâter une couche ou deux.

Suzanne *le retient et s'écrie :* — Il va fe tuer.

Chérubin, *exalté*. — Dans un gouffre allumé, Suzon!

---

[*] Chérubin, Suzanne.

oui, je m'y jetterais plutôt que de lui nuire... Et ce baiſer va me porter bonheur. *(Il l'embraſſe et court ſauter par la fenêtre.)*

SCÈNE XV.

Suzanne, *ſeule, un cri de frayeur.* — Ah !... *(Elle tombe aſſiſe un moment. Elle va péniblement regarder à la fenêtre et revient.)* Il eſt déjà bien loin. Oh ! le petit garnement ! auſſi leſte que joli ! Si celui-là manque de femmes... Prenons ſa place au plus tôt. *(En entrant dans le cabinet.)* Vous pouvez, à préſent, monſieur le comte, rompre la cloiſon, ſi cela vous amuſe; au diantre qui répond un mot! *(Elle s'y enferme.)*

SCÈNE XVI.

LE COMTE, LA COMTESSE *rentrent dans la chambre.*

Le Comte, *une pince à la main, qu'il jette ſur le fauteuil.* — Tout eſt bien comme je l'ai laiſſé. Madame, en m'expoſant à briſer cette porte, réfléchiſſez aux ſuites : encore une fois, voulez-vous l'ouvrir?

La Comtesse. — Eh! monſieur, quelle horrible humeur peut altérer ainſi les égards entre deux époux? Si l'amour vous dominait au point de vous inſpirer ces fureurs, malgré leur déraiſon, je les excuſerais; j'oublierais peut-être, en faveur du motif, ce qu'elles ont d'offenſant pour moi. Mais la ſeule vanité peut-elle jeter dans cet excès un galant homme?

Le Comte. — Amour ou vanité, vous ouvrirez la porte; ou je vais à l'inſtant...

La Comtesse, *au-devant.* — Arrêtez, monſieur, je vous prie! Me croyez-vous capable de manquer à ce que je me dois?

Le Comte. — Tout ce qu'il vous plaira, madame; mais je verrai qui eſt dans ce cabinet.

La Comtesse, *effrayée.* — Hé bien, monſieur, vous le verrez. Ecoutez-moi... tranquillement.

Le Comte. — Ce n'eſt donc pas Suzanne?

La Comtesse, *timidement.* — Au moins, n'eſt-ce pas non plus une perſonne... dont vous deviez rien redouter... Nous diſpoſions une plaiſanterie... bien innocente, en vérité, pour ce ſoir...; et je vous jure...

Le Comte. — Et vous me jurez?...

La Comtesse. — Que nous n'avions pas plus de deffein de vous offenfer l'un que l'autre.

Le Comte, *vite*. — L'un que l'autre? C'eft un homme?

La Comtesse. — Un enfant, monfieur.

Le Comte. — Hé, qui donc?

La Comtesse. — A peine ofé-je le nommer!

Le Comte, *furieux*. — Je le tuerai.

La Comtesse. — Grands dieux!

Le Comte. — Parlez donc!

La Comtesse. — Ce jeune... Chérubin...

Le Comte. — Chérubin! l'infolent! Voilà mes foupçons et le billet expliqués.

La Comtesse, *joignant les mains*. — Ah! monfieur! gardez de penfer...

Le Comte, *frappant du pied*. — *(A part.)* Je trouverai partout ce maudit page! *(Haut.)* Allons, madame, ouvrez; je fais tout, maintenant. Vous n'auriez pas été fi émue, en le congédiant ce matin; il ferait parti quand je l'ai ordonné; vous n'auriez pas mis tant de fauffeté dans votre conte de Suzanne; il ne fe ferait pas fi foigneufement caché, s'il n'y avait rien de criminel.

La Comtesse. — Il a craint de vous irriter en fe montrant.

Le Comte, *hors de lui, et criant, tourné vers le cabinet*. — Sors donc, petit malheureux!

La Comtesse *le prend à bras-le-corps, en l'éloignant*. — Ah! monfieur, monfieur, votre colère me fait trembler pour lui. N'en croyez pas un injufte foupçon, de grâce! et que le défordre où vous l'allez trouver...

Le Comte. — Du défordre!

La Comtesse. — Hélas oui! Prêt à s'habiller en femme,

coiffure à moi fur la tête, en vefte et fans manteau, le col ouvert, les bras nus : il allait effayer...

Le Comte. — Et vous vouliez garder votre chambre ! Indigne époufe ! ah ! vous la garderez... longtemps ; mais il faut avant que j'en chaffe un infolent, de manière à ne plus le rencontrer nulle part.

La Comtesse *fe jette à genoux, les bras levés.* — Monfieur le comte, épargnez un enfant ; je ne me confolerais pas d'avoir caufé...

Le Comte. — Vos frayeurs aggravent fon crime.

La Comtesse. — Il n'eft pas coupable, il partait : c'eft moi qui l'ai fait appeler.

Le Comte, *furieux.* — Levez-vous. Otez-vous... Tu es bien audacieufe d'ofer me parler pour un autre !

La Comtesse. — Eh bien ! je m'ôterai, monfieur, je me lèverai ; je vous remettrai même la clef du cabinet : mais, au nom de votre amour...

Le Comte. — De mon amour, perfide !

La Comtesse *fe lève et lui préfente la clef.* — Promettez-moi que vous laifferez aller cet enfant fans lui faire aucun mal ; et puiffe après tout votre courroux tomber fur moi, fi je ne vous convaincs pas...

Le Comte, *prenant la clef.* — Je n'écoute plus rien.

La Comtesse *fe jette fur une bergère, un mouchoir fur les yeux.* — O ciel ! il va périr !

Le Comte *ouvre la porte et recule.* C'eft Suzanne !

SCÈNE XVII.

LA COMTESSE, LE COMTE, SUZANNE.

Suzanne *fort en riant.* — *Je le tuerai, je le tuerai !* Tuez-donc, ce méchant page !

Le Comte, *à part.* — Ah! quelle école! (*Regardant la comtesse qui est restée stupéfaite.*) Et vous aussi, vous jouez l'étonnement?... Mais peut-être elle n'y est pas seule. (*Il entre.*)

SCÈNE XVIII.

LA COMTESSE, *assise*, SUZANNE.

Suzanne *accourt à sa maîtresse.* — Remettez-vous, madame; il est bien loin; il a fait un saut...
La Comtesse. — Ah! Suzon! je suis morte!

SCÈNE XIX.

LA COMTESSE, *assise*, SUZANNE, LE COMTE.

Le Comte *sort du cabinet d'un air confus. Après un court silence:* Il n'y a personne, et pour le coup j'ai tort. — Madame... vous jouez fort bien la comédie.
Suzanne, *gaiement.* — Et moi, monseigneur?
la Comtesse, *son mouchoir sur sa bouche pour se remettre, ne parle pas* *.
Le Comte *s'approche.* — Quoi! madame, vous plaisantiez?
La Comtesse, *se remettant un peu.* — Et pourquoi non, monsieur?
Le Comte. — Quel affreux badinage! et par quel motif, je vous prie?

---

* Suzanne, la Comtesse assise, le Comte.

La Comtesse. — Vos folies méritent-elles de la pitié ?

Le Comte. — Nommer folies ce qui touche à l'honneur !

La Comtesse, *affurant fon ton par degrés*. — Me suis-je unie à vous pour être éternellement dévouée à l'abandon et à la jaloufie, que vous feul ofez concilier ?

Le Comte. — Ah ! madame, c'eft fans ménagement.

Suzanne. — Madame n'avait qu'à vous laiffer appeler les gens.

Le Comte. — Tu as raifon, et c'eft à moi de m'humilier... Pardon, je fuis d'une confufion !....

Suzanne. — Avouez, monfeigneur, que vous la méritez un peu.

Le Comte. — Pourquoi donc ne fortais-tu pas lorsque je t'appelais, mauvaife ?

Suzanne. — Je me rhabillais de mon mieux, à grand renfort d'épingles ; et madame, qui me le défendait, avait bien fes raifons pour le faire.

Le Comte. — Au lieu de rappeler mes torts, aide-moi plutôt à l'apaifer.

La Comtesse. — Non, monfieur ; un pareil outrage ne fe couvre point. Je vais me retirer aux Urfulines, et je vois trop qu'il en eft temps.

Le Comte. — Le pourriez-vous fans quelques regrets ?

Suzanne. — Je fuis fûre, moi, que le jour du départ ferait la veille des larmes.

La Comtesse. — Eh ! quand cela ferait, Suzon ? j'aime mieux le regretter que d'avoir la baffeffe de lui pardonner ; il m'a trop offenfée.

Le Comte. — Rofine !...

La Comtesse. — Je ne la fuis plus, cette Rofine que vous avez tant pourfuivie ! Je fuis la pauvre comteffe Almaviva, la trifte femme délaiffée, que vous n'aimez plus.

Suzanne. — Madame !

Le Comte, *suppliant*. — Par pitié !

La Comtesse. — Vous n'en aviez aucune pour moi.

Le Comte. — Mais aussi ce billet... Il m'a tourné le sang !

La Comtesse. — Je n'avais pas consenti qu'on l'écrivit.

Le Comte. — Vous le saviez ?

La Comtesse. — C'est cet étourdi de Figaro...

Le Comte. — Il en était ?

La Comtesse. — ... Qui l'a remis à Bazile.

Le Comte. — Qui m'a dit le tenir d'un paysan. O perfide chanteur, lame à deux tranchants ! c'est toi qui payeras pour tout le monde.

La Comtesse. — Vous demandez pour vous un pardon que vous refusez aux autres : voilà bien les hommes ! Ah ! si jamais je consentais à pardonner en faveur de l'erreur où vous a jeté ce billet, j'exigerais que l'amnistie fût générale.

Le Comte. — Eh bien, de tout mon cœur, comtesse. Mais comment réparer une faute aussi humiliante ?

La Comtesse *se lève*. — Elle l'était pour tous deux.

Le Comte. — Ah ! dites pour moi seul. — Mais je suis encore à concevoir comment les femmes prennent si vite et si juste l'air et le ton des circonstances. Vous rougissiez, vous pleuriez, votre visage était défait... D'honneur il l'est encore.

La Comtesse, *s'efforçant de sourire*. — Je rougissais... du ressentiment de vos soupçons. Mais les hommes sont-ils assez délicats pour distinguer l'indignation d'une âme honnête outragée, d'avec la confusion qui naît d'une accusation méritée ?

Le Comte, *souriant*. — Et ce page en désordre, en veste et presque nu...

La Comtesse, *montrant Suzanne.* — Vous le voyez devant vous. N'aimez-vous pas mieux l'avoir trouvé que l'autre? En général, vous ne haïssez pas de rencontrer celui-ci.

Le Comte, *riant plus fort.* — Et ces prières, ces larmes feintes...

La Comtesse. — Vous me faites rire, et j'en ai peu d'envie.

Le Comte. — Nous croyons valoir quelque chofe en politique, et nous ne fommes que des enfants. C'eft vous, madame, que le roi devrait envoyer en ambaffade à Londres! Il faut que votre fexe ait fait une étude bien réfléchie de l'art de fe compofer, pour réuffir à ce point!

La Comtesse. — C'eft toujours vous qui nous y forcez.

Suzanne. — Laiffez-nous prifonniers fur parole, et vous verrez fi nous fommes gens d'honneur.

La Comtesse. — Brifons là, monfieur le comte. J'ai peut-être été trop loin; mais mon indulgence en un cas auffi grave doit au moins m'obtenir la vôtre.

Le Comte. — Mais vous répéterez que vous me pardonnez.

La Comtesse. — Eft-ce que je l'ai dit, Suzon?

Suzanne. — Je ne l'ai pas entendu, madame.

Le Comte. — Eh bien! que ce mot vous échappe!

La Comtesse. — Le méritez-vous donc, ingrat?

Le Comte. — Oui, par mon repentir.

Suzanne. — Soupçonner un homme dans le cabinet de madame!

Le Comte. — Elle m'en a fi févèrement puni!

Suzanne. — Ne pas s'en fier à elle, quand elle dit que c'eft fa camérifte!

Le Comte. — Rofine, êtes-vous donc implacable?

La Comtesse. — Ah! Suzon, que je fuis faible! quel exemple je te donne! *(Tendant la main au comte.)* On ne croira plus à la colère des femmes.

Suzanne. — Bon! madame, avec eux, ne faut-il pas toujours en venir là? *(Le comte baife ardemment la main de fa femme.)*

SCÈNE XX.

SUZANNE, FIGARO, LA COMTESSE, LE COMTE.

Figaro, *arrivant tout effoufflé*. — On difait madame incommodée. Je fuis vite accouru... Je vois avec joie qu'il n'en eft rien.

Le Comte, *féchement*. — Vous êtes fort attentif.

Figaro. — Et c'eft mon devoir. Mais puifqu'il n'en eft rien, monfeigneur, tous vos jeunes vaffaux des deux fexes font en bas avec les violons et les cornemufes, attendant, pour m'accompagner, l'inftant où vous permettrez que je mène ma fiancée...

Le Comte. — Et qui furveillera la comteffe au château?

Figaro. — La veiller! elle n'eft pas malade.

Le Comte. — Non; mais cet homme abfent qui doit l'entretenir?

Figaro. — Quel homme abfent?

Le Comte. — L'homme du billet que vous avez remis à Bazile.

Figaro. — Qui dit cela?

Le Comte. — Quand je ne le faurais pas d'ailleurs, fripon, ta phyfionomie qui t'accufe me prouverait déjà que tu mens.

Figaro. — S'il eft ainfi, ce n'eft pas moi qui mens, c'eft ma phyfionomie.

Suzanne. — Va, mon pauvre Figaro, n'ufe pas ton éloquence en défaites ; nous avons tout dit.

Figaro. — Et quoi dit ? Vous me traitez comme un Bazile !

Suzanne. — Que tu avais écrit le billet de tantôt pour faire accroire à monfeigneur, quand il entrerait, que le petit page était dans ce cabinet, où je me fuis enfermée.

Le Comte. — Qu'as-tu à répondre ?

La Comtesse. — Il n'y a plus rien à cacher, Figaro ; le badinage eft confommé.

Figaro, *cherchant à deviner*. — Le badinage... eft confommé ?

Le Comte. — Oui, confommé. Que dis-tu là-deffus ?

Figaro. — Moi ! je dis... que je voudrais qu'on en pût dire autant de mon mariage ; et fi vous l'ordonnez...

Le Comte. — Tu conviens donc enfin du billet ?

Figaro. — Puifque madame le veut, que Suzanne le veut, que vous le voulez vous-même, il faut bien que je le veuille auffi ; mais à votre place, en vérité, monfeigneur, je ne croirais pas un mot de tout ce que nous vous difons.

Le Comte. — Toujours mentir contre l'évidence ! A la fin, cela m'irrite.

La Comtesse, *en riant*. — Eh ! ce pauvre garçon ! pourquoi voulez-vous, monfieur, qu'il dife une fois la vérité ?

Figaro, *bas à Suzanne*. — Je l'avertis de fon danger ; c'eft tout ce qu'un honnête homme peut faire.

Suzanne, *bas*. — As-tu vu le petit page ?

Figaro, *bas*. — Encore tout froiffé.

Suzanne, *bas*. — Ah ! pécaïre !

La Comtesse. — Allons, monfieur le comte, ils brûlent de s'unir : leur impatience eft naturelle ! entrons pour la cérémonie.

Le Comte, *à part.* — Et Marceline, Marceline.... *(Haut.)* Je voudrais être... au moins vêtu.

La Comtesse. — Pour nos gens ! Est-ce que je le suis ?

SCÈNE XXI.

FIGARO, SUZANNE, LA COMTESSE, LE COMTE, ANTONIO.

Antonio, *demi-gris, tenant un pot de giroflées écrasées.* — Monseigneur ! monseigneur !

Le Comte. — Que me veux-tu, Antonio ?

Antonio. — Faites donc une fois griller les croisées qui donnent sur mes couches. On jette toutes sortes de choses par ces fenêtres ; et tout à l'heure encore on vient d'en jeter un homme.

Le Comte. — Par ces fenêtres ?

Antonio. — Regardez comme on arrange mes giroflées !

Suzanne, *bas à Figaro.* — Alerte, Figaro, alerte !

Figaro. — Monseigneur, il est gris dès le matin.

Antonio. — Vous n'y êtes pas. C'est un petit reste d'hier. Voilà comme on fait des jugements... ténébreux.

Le Comte, *avec feu.* — Cet homme ! cet homme ! où est-il ?

Antonio. — Où il est ?

Le Comte. — Oui.

Antonio. — C'est ce que je dis. Il faut me le trouver déjà. Je suis votre domestique ; il n'y a que moi qui prends soin de votre jardin ; il y tombe un homme ; et vous sentez... que ma réputation en est effleurée.

Suzanne, *bas à Figaro.* — Détourne, détourne !

Figaro. — Tu boiras donc toujours ?

Antonio — Et fi je ne buvais pas, je deviendrais enragé.

La Comtesse. — Mais en prendre ainfi fans befoin...

Antonio. — Boire fans foif et faire l'amour en tout temps, madame, il n'y a que ça qui nous diftingue des autres bêtes.

Le Comte, *vivement*. — Réponds-moi donc, ou je vais te chaffer.

Antonio. — Eft-ce que je m'en irais ?

Le Comte. — Comment donc ?

Antonio, *fe touchant le front*. — Si vous n'avez pas affez de ça pour garder un bon domeftique, je ne fuis pas affez bête, moi, pour renvoyer un fi bon maître.

Le Comte *le fecoue avec colère*. — On a, dis-tu, jeté un homme par cette fenêtre ?

Antonio. — Oui, mon excellence; tout à l'heure, en vefte blanche, et qui s'eft enfui, jarni, courant...

Le Comte, *impatienté*. — Après ?

Antonio. — J'ai bien voulu courir après ; mais je me fuis donné contre la grille une fi fière gourde à la main, que je ne peux plus remuer ni pied ni patte de ce doigtlà. *(Levant le doigt.)*

Le Comte. — Au moins tu reconnaîtrais l'homme ?

Antonio. — Oh ! que oui-dà !... fi je l'avais vu pourtant.

Suzanne, *bas à Figaro*. — Il ne l'a pas vu.

Figaro. — Voilà bien du train pour un pot de fleurs ! Combien te faut-il, pleurard, avec ta giroflée ? Il eft inutile de chercher, monfeigneur, c'eft moi qui ai fauté.

Le Comte. — Comment, c'eft vous !

Antonio. — *Combien te faut-il, pleurard ?* Votre corps a donc bien grandi depuis ce temps-là ; car je vous ai trouvé beaucoup plus moindre et plus fluet !

Figaro. — Certainement; quand on faute, on fe pelotonne...

Antonio. — M'eft avis que c'était plutôt... qui dirait, le gringalet de page.

Le Comte. — Chérubin, tu veux dire ?

Figaro. — Oui, revenu tout exprès avec fon cheval de la porte de Séville, où peut-être il eft déjà.

Antonio. — Oh! non, je ne dis pas ça, je ne dis pas ça; je n'ai pas vu de cheval, car je le dirais de même.

Le Comte. — Quelle patience !

Figaro. — J'étais dans la chambre des femmes en vefte blanche : il fait un chaud!... J'attendais là ma Suzanette, quand j'ai ouï tout à coup la voix de monfeigneur, et le grand bruit qui fe faifait : je ne fais quelle crainte m'a faifi à l'occafion de ce billet; et, s'il faut avouer ma bêtife, j'ai fauté fans réflexion fur les couches, où je me fuis même un peu foulé le pied droit. *(Il frotte fon pied.)*

Antonio. — Puifque c'eft vous, il eft jufte de vous rendre ce brimborion de papier qui a coulé de votre vefte en tombant.

Le Comte *fe jette deffus.* — Donne-le-moi. *(Il ouvre le papier et le referme.)*

Figaro, *à part.* — Je fuis pris.

Le Comte, *à Figaro.* — La frayeur ne vous aura pas fait oublier ce que contient ce papier, ni comment il fe trouvait dans votre poche ?

Figaro, *embarraffé, fouille dans fes poches et en tire des papiers.* — Non fûrement... Mais c'eft que j'en ai tant. Il faut répondre à tout... *(Il regarde un des papiers.)* Ceci ? ah! c'eft une lettre de Marceline, en quatre pages; elle eft belle!... Ne ferait-ce pas la requête de ce pauvre braconnier en prifon ?... Non, la voici... J'avais l'état des meubles du petit château dans l'autre poche... *(Le comte rouvre le papier qu'il tient.)*

La Comtesse, *bas à Suzanne*. — Ah! dieux! Suzon, c'eſt le brevet d'officier.

Suzanne, *bas à Figaro*. — Tout eſt perdu, c'eſt le brevet.

Le Comte *replie le papier*. — Eh bien! l'homme aux expédients, vous ne devinez pas?

Antonio, *s'approchant de Figaro**. — Monſeigneur dit ſi vous ne devinez pas?

Figaro *le repouſſe*. — Fi donc! vilain qui me parle dans le nez!

Le Comte. — Vous ne vous rappelez pas ce que ce peut être?

Figaro. — Ah! ah! ah! ah! *povero!* ce ſera le brevet de ce malheureux enfant, qu'il m'avait remis, et que j'ai oublié de lui rendre. Oh! oh! oh! oh! étourdi que je ſuis! Que fera-t-il ſans ſon brevet? Il faut courir...

Le Comte. — Pourquoi vous l'aurait-il remis?

Figaro, *embarraſſé*. — Il... déſirait qu'on y fît quelque choſe.

Le Comte *regarde ſon papier*. — Il n'y manque rien.

La Comtesse, *bas à Suzanne*. — Le cachet.

Suzanne, *bas à Figaro*. — Le cachet manque.

Le Comte, *à Figaro*. — Vous ne répondez pas?

Figaro. — C'eſt... qu'en effet il y manque peu de choſe. Il dit que c'eſt l'uſage.

Le Comte. — L'uſage! l'uſage! l'uſage de quoi?

Figaro. — D'y appoſer le ſceau de vos armes. Peut-être auſſi que cela ne valait pas la peine.

---

* Antonio, Figaro, Suzanne, la Comteſſe, le Comte.

Le Comte *rouvre le papier et le chiffonne de colère.* — Allons, il eſt écrit que je ne ſaurai rien. *(A part.)* C'eſt ce Figaro qui les mène, et je ne m'en vengerais pas ! *(Il veut ſortir avec dépit.)*

Figaro, *l'arrêtant.* — Vous ſortez ſans ordonner mon mariage ?

SCÈNE XXII.

BAZILE, BARTHOLO, MARCELINE, FIGARO, LE COMTE, GRIPE-SOLEIL, LA COMTESSE, SUZANNE, ANTONIO ; *valets du comte, ſes vaſſaux.*

Marceline, *au comte.* — Ne l'ordonnez pas, monſeigneur ! Avant de lui faire grâce, vous nous devez juſtice. Il a des engagements avec moi.

Le Comte, *à part.* — Voilà ma vengeance arrivée.

Figaro. — Des engagements ! De quelle nature ? Expliquez-vous.

Marceline. — Oui, je m'expliquerai, malhonnête ! *(La comteſſe s'aſſied ſur une bergère. Suzanne eſt derrière elle.)*

Le Comte. — De quoi s'agit-il, Marceline ?

Marceline. — D'une obligation de mariage.

Figaro. — Un billet, voilà tout, pour de l'argent prêté.

Marceline, *au comte.* — Sous condition de m'épouſer. Vous êtes un grand ſeigneur, le premier juge de la province...

Le Comte. — Préſentez-vous au tribunal, j'y rendrai juſtice à tout le monde.

Bazile, *montrant Marceline.* — En ce cas, votre grandeur permet que je faſſe auſſi valoir mes droits ſur Marceline ?

Le Comte, *à part.* — Ah! voilà mon fripon du billet.

Figaro. — Autre fou de la même efpèce!

Le Comte, *en colère, à Bazile.* — Vos droits! vos droits! Il vous convient bien de parler devant moi, maître fot!

Antonio, *frappant dans fa main.* — Il ne l'a, ma foi, pas manqué du premier coup : c'eft fon nom.

Le Comte. — Marceline, on fufpendra tout jufqu'à l'examen de vos titres, qui fe fera publiquement dans la grande falle d'audience. Honnête Bazile, agent fidèle et fûr, allez au bourg chercher les gens du fiège.

Bazile. — Pour fon affaire?

Le Comte. — Et vous m'amènerez le payfan du billet.

Bazile. — Eft-ce que je le connais?

Le Comte. — Vous réfiftez!

Bazile. — Je ne fuis pas entré au château pour en faire les commiffions.

Le Comte. — Quoi donc?

Bazile. — Homme à talent fur l'orgue du village, je montre le clavecin à madame, à chanter à fes femmes, la mandoline aux pages; et mon emploi furtout eft d'amufer votre compagnie avec ma guitare, quand il vous plaît me l'ordonner.

Gripe-Soleil *s'avance.* — J'irai bien, monfigneu, fi cela vous plaira.

Le Comte. — Quel eft ton nom et ton emploi?

Gripe-Soleil. — Je fuis Gripe-Soleil, mon bon figneu; le petit patouriau des chèvres, commandé pour le feu d'artifice. C'eft fête aujourd'hui dans le troupiau; et je fais ous-ce-qu'eft toute l'enragée boutique à procès du pays.

Le Comte. — Ton zèle me plaît, vas-y; mais vous *(à Bazile)*, accompagnez monfieur en jouant de la guitare, et chantant pour l'amuſer en chemin. Il eſt de ma compagnie.

Gripe-Soleil, *joyeux*. — Oh! moi, je ſuis de la...? *(Suzanne l'apaiſe de la main, en lui montrant la comteſſe.)*

Bazile, *ſurpris*. — Que j'accompagne Gripe-Soleil en jouant... ?

Le Comte. — C'eſt votre emploi. Partez, ou je vous chaſſe. *(Il ſort.)*

SCÈNE XXIII.

les acteurs précédents, *excepté* le comte.

Bazile, *à lui-même*. — Ah! je n'irai pas lutter contre le pot de fer, moi qui ne ſuis...

Figaro. — Qu'une cruche.

Bazile, *à part*. — Au lieu d'aider à leur mariage, je m'en vais aſſurer le mien avec Marceline. *(A Figaro.)* Ne conclus rien, crois-moi, que je ne ſois de retour. *(Il va prendre la guitare ſur le fauteuil du fond.)*

Figaro *le ſuit*. — Conclure! Oh! va, ne crains rien; quand même tu ne reviendrais jamais... Tu n'as pas l'air en train de chanter; veux-tu que je commence?... Allons, gai, haut la-mi-la, pour ma fiancée. *(Il ſe met en marche à reculons, danſe en chantant la ſéguedille ſuivante. Bazile accompagne, et tout le monde le ſuit.)*

séguedille : *Air noté*.

Je préfère à richeſſe
La ſageſſe
De ma Suzon,
Zon, zon, zon,
Zon, zon, zon,

Zon, zon, zon,
Zon, zon, zon.
Aussi sa gentillesse
Est maitresse
De ma raison,
Zon, zon, zon,
Zon, zon, zon,
Zon, zon, zon,
Zon, zon, zon.

(Le bruit s'éloigne, on n'entend pas le reste.)

SCÈNE XXIV.

SUZANNE, LA COMTESSE.

La Comtesse, *dans sa bergère*. — Vous voyez, Suzanne, la jolie scène que votre étourdi m'a valu avec son billet.

Suzanne. — Ah! madame, quand je suis rentrée du cabinet, si vous aviez vu votre visage! Il s'est terni tout à coup ; mais ce n'a été qu'un nuage, et par degrés vous êtes devenue rouge, rouge, rouge!

La Comtesse. — Il a donc sauté par la fenêtre ?

Suzanne. — Sans hésiter, le charmant enfant! Léger... comme une abeille!

La Comtesse. — Ah! ce fatal jardinier! Tout cela m'a remuée au point... que je ne pouvais rassembler deux idées.

Suzanne. — Ah! madame, au contraire; et c'est là que j'ai vu combien l'usage du grand monde donne d'aisance aux dames comme il faut, pour mentir sans qu'il y paraisse.

La Comtesse. — Crois-tu que le comte en soit la dupe ? Et s'il trouvait cet enfant au château !

Suzanne. — Je vais recommander de le cacher si bien. .

La Comtesse. — Il faut qu'il parte. Après ce qui vient d'arriver, vous croyez bien que je ne fuis pas tentée de l'envoyer au jardin à votre place.

Suzanne. — Il eft certain que je n'irai pas non plus. Voilà donc mon mariage encore une fois...

La Comtesse *fe lève.* — Attends... Au lieu d'un autre, ou de toi, fi j'y allais moi-même !

Suzanne. — Vous, madame ?

La Comtesse. — Il n'y aurait perfonne d'expofé... Le comte alors ne pourrait nier .. Avoir puni fa jaloufie, et lui prouver fon infidélité, cela ferait... Allons : le bonheur d'un premier hafard m'enhardit à tenter le fecond. Fais-lui favoir promptement que tu te rendras au jardin. Mais furtout que perfonne...

Suzanne. — Ah ! Figaro.

La Comtesse. — Non, non. Il voudrait mettre ici du fien... Mon mafque de velours et ma canne; que j'aille y rêver fur la terraffe. *(Suzanne entre dans le cabinet de toilette.)*

SCÈNE XXV.

LA COMTESSE, *feule.*

La Comtesse. — Il eft affez effronté, mon petit projet! *(Elle fe retourne.)* Ah ! le ruban ! mon joli ruban ! je t'oubliais ! *(Elle le prend fur fa bergère et le roule.)* Tu ne me quitteras plus... tu me rappelleras la fcène où ce malheureux enfant... Ah ! monfieur le comte, qu'avez-vous fait ? Et moi ! que fais-je en ce moment ?

SCÈNE XXVI.

LA COMTESSE, SUZANNE.

(La comtesse met furtivement le ruban dans son sein.)

SUZANNE. — Voici la canne et votre loup.

LA COMTESSE. — Souviens-toi que je t'ai défendu d'en dire un mot à Figaro.

SUZANNE, *avec joie*. — Madame, il est charmant votre projet! Je viens d'y réfléchir. Il rapproche tout, termine tout, embrasse tout; et, quelque chose qui arrive, mon mariage est maintenant certain. *(Elle baise la main de sa maîtresse. Elles sortent.)*

Pendant l'entr'acte, des valets arrangent la salle d'audience : on apporte les deux banquettes à dossier des avocats, que l'on place aux deux côtés du théâtre, de façon que le passage soit libre par derrière. On pose une estrade à deux marches dans le milieu du théâtre, vers le fond, sur laquelle on place le fauteuil du comte. On met la table du greffier et son tabouret de côté sur le devant, et des sièges pour Brid'oison et d'autres juges, des deux côtés de l'estrade du comte.

ACTE III

Le théâtre repréſente une ſalle du château, appelée ſalle du trône, et ſervant de ſalle d'audience, ayant ſur le côté une impériale en dais, et deſſous, le portrait du roi.

SCÈNE PREMIÈRE.

LE COMTE, PÉDRILLE *en veſte, botté, tenant un paquet cacheté.*

LE COMTE, *vite.* — M'as-tu bien entendu ?
PÉDRILLE. — Excellence, oui.   *(Il ſort.)*

SCÈNE II.

LE COMTE, *ſeul, criant.* — Pédrille !

SCÈNE III.

LE COMTE, PÉDRILLE *revient.*

PÉDRILLE. — Excellence ?
LE COMTE. — On ne t'a pas vu ?
PÉDRILLE. — Ame qui vive.

Le Comte. — Prenez le cheval barbe.
Pédrille. — Il eſt à la grille du potager, tout ſellé.

Le Comte. — Ferme, d'un trait, juſqu'à Séville.
Pédrille. — Il n'y a que trois lieues, elles ſont bonnes.
Le Comte. — En deſcendant, ſachez ſi le page eſt arrivé.
Pédrille. — Dans l'hôtel?
Le Comte. — Oui; ſurtout depuis quel temps.
Pédrille. — J'entends.
Le Comte. — Remets-lui ſon brevet, et reviens vite.
Pédrille. — Et s'il n'y était pas?
Le Comte. — Revenez plus vite, et m'en rendez compte. Allez.

SCÈNE IV.

Le Comte, ſeul, marche en rêvant. — J'ai fait une gaucherie en éloignant Bazile!... La colère n'eſt bonne à rien. Ce billet remis par lui, qui m'avertit d'une entreprise fur la comtesse... La camériste enfermée quand j'arrive... La maîtresse affectée d'une terreur fausse ou vraie... Un homme qui saute par la fenêtre, et l'autre après qui avoue... ou qui prétend que c'est lui... Le fil m'échappe. Il y a là dedans une obscurité... Des libertés chez mes vassaux, qu'importe à gens de cette étoffe? Mais la comtesse! Si quelque insolent attentait... Où m'égaré-je? En vérité, quand la tête se monte, l'imagination la mieux réglée devient folle comme un rêve! Elle s'amusait; ces ris étouffés, cette joie mal éteinte! Elle se respecte; et mon honneur... où diable on l'a placé! De l'autre part, où suis-je? Cette friponne de Suzanne a-t-elle trahi mon secret?... Comme il n'est pas encore le sien!... Qui donc m'enchaîne à cette fantaisie? J'ai voulu vingt fois y renoncer... Étrange effet de l'irrésolution! Si je la voulais sans débats, je la désirerais mille fois moins. Ce Figaro se fait bien attendre! il faut le sonder adroitement *(Figaro paraît dans le fond; il s'arrête)*, et tâcher, dans la conversation que je vais avoir avec lui, de démêler d'une manière détournée s'il est instruit ou non de mon amour pour Suzanne.

SCÈNE V.

LE COMTE, FIGARO.

Figaro, *à part*. — Nous y voilà.
Le Comte. — ... S'il en fait par elle un seul mot...
Figaro, *à part*. — Je m'en suis douté.
Le Comte. — ... Je lui fais épouser la vieille.
Figaro, *à part*. — Les amours de monsieur Bazile?

Le Comte. — ... Et voyons ce que nous ferons de la jeune.

Figaro, *à part*. — Ah! ma femme, s'il vous plaît.

Le Comte *se retourne*. — Hein? quoi? qu'eſt-ce que c'eſt?

Figaro *s'avance*. — Moi, qui me rends à vos ordres.

Le Comte. — Et pourquoi ces mots...?

Figaro. — Je n'ai rien dit.

Le Comte *répète*. — *Ma femme, s'il vous plaît?*

Figaro. — C'eſt... la fin d'une réponſe que je faiſais : *Allez le dire à ma femme, s'il vous plaît.*

Le Comte *se promène*. — *Sa femme !*... Je voudrais bien ſavoir quelle affaire peut arrêter monſieur, quand je le fais appeler?

Figaro, *feignant d'aſſurer ſon habillement*. — Je m'étais ſali ſur ces couches en tombant; je me changeais.

Le Comte. — Faut-il une heure?

Figaro. — Il faut le temps.

Le Comte. — Les domeſtiques ici ſont plus longs à s'habiller que les maitres!

Figaro. — C'eſt qu'ils n'ont point de valets pour les y aider.

Le Comte. — ... Je n'ai pas trop compris ce qui vous avait forcé tantôt de courir un danger inutile, en vous jetant...

Figaro. — Un danger! on dirait que je me ſuis engouffré tout vivant...

Le Comte. — Eſſayez de me donner le change en feignant de le prendre, inſidieux valet! Vous entendez fort bien que ce n'eſt pas le danger qui m'inquiète, mais le motif.

Figaro. — Sur un faux avis, vous arrivez furieux, renverſant tout, comme le torrent de la Morena; vous cherchez un homme, il vous le faut, ou vous allez brifer les portes, enfoncer les cloifons ! Je me trouve là par hafard : qui fait, dans votre emportement, fi...

Le Comte, *interrompant*. — Vous pouviez fuir par l'efcalier.

Figaro. — Et vous, me prendre au corridor.

Le Comte, *en colère*. — Au corridor ! *(A part.)* Je m'emporte, et nuis à ce que je veux favoir.

Figaro, *à part*. — Voyons-le venir, et joüons ferré.

Le Comte, *radouci*. — Ce n'eft pas ce que je voulais dire ; laiffons cela. J'avais... oui, quelque envie de t'emmener à Londres, courrier de dépêches... mais, toutes réflexions faites...

Figaro. — Monfeigneur a changé d'avis ?

Le Comte. — Premièrement, tu ne fais pas l'anglais.

Figaro. — Je fais *God-dam*.

Le Comte. — Je n'entends pas.

Figaro. — Je dis que je fais *God-dam*.

Le Comte. — Hé bien ?

Figaro. — Diable ! c'eft une belle langue que l'anglais, il en faut peu pour aller loin. Avec *God-dam*, en Angleterre, on ne manque de rien nulle part. Voulez-vous tâter d'un bon poulet gras ? entrez dans une taverne, et faites feulement ce gefte au garçon *(il tourne la broche)*, *God-dam !* on vous apporte un pied de bœuf falé fans pain. C'eft admirable ! Aimez-vous à boire un coup d'excellent bourgogne ou de clairet ? rien que celui-ci *(il débouche une bouteille)*, *God-dam !* on vous fert un pot de bière, en bel étain, la mouffe aux bords. Quelle fatisfaction ! Rencontrez-vous une de ces jolies perfonnes qui vont trottant menu, les yeux baiffés, coudes en arrière, et tortillant un peu des hanches ? mettez mignardement tous les doigts unis fur la bouche. Ah ! *God-dam !* elle vous fangle un foufflet de crocheteur : preuve qu'elle entend. Les Anglais, à la vérité, ajoutent par-ci, par-là, quelques autres mots en converfant ; mais il eft bien aifé de voir que *God-dam* eft le fond de la langue ; et fi monfeigneur n'a pas d'autre motif de me laiffer en Efpagne...

Le Comte, *à part.* — Il veut venir à Londres ; elle n'a pas parlé.

Figaro, *à part.* — Il croit que je ne fais rien ; travaillons-le un peu dans fon genre.

Le Comte. — Quel motif avait la comteffe pour me jouer un pareil tour ?

Figaro. — Ma foi, monfeigneur, vous le favez mieux que moi.

Le Comte. — Je la préviens fur tout, et la comble de préfents.

Figaro. — Vous lui donnez, mais vous êtes infidèle. Sait-on gré du fuperflu à qui nous prive du néceffaire ?

Le Comte — ... Autrefois tu me difais tout.

Figaro. — Et maintenant je ne vous cache rien.

Le Comte. — Combien la comteffe t'a-t-elle donné pour cette belle affociation ?

Figaro. — Combien me donnâtes-vous pour la tirer des mains du docteur ? Tenez, monfeigneur, n'humilions pas l'homme qui nous fert bien, crainte d'en faire un mauvais valet.

Le Comte. — Pourquoi faut-il qu'il y ait toujours du louche en ce que tu fais ?

Figaro. — C'eft qu'on en voit partout quand on cherche des torts.

Le Comte. — Une réputation déteftable !

Figaro. — Et fi je vaux mieux qu'elle ? Y a-t-il beaucoup de feigneurs qui puiffent en dire autant ?

Le Comte. — Cent fois je t'ai vu marcher à la fortune, et jamais aller droit.

Figaro. — Comment voulez-vous? La foule eſt là: chacun veut courir; on ſe preſſe, on pouſſe, on coudoie, on renverſe; arrive qui peut, le reſte eſt écraſé. Auſſi c'eſt fait; pour moi, j'y renonce.

Le Comte. — A la fortune? *(A part.)* Voici du neuf.

Figaro. — *(A part.)* A mon tour maintenant. *(Haut.)* Votre excellence m'a gratifié de la conciergerie du château; c'eſt un fort joli fort : à la vérité, je ne ſerai pas le courrier étrenné des nouvelles intéreſſantes; mais, en revanche, heureux avec ma femme au fond de l'Andalouſie...

Le Comte. — Qui t'empêcherait de l'emmener à Londres?

Figaro. — Il faudrait la quitter ſi ſouvent, que j'aurais bientôt du mariage par-deſſus la tête.

Le Comte. — Avec du caractère et de l'eſprit, tu pourrais un jour t'avancer dans les bureaux.

Figaro. — De l'eſprit pour s'avancer? Monſeigneur ſe rit du mien. Médiocre et rampant, et l'on arrive à tout.

Le Comte. — ... Il ne faudrait qu'étudier un peu ſous moi la politique.

Figaro. — Je la fais.

Le Comte. — Comme l'anglais, le fond de la langue!

Figaro. — Oui, s'il y avait ici de quoi ſe vanter. Mais feindre d'ignorer ce qu'on ſait, de ſavoir tout ce qu'on ignore; d'entendre ce qu'on ne comprend pas, de ne point ouïr ce qu'on entend, ſurtout de pouvoir au delà de ſes forces; avoir ſouvent pour grand ſecret de cacher qu'il n'y en a point; s'enfermer pour tailler des plumes, et paraître profond quand on n'eſt, comme on dit, que vide et creux; jouer bien ou mal un perſonnage; répandre des efpions et penfionner des traîtres; amollir des cachets, intercepter des lettres, et tâcher d'ennoblir la pauvreté des moyens par l'importance des objets : voilà toute la politique, ou je meure!

Le Comte. — Eh! c'eft l'intrigue que tu définis!

Figaro. — La politique, l'intrigue, volontiers; mais, comme je les crois un peu germaines, en faffe qui voudra! *J'aime mieux m'a mie au gué!* comme dit la chanfon du bon roi.

Le Comte, *à part.* — Il veut refter. J'entends... Suzanne m'a trahi.

Figaro, *à part.* — Je l'enfile, et le paye en fa monnaie.

Le Comte. — Ainfi tu efpères gagner ton procès contre Marceline?

Figaro. — Me feriez-vous un crime de refufer une vieille fille, quand votre excellence fe permet de nous fouffler toutes les jeunes?

Le Comte, *raillant.* — Au tribunal le magiftrat s'oublie, et ne voit plus que l'ordonnance.

Figaro. — Indulgente aux grands, dure aux petits...

Le Comte. — Crois-tu donc que je plaifante?

Figaro. — Eh! qui le fait, monfeigneur? *Tempo e galant 'uomo,* dit l'italien; il dit toujours la vérité : c'eft lui qui m'apprendra qui me veut du mal ou du bien.

Le Comte, *à part.* — Je vois qu'on lui a tout dit; il époufera la duègne.

Figaro, *à part.* — Il a joué au fin avec moi, qu'a-t-il appris?

SCÈNE VI.

LE COMTE, UN LAQUAIS, FIGARO.

Le Laquais *annonçant*. — Dom Guſman Brid'oiſon.
Le Comte. — Brid'oiſon ?
Figaro. — Eh! ſans doute. C'eſt le juge ordinaire, le lieutenant du ſiège, votre prud'homme.
Le Comte. — Qu'il attende. *(Le laquais ſort.)*

SCÈNE VII.

LE COMTE, FIGARO.

Figaro *reſte un moment à regarder le comte qui rêve.* — ... Eſt-ce là ce que monſeigneur voulait ?
Le Comte, *revenant à lui.* — Moi ?... je diſais d'arranger ce ſalon pour l'audience publique.
Figaro. — Hé, qu'eſt-ce qu'il manque ? Le grand fauteuil pour vous, de bonnes chaiſes aux prud'hommes, le tabouret du greffier, deux banquettes aux avocats, le plancher pour le beau monde, et la canaille derrière. Je vais renvoyer les frotteurs. *(Il ſort.)*

SCÈNE VIII.

Le Comte, *ſeul.* — Le maraud m'embarraſſait ! en diſputant, il prend ſon avantage ; il vous ſerre, vous enveloppe.. Ah! friponne et fripon, vous vous entendez pour me joüer ! Soyez amis, ſoyez amants, ſoyez ce qu'il vous plaira, j'y conſens ; mais, parbleu, pour époux...

SCÈNE IX.

SUZANNE, LE COMTE.

Suzanne, *essoufflée*. — Monseigneur... pardon, monseigneur.

Le Comte, *avec humeur*. — Qu'est-ce qu'il y a, mademoiselle ?

Suzanne. — Vous êtes en colère !

Le Comte. — Vous voulez quelque chose apparemment ?

Suzanne, *timidement*. — C'est que ma maîtresse a ses vapeurs. J'accourais vous prier de nous prêter votre flacon d'éther. Je l'aurais rapporté dans l'instant.

Le Comte *le lui donne*. — Non, non, gardez-le pour vous-même. Il ne tardera pas à vous être utile.

Suzanne. — Est-ce que les femmes de mon état ont des vapeurs, donc ? C'est un mal de condition, qu'on ne prend que dans les boudoirs.

Le Comte. — Une fiancée bien éprise, et qui perd son futur...

Suzanne. — En payant Marceline avec la dot que vous m'avez promise...

Le Comte. — Que je vous ai promise, moi ?

Suzanne, *baissant les yeux*. — Monseigneur, j'avais cru l'entendre.

Le Comte. — Oui, si vous consentiez à m'entendre vous-même.

Suzanne, *les yeux baissés*. — Et n'est-ce pas mon devoir d'écouter son excellence ?

Le Comte. — Pourquoi donc, cruelle fille, ne me l'avoir pas dit plus tôt ?

Suzanne. — Eſt-il jamais trop tard pour dire la vérité?

Le Comte. — Tu te rendrais ſur la brune au jardin?

Suzanne. — Eſt-ce que je ne m'y promène pas tous les ſoirs?

Le Comte. — Tu m'as traité ce matin ſi ſévèrement!

Suzanne. — Ce matin? Et le page derrière le fauteuil?

Le Comte. — Elle a raiſon, je l'oubliais. Mais pourquoi ce refus obſtiné, quand Bazile, de ma part...?

Suzanne. — Quelle néceſſité qu'un Bazile...?

Le Comte. — Elle a toujours raiſon. Cependant il y a un certain Figaro à qui je crains bien que vous n'ayez tout dit!

Suzanne. — Dame! oui, je lui dis tout..... hors ce qu'il faut lui taire.

Le Comte, *en riant*. — Ah charmante! Et tu me le promets? Si tu manquais à ta parole, entendons-nous, mon cœur : point de rendez-vous, point de dot, point de mariage.

Suzanne, *faiſant la révérence*. — Mais auſſi point de mariage, point de droit du ſeigneur, monſeigneur.

Le Comte. — Où prend-elle ce qu'elle dit? D'honneur j'en raffolerai! Mais ta maîtreſſe attend le flacon.....

Suzanne, *riant et rendant le flacon*. — Aurais-je pu vous parler ſans un prétexte?

Le Comte *veut l'embraſſer*. — Délicieuſe créature!

Suzanne *s'échappe*. — Voilà du monde.

Le Comte, *à part*. — Elle eſt à moi. *(Il s'enfuit.)*

Suzanne. — Allons vite rendre compte à madame.

SCÈNE X.

SUZANNE, FIGARO.

Figaro. — Suzanne, Suzanne ! où cours-tu donc fi vite en quittant monfeigneur?

Suzanne. — Plaide à préfent, fi tu le veux ; tu viens de gagner ton procès.   *(Elle s'enfuit.)*

Figaro *la fuit*. — Ah ! mais, dis donc...

SCÈNE XI.

Le Comte *rentre feul*. — *Tu viens de gagner ton procès !* Je donnais là dans un bon piège ! O mes chers infolents ! je vous punirai de façon... Un bon arrêt, bien jufte... Mais s'il allait payer la duègne... Avec quoi?... S'il payait... Eeeeh ! n'ai-je pas le fier Antonio, dont le noble orgueil dédaigne, en Figaro, un inconnu pour fa nièce ? En careffant cette manie... Pourquoi non ? Dans le vafte champ de l'intrigue il faut favoir tout cultiver, jufqu'à la vanité d'un fot. *(Il appelle.)* Anto... *(Il voit entrer Marceline, etc.)*   *(Il fort.)*

SCÈNE XII.

BARTHOLO, MARCELINE, BRID'OISON.

Marceline, *à Brid'oifon*. — Monfieur, écoutez mon affaire.

Brid'oison, *en robe et bégayant un peu*. — Eh bien ! pa-arlons-en verbalement.

Bartholo. — C'eſt une promeſſe de mariage.

Marceline. — Accompagnée d'un prêt d'argent.

Brid'oison. — J'en-entends, et cætera, le reſte.

Marceline. — Non, monſieur, point d'*et cætera*.

Brid'oison. — J'en-entends : vous avez la ſomme.

Marceline. — Non, monſieur ; c'eſt moi qui l'ai prêtée.

Brid'oison. — J'en-entends bien, vou-ous redemandez l'argent ?

Marceline. — Non, monſieur ; je demande qu'il m'épouſe.

Brid'oison. — Eh ! mais, j'en-entends fort bien. Et lui veu-eut-il vous épouſer ?

Marceline. — Non, monſieur ; voilà tout le procès.

Brid'oison. — Croyez-vous que je ne l'en-entende pas le procès ?

Marceline. — Non, monſieur. *(A Bartholo.)* Où ſommes-nous ? *(A Brid'oiſon.)* Quoi ! c'eſt vous qui nous jugerez ?

Brid'oison. — Eſt-ce que j'ai acheté ma charge pour autre choſe !

Marceline, *en ſoupirant*. — C'eſt un grand abus que de les vendre !

Brid'oison. — Oui ; l'on-on ferait mieux de nous les donner pour rien. Contre qui plai-aidez-vous ?

SCÈNE XIII.

BARTHOLO, MARCELINE, BRID'OISON, FIGARO *rentre en ſe frottant les mains.*

Marceline, *montrant Figaro*. — Monſieur, contre ce malhonnête homme.

Figaro, *très gaiement, à Marceline*. — Je vous gêne

MARIAGE DE FIGARO
Acte III. Scène XIII.

peut-être. — Monseigneur revient dans l'instant, monsieur le conseiller.

Brid'oison. — J'ai vu ce ga-arçon quelque part.

Figaro. — Chez madame votre femme, à Séville, pour la servir, monsieur le conseiller.

Brid'oison. — Dan-ans quel temps?

Figaro. — Un peu moins d'un an avant la naissance de monsieur votre fils le cadet, qui est un bien joli enfant, je m'en vante.

Brid'oison. — Oui, c'est le plus jo-oli de tous. On dit que tu-u fais ici des tiennes?

Figaro. — Monsieur est bien bon. Ce n'est là qu'une misère.

Brid'oison. — Une promesse de mariage! A-ah! le pauvre benêt.

Figaro. — Monsieur...

Brid'oison. — A-t il vu mon-on secrétaire, ce bon garçon?

Figaro. — N'est-ce pas Double-Main, le greffier?

Brid'oison. — Oui; c'è-est qu'il mange à deux râteliers.

Figaro. — Manger! je suis garant qu'il dévore. Oh! que oui, je l'ai vu pour l'extrait et pour le supplément d'extrait; comme cela se pratique, au reste.

Brid'oison. — On-on doit remplir les formes.

Figaro. — Assurément, monsieur: si le fond des procès appartient aux plaideurs, on sait bien que la forme est le patrimoine des tribunaux.

Brid'oison. — Ce garçon-là n'è-est pas si niais que je l'avais cru d'abord. Hé bien, l'ami, puisque tu en fais tant, nou-ous aurons soin de ton affaire.

Figaro. — Monsieur, je m'en rapporte à votre équité, quoique vous soyez de notre justice.

Brid'oison — Hein?... Oui, je suis de la-a justice. Mais si tu dois, et que tu-u ne payes pas?...

Figaro. — Alors monsieur voit bien que c'est comme si je ne devais pas.

Brid'oison. — San-ans doute. — Hé! mais qu'est-ce donc qu'il dit?

SCÈNE XIV.

BARTHOLO, MARCELINE, LE COMTE, BRID'OISON, FIGARO, UN HUISSIER.

L'Huissier, *précédant le comte, crie*. — Monseigneur, messieurs!

Le Comte. — En robe ici, seigneur Brid'oison! Ce n'est qu'une affaire domestique : l'habit de ville était trop bon.

Brid'oison. — C'è-est vous qui l'êtes, monsieur le comte. Mais je ne vais jamais san-ans elle, parce que la forme, voyez-vous, la forme! Tel rit d'un juge en habit court, qui-i tremble au seul aspect d'un procureur en robe. La forme, la-a forme!

Le Comte, *à l'huissier*. — Faites entrer l'audience.

L'Huissier *va ouvrir en glapissant*. — L'audience!

SCÈNE XV.

LES ACTEURS PRÉCÉDENTS, ANTONIO, LES VALETS DU CHATEAU, LES PAYSANS ET PAYSANNES, *en habits de fête;* LE COMTE *s'assied sur le grand fauteuil;* BRID'OISON, *sur une chaise, à côté;* LE GREFFIER, *sur le tabouret, derrière sa table;* LES JUGES, LES AVOCATS, *sur les banquettes;* MAR-

CELINE, *à côté de* BARTHOLO; FIGARO, *fur l'autre banquette;* LES PAYSANS ET LES VALETS, *debout derrière.*

BRID'OISON, *à Double-Main.* — Double-Main, a-appelez les caufes.

DOUBLE-MAIN *lit un papier.* — « Noble, très noble, infi-
« niment noble, don Pedro George, hidalgo, baron de
« los Altos, y Montes Fieros, y otros montes, contre
« Alonzo Calderon, jeune auteur dramatique. Il eft quef-
« tion d'une comédie mort-née, que chacun défavoue et
« rejette fur l'autre. »

LE COMTE. — Ils ont raifon tous deux. Hors de cour. S'ils font enfemble un autre ouvrage, pour qu'il marque un peu dans le grand monde, ordonné que le noble y mettra fon nom, le poète fon talent.

DOUBLE-MAIN *lit un autre papier.* — « André Petrut-
« chio, laboureur, contre le receveur de la province. »
Il s'agit d'un forcement arbitraire.

LE COMTE. — L'affaire n'eft pas de mon reffort. Je

fervirai mieux mes vaſſaux en les protégeant près du roi Paſſez.

Double-Main *en prend un troiſième. Bartholo et Figaro ſe lèvent.* — « Barbe-Agar-Raab-Madeleine-Nicole-Marce-« line de Verte-Allure, fille majeure *(Marceline ſe lève et « ſalue)*, contre Figaro... » nom de baptême en blanc.

Figaro. — Anonyme.

Brid'oison. — A-anonyme! Què-el patron eſt-ce là?

Figaro. — C'eſt le mien.

Double-Main *écrit*. — Contre anonyme *Figaro*. Qualités?

Figaro. — Gentilhomme.

Le Comte. — Vous êtes gentilhomme? *(Le greffier écrit.)*

Figaro. — Si le ciel l'eût voulu, je ſerais le fils d'un prince.

Le Comte, *au greffier*. — Allez.

L'Huissier, *glapiſſant*. — Silence! meſſieurs.

Double-Main *lit*. — « ..... Pour cauſe d'oppoſition « faite au mariage dudit Figaro par ladite de Verte-Al-« lure. Le docteur Bartholo plaidant pour la demande-« reſſe, et ledit Figaro pour lui-même, ſi la cour le per-« met, contre le vœu de l'uſage et la juriſprudence du « ſiège. »

Figaro. — L'uſage, maître Double-Main, eſt ſouvent un abus. Le client un peu inſtruit fait toujours mieux ſa cauſe que certains avocats qui, ſuant à froid, criant à tue-tête, et connaiſſant tout, hors le fait, s'embarraſſent auſſi peu de ruiner le plaideur que d'ennuyer l'auditoire et d'endormir meſſieurs; plus bourſouflés après que s'ils euſſent compoſé l'*Oratio pro Murena*. Moi, je dirai le fait en peu de mots. Meſſieurs...

Double-Main. — En voilà beaucoup d'inutiles, car

vous n'êtes pas demandeur, et n'avez que la défenſe. Avancez, docteur, et liſez la promeſſe.

FIGARO. — Oui, promeſſe !

BARTHOLO, *mettant ſes lunettes*. — Elle eſt préciſe.

BRID'OISON. — I-il faut la voir.

DOUBLE-MAIN. — Silence donc, meſſieurs !

L'HUISSIER, *glapiſſant*. — Silence !

BARTHOLO *lit*. — « Je ſouſſigné reconnais avoir reçu « de damoiſelle, etc..., Marceline de Verte-Allure, dans « le château d'Aguas-Freſcas, la ſomme de deux mille « piaſtres fortes cordonnées ; laquelle ſomme je lui ren- « drai à ſa réquiſition, dans ce château ; et je l'épouſerai, « par forme de reconnaiſſance, etc. Signé *Figaro*, tout « court. » Mes concluſions ſont au paiement du billet et à l'exécution de la promeſſe, avec dépens. *(Il plaide.)* Meſ- ſieurs... jamais cauſe plus intéreſſante ne fut ſoumiſe au jugement de la cour ; et, depuis Alexandre le Grand, qui promit mariage à la belle Thaleſtris...

LE COMTE, *interrompant*. — Avant d'aller plus loin, avocat, convient-on de la validité du titre ?

BRID'OISON, *à Figaro*. — Qu'oppo... qu'oppo-oſez-vous à cette lecture ?

FIGARO. — Qu'il y a, meſſieurs, malice, erreur ou diſ- traction dans la manière dont on a lu la pièce ; car il n'eſt pas dit dans l'écrit : « laquelle ſomme je lui rendrai, ET je l'épouserai ; » mais « laquelle ſomme je lui rendrai, OU je l'épouſerai ; » ce qui eſt bien différent.

LE COMTE. — Y a-t-il ET dans l'acte, ou bien OU ?

BARTHOLO. — Il y a ET.

FIGARO. — Il y a OU.

BRID'OISON. — Double-Main, liſez vous-même.

DOUBLE-MAIN, *prenant le papier*. — Et c'eſt le plus ſûr ; car ſouvent les parties déguiſent en liſant. *(Il lit.)* « E. e.

« e. e. Damoiſelle e. e. e. de Verte-Allure e. e. e. Ah!
« laquelle ſomme je lui rendrai à ſa réquiſition, dans ce
« château... ET... OU... ET... OU... » Le mot eſt ſi
mal écrit... il y a un pâté.

BRID'OISON. — Un pâ-âté? je ſais ce que c'eſt.

BARTHOLO, *plaidant*. — Je ſoutiens, moi, que c'eſt la
conjonction copulative ET qui lie les membres corrélatifs
de la phraſe; je paierai la demoiſelle, ET je l'épouſerai.

FIGARO, *plaidant*. — Je ſoutiens, moi, que c'eſt la conjonction alternative OU qui ſépare leſdits membres; je
payerai la donzelle, OU je l'épouſerai. A pédant, pédant
et demi. Qu'il s'aviſe de parler latin, j'y ſuis grec, je l'extermine.

LE COMTE. — Comment juger pareille queſtion?

BARTHOLO. — Pour la trancher, meſſieurs, et ne plus
chicaner ſur un mot, nous paſſons qu'il y ait OU.

FIGARO. — J'en demande acte.

BARTHOLO. — Et nous y adhérons. Un ſi mauvais refuge ne ſauvera pas le coupable. Examinons le titre en ce
ſens. *(Il lit.)* « Laquelle ſomme je lui rendrai dans ce châ-
« teau, où je l'épouſerai. » C'eſt ainſi qu'on dirait, Meſſieurs : « vous vous ferez ſaigner dans ce lit, *où* vous reſ-
« terez chaudement; » c'eſt dans lequel. « Il prendra
« deux grains de rhubarbe *où* vous mêlerez un peu de
« tamarin; » dans leſquels on mêlera. « Ainſi château *où*
« je l'épouſerai, » Meſſieurs, c'eſt « château dans le-
« quel... »

FIGARO. — Point du tout : la phraſe eſt dans le ſens
de celle-ci : « *ou* la maladie vous tuera, *ou* ce ſera le mé-
« decin; » ou bien le médecin; c'eſt inconteſtable. Autre
exemple : « *ou* vous n'écrirez rien qui plaiſe, ou les ſots
« vous dénigreront; » ou bien les ſots, le ſens eſt clair;
car, audit cas, *ſots* ou *méchants* ſont le ſubſtantif qui gou-

verne. Maître Bartholo croit-il donc que j'aie oublié ma syntaxe? Ainsi, je la payerai dans ce château, *virgule*, ou je l'épouserai...

BARTHOLO, *vite*. — Sans virgule.

FIGARO, *vite*. — Elle y est. C'est, *virgule*, Messieurs, ou bien je l'épouserai.

BARTHOLO, *regardant le papier, vite*. — Sans virgule, Messieurs.

FIGARO, *vite*. — Elle y était, messieurs. D'ailleurs, l'homme qui épouse est-il tenu de rembourser?

BARTHOLO, *vite*. — Oui; nous nous marions séparés de biens.

FIGARO, *vite*. — Et nous de corps, dès que le mariage n'est pas quittance. *(Les juges se lèvent et opinent tout bas.)*

BARTHOLO. — Plaisant acquittement!

DOUBLE-MAIN. — Silence, Messieurs!

L'HUISSIER, *glapissant*. — Silence!

BARTHOLO. — Un pareil fripon appelle cela payer ses dettes.

FIGARO. — Est-ce votre cause, avocat, que vous plaidez?

BARTHOLO. — Je défends cette demoiselle.

FIGARO. — Continuez à déraisonner, mais cessez d'injurier. Lorsque, craignant l'emportement des plaideurs, les tribunaux ont toléré qu'on appelât des tiers, ils n'ont pas entendu que ces défenseurs modérés deviendraient impunément des insolents privilégiés. C'est dégrader le plus noble institut. *(Les juges continuent d'opiner bas.)*

ANTONIO, *à Marceline, montrant les juges*. — Qu'ont-ils à balbucifier?

MARCELINE. — On a corrompu le grand juge; il corrompt l'autre, et je perds mon procès.

BARTHOLO, *bas, d'un ton sombre*. — J'en ai peur.

Figaro, *gaiement.* — Courage, Marceline!

Double-Main *se lève; à Marceline.* — Ah! c'eſt trop fort! Je vous dénonce; et, pour l'honneur du tribunal, je demande qu'avant faire droit ſur l'autre affaire, il ſoit prononcé ſur celle-ci.

Le Comte *s'aſſied.* — Non, greffier, je ne prononcerai point ſur mon injure perſonnelle; un juge eſpagnol n'aura point à rougir d'un excès digne au plus des tribunaux aſiatiques : c'eſt aſſez des autres abus. J'en vais corriger un ſecond, en vous motivant mon arrêt : tout juge qui s'y refuſe eſt un grand ennemi des lois. Que peut requérir la demandereſſe? mariage à défaut de payement; les deux enſemble impliqueraient...

Double-Main. — Silence, Meſſieurs!

L'Huissier, *glapiſſant.* — Silence!

Le Comte. — Que nous répond le défendeur? qu'il veut garder ſa perſonne; à lui permis.

Figaro, *avec joie.* — J'ai gagné!

Le Comte. — Mais, comme le texte dit : « laquelle ſomme je payerai à ſa première réquiſition, ou bien j'épouſerai, etc., » la cour condamne le défendeur à payer deux mille piaſtres fortes à la demandereſſe, ou bien à l'épouſer dans le jour.   *(Il ſe lève.)*

Figaro, *ſtupéfait.* — J'ai perdu.

Antonio, *avec joie.* — Superbe arrêt!

Figaro. — En quoi ſuperbe?

Antonio. — En ce que tu n'es plus mon neveu. Grand merci, monſeigneur.

L'Huissier, *glapiſſant.* — Paſſez, Meſſieurs. *(Le peuple ſort.)*

Antonio. — Je m'en vas tout conter à ma nièce.

SCÈNE XVI.

LE COMTE, *allant de côté et d'autre;* MARCELINE, BARTHOLO, FIGARO, BRID'OISON.

MARCELINE *s'affied.* — Ah! je refpire!

FIGARO. — Et moi, j'étouffe.

LE COMTE, *à part.* — Au moins je fuis vengé, cela foulage.

FIGARO, *à part.* — Et ce Bazile qui devait s'oppofer au mariage de Marceline, voyez comme il revient! — *(Au comte qui fort.)* Monfeigneur, vous nous quittez?

LE COMTE. — Tout eft jugé.

FIGARO, *à Brid'oifon.* — C'eft ce gros enflé de confeiller...

BRID'OISON. — Moi, gro-os enflé!

FIGARO. — Sans doute. Et je ne l'épouferai pas: je fuis gentilhomme une fois.   *(Le comte s'arrête.)*

BARTHOLO. — Vous l'épouferez.

FIGARO. — Sans l'aveu de mes nobles parents?

BARTHOLO. — Nommez-les, montrez-les.

FIGARO. — Qu'on me donne un peu de temps: je fuis bien près de les revoir; il y a quinze ans que je les cherche.

BARTHOLO. — Le fat! c'eft quelque enfant trouvé!

FIGARO. — Enfant perdu, docteur; ou plutôt enfant volé.

LE COMTE *revient.* — *Volé, perdu*, la preuve? Il crierait qu'on lui fait injure.

FIGARO. — Monfeigneur, quand les langes à dentelles, tapis brodés et joyaux d'or trouvés fur moi par les brigands n'indiqueraient pas ma haute naiffance, la précaution qu'on avait prife de me faire des marques diftinctives témoignerait affez combien j'étais un fils précieux : et cet hiéroglyphe à mon bras... *(Il veut fe dépouiller le bras droit.)*

MARCELINE, *fe levant vivement.* — Une fpatule à ton bras droit ?

FIGARO. — D'où favez-vous que je dois l'avoir ?

MARCELINE. — Dieux ! c'eft lui !

FIGARO. — Oui, c'eft moi.

BARTHOLO, *à Marceline.* — Et qui ? lui !

MARCELINE, *vivement.* — C'eft Emmanuel.

BARTHOLO, *à Figaro.* — Tu fus enlevé par des bohémiens ?

FIGARO, *exalté.* — Tout près d'un château. Bon docteur, fi vous me rendez à ma noble famille, mettez un prix à ce fervice ; des monceaux d'or n'arrêteront pas mes illuftres parents.

BARTHOLO, *montrant Marceline.* — Voilà ta mère.

FIGARO. — ... Nourrice ?

BARTHOLO. — Ta propre mère.

LE COMTE. — Sa mère !

FIGARO. — Expliquez-vous.

MARCELINE, *montrant Bartholo.* — Voilà ton père.

FIGARO, *défolé.* — O o oh ! aïe de moi !

MARCELINE. — Eft-ce que la nature ne te l'a pas dit mille fois ?

FIGARO. — Jamais.

LE COMTE, *à part.* — Sa mère !

BRID'OISON. — C'eft clair, i-il ne l'époufera pas (3).

☞ BARTHOLO. — Ni moi non plus.

MARCELINE. — Ni vous ! Et votre fils ? Vous m'aviez juré...

BARTHOLO. — J'étais fou. Si pareils fouvenirs engageaient, on ferait tenu d'époufer tout le monde.

Brid'oison. — E-et ſi l'on y regardait de ſi près, per-erſonne n'épouſerait perſonne.

Bartholo. — Des fautes ſi connues! une jeuneſſe déplorable!

Marceline, *s'échauffant par degrés.* — Oui, déplorable, et plus qu'on ne croit! Je n'entends pas nier mes fautes, ce jour les a trop bien prouvées! mais qu'il eſt dur de les expier après trente ans d'une vie modeſte! J'étais née, moi, pour être ſage, et je le ſuis devenue ſitôt qu'on m'a permis d'uſer de ma raiſon. Mais dans l'âge des illuſions, de l'inexpérience et des beſoins, où les ſéducteurs nous aſſiègent, pendant que la miſère nous poignarde, que peut oppoſer une enfant à tant d'ennemis raſſemblés? Tel nous juge ici ſévèrement, qui, peut-être, en ſa vie a perdu dix infortunées!

Figaro. — Les plus coupables ſont les moins généreux; c'eſt la règle.

Marceline, *vivement.* — Hommes plus qu'ingrats, qui flétriſſez par le mépris les jouets de vos paſſions, vos victimes! c'eſt vous qu'il faut punir des erreurs de notre jeuneſſe; vous et vos magiſtrats, ſi vains du droit de nous juger, et qui nous laiſſent enlever, par leur coupable négligence, tout honnête moyen de ſubſiſter. Eſt-il un ſeul état pour les malheureuſes filles? Elles avaient un droit naturel à toute la parure des femmes : on y laiſſe former mille ouvriers de l'autre ſexe.

Figaro, *en colère.* — Ils font broder juſqu'aux ſoldats!

Marceline, *exaltée.* — Dans les rangs même plus élevés, les femmes n'obtiennent de vous qu'une conſidération dériſoire; traitées en mineures pour nos biens, punies en majeures pour nos fautes! Ah! ſous tous les aſpects, votre conduite avec nous fait horreur ou pitié!

Figaro. — Elle a raiſon.

Le Comte, *à part*. — Que trop raiſon !

Brid'oison. — Elle a, mon-on dieu, raiſon.

Marceline. — Mais que nous font, mon fils, les refus d'un homme injuſte ? Ne regarde pas d'où tu viens, vois où tu vas : cela ſeul importe à chacun. Dans quelques mois ta fiancée ne dépendra plus que d'elle-même ; elle t'acceptera, j'en réponds. Vis entre une épouſe, une mère tendres, qui te chériront à qui mieux mieux. Sois indulgent pour elles, heureux pour toi, mon fils ; gai, libre et bon pour tout le monde : il ne manquera rien à ta mère.

Figaro. — Tu parles d'or, maman, et je me tiens à ton avis. Qu'on eſt ſot, en effet ! Il y a des mille et mille ans que le monde roule, et dans cet océan de durée, où j'ai par haſard attrapé quelques chétifs trente ans qui ne reviendront plus, j'irais me tourmenter pour ſavoir à qui je les dois ! Tant pis pour qui s'en inquiète. Paſſer ainſi la vie à chamailler, c'eſt peſer ſur le collier ſans relâche, comme les malheureux chevaux de la remonte des fleuves, qui ne repoſent pas même quand ils s'arrêtent, et qui tirent toujours, quoiqu'ils ceſſent de marcher. Nous attendrons.

Le Comte. — Sot événement qui me dérange !

Brid'oison, *à Figaro*. — Et la nobleſſe, et le château ? Vous impo-oſez à la juſtice.

Figaro. — Elle allait me faire faire une belle ſottiſe, la juſtice ! Après que j'ai manqué, pour ces maudits cent écus, d'aſſommer vingt fois monſieur, qui ſe trouve aujourd'hui mon père ! Mais puiſque le ciel a ſauvé ma vertu de ces dangers, mon père, agréez mes excuſes... ; et vous, ma mère, embraſſez-moi... le plus maternellement que vous pourrez.   (*Marceline lui ſaute au cou.*)

SCÈNE XVII.

BARTHOLO, FIGARO, MARCELINE, BRID'OISON, SUZANNE, ANTONIO, LE COMTE.

SUZANNE, *accourant, une bourse à la main.* — Monseigneur, arrêtez; qu'on ne les marie pas : je viens payer madame avec la dot que ma maîtresse me donne.

LE COMTE, *à part.* — Au diable la maîtresse ! Il semble que tout conspire. (*Il sort.*)

SCÈNE XVIII.

BARTHOLO, ANTONIO, SUZANNE, FIGARO, MARCELINE, BRID'OISON.

ANTONIO, *voyant Figaro embrasser sa mère, dit à Suzanne.* — Ah ! oui, payer ! Tiens, tiens.

SUZANNE *se retourne.* — J'en vois assez : sortons, mon oncle.

FIGARO, *l'arrêtant.* — Non, s'il vous plaît. Que vois-tu donc ?

SUZANNE. — Ma bêtise et ta lâcheté.

FIGARO. — Pas plus de l'une que de l'autre.

SUZANNE, *en colère.* — Et que tu l'épouses à gré, puisque tu la caresses.

FIGARO, *gaiement.* — Je la caresse, mais je ne l'épouse pas. (*Suzanne veut sortir, Figaro la retient.*)

SUZANNE *lui donne un soufflet.* — Vous êtes bien insolent d'oser me retenir !

FIGARO, *à la compagnie.* — C'est-il ça de l'amour ? Avant

de nous quitter, je t'en supplie, envisage bien cette chère femme-là.

Suzanne. — Je la regarde.

Figaro. — Et tu la trouves...?

Suzanne. — Affreuse.

Figaro. — Et vive la jalousie ! elle ne vous marchande pas.

Marceline, *les bras ouverts*. — Embrasse ta mère, ma jolie Suzannette. Le méchant qui te tourmente est mon fils.

Suzanne *court à elle*. — Vous, sa mère ! *(Elles restent dans les bras l'une de l'autre.)*

Antonio. — C'est donc de tout à l'heure ?

Figaro. — ... Que je le fais.

Marceline, *exaltée*. — Non, mon cœur entraîné vers lui ne se trompait que de motif; c'était le sang qui me parlait.

Figaro. — Et moi le bon sens, ma mère, qui me servait d'instinct quand je vous refusais; car j'étais loin de vous haïr, témoin l'argent...

Marceline *lui remet un papier*. — Il est à toi : reprends ton billet, c'est ta dot.

Suzanne *lui jette la bourse*. — Prends encore celle-ci.

Figaro. — Grand merci.

Marceline, *exaltée*. — Fille assez malheureuse, j'allais devenir la plus misérable des femmes, et je suis la plus fortunée des mères ! Embrassez-moi, mes deux enfants; j'unis en vous toutes mes tendresses. Heureuse autant que je puis l'être, ah ! mes enfants, combien je vais aimer !

Figaro, *attendri, avec vivacité*. — Arrête donc, chère mère ! arrête donc ! voudrais-tu voir se fondre en eau mes yeux noyés des premières larmes que je connaisse ? Elles sont de joie, au moins. Mais quelle stupidité ! j'ai manqué d'en être honteux : je les fentais couler entre mes doigts : regarde *(Il montre fes doigts écartés)* ; et je les retenais bêtement ! Va te promener, la honte ! je veux rire et pleurer en même temps ; on ne fent pas deux fois ce que j'éprouve. *(Il embraffe fa mère d'un côté, Suzanne de l'autre.)*

Marceline. — O mon ami !

Suzanne*. — Mon cher ami !

Brid'oison, *s'effuyant les yeux d'un mouchoir.* — Eh bien ! moi, je fuis donc bê-ête auffi ?

Figaro, *exalté.* — Chagrin, c'eft maintenant que je puis te défier ! Atteins-moi fi tu l'ofes, entre ces deux femmes chéries.

Antonio, *à Figaro.* — Pas tant de cajoleries, s'il vous plaît. En fait de mariage dans les familles, celui des parents va devant, favez. Les vôtres fe baillent-ils la main ?

Bartholo. — Ma main ! puiffe-t-elle fe deffécher et tomber, fi jamais je la donne à la mère d'un tel drôle !

Antonio, *à Bartholo.* — Vous n'êtes donc qu'un père marâtre. *(A Figaro.)* En ce cas, not' galant, plus de parole.

Suzanne. — Ah ! mon oncle...

Antonio. — Irai-je donner l'enfant de not' fœur à fti qui n'eft l'enfant de perfonne ?

Brid'oison. — Eft-ce que cela-a fe peut, imbécile ? on-on eft toujours l'enfant de quelqu'un.

Antonio. — Tarare !... Il ne l'aura jamais. *(Il fort.)*

---

* Bartholo. Antonio, Suzanne, Figaro, Marceline, Brid'oifon.

SCÈNE XIX.

BARTHOLO, SUZANNE, FIGARO, MARCELINE, BRID'OISON.

BARTHOLO, à Figaro. — Et cherche à préfent qui t'adopte. *(Il veut fortir.)*
MARCELINE, *courant prendre Bartholo à bras-le-corps, le ramène.* — Arrêtez, docteur, ne fortez pas!
FIGARO, *à part.* — Non, tous les fots d'Andaloufie font, je crois, déchaînés contre mon pauvre mariage!
SUZANNE, *à Bartholo.* — Bon petit papa, c'eft votre fils.
MARCELINE, *à Bartholo**. — De l'efprit, des talents, de la figure.
FIGARO, *à Bartholo.* — Et qui ne vous a pas coûté une obole.
BARTHOLO. — Et les cent écus qu'il m'a pris?
MARCELINE, *le careffant.* — Nous aurons tant de foin de vous, papa!
SUZANNE, *le careffant.* — Nous vous aimerons tant, petit papa.
BARTHOLO, *attendri.* — Papa! bon papa! petit papa! Voilà que je fuis plus bête encore que monfieur, moi. *(Montrant Brid'oifon.)* Je me laiffe aller comme un enfant. *(Marceline et Suzanne l'embraffent.)* Oh! non, je n'ai pas dit oui. *(Il fe retourne.)* Qu'eft donc devenu monfeigneur?
FIGARO. — Courons le joindre; arrachons-lui fon dernier mot. S'il machinait quelque autre intrigue, il faudrait tout recommencer.

---

* Suzanne, Bartholo, Marceline, Figaro, Brid'oifon.

Tous ensemble. — Courons, courons. *(Ils entraînent Bartholo dehors.)*

SCÈNE XX.

Brid'oison, *seul*. — Plus bê-ête encore que monfieur ! On peut fe dire à foi-même ces-es fortes de chofes-là, mais... I-ils ne font pas polis du tout dan-ans cet en‑ droit-ci. *(Il fort.)*

ACTE IV

Le théâtre repréfente une galerie ornée de candélabres, de luftres allumés, de fleurs, de guirlandes, en un mot, préparée pour donner une fête. Sur le devant, à droite, eft une table avec une écritoire, un fauteuil derrière.

SCÈNE PREMIÈRE.

FIGARO, SUZANNE.

FIGARO, *la tenant à bras-le-corps.*

EH bien! amour, es-tu contente? Elle a converti fon doéteur, cette fine langue dorée de ma mère! Malgré fa répugnance, il l'époufe, et ton bourru d'oncle eft bridé; il n'y a que monfeigneur qui rage, car enfin notre hymen va devenir le prix du leur. Ris donc un peu de ce bon réfultat.

SUZANNE. — As-tu rien vu de plus étrange?

FIGARO. — Ou plutôt d'auffi gai. Nous ne voulions qu'une dot arrachée à l'excellence; en voilà deux dans nos mains, qui ne fortent pas des fiennes. Une rivale acharnée te pourfuivait; j'étais tourmenté par une furie! Tout cela s'eft changé, pour nous, dans *la plus bonne des mères*. Hier j'étais comme feul au monde, et voilà que j'ai tous mes parents; pas fi magnifiques, il eft vrai, que je me les étais galonnés; mais affez bien pour nous, qui n'avons pas la vanité des riches.

Suzanne. — Aucune des chofes que tu avais difpofées, que nous attendions, mon ami, n'eft pourtant arrivée!

Figaro. — Le hafard a mieux fait que nous tous, ma petite. Ainfi va le monde: on travaille, on projette, on arrange d'un côté; la fortune accomplit de l'autre; et depuis l'affamé conquérant qui voudrait avaler la terre, jufqu'au paifible aveugle qui fe laiffe mener par fon chien, tous font le jouet de fes caprices: encore l'aveugle au chien eft-il fouvent mieux conduit, moins trompé dans fes vues que l'autre aveugle avec fon entourage. — Pour cet aimable aveugle qu'on nomme Amour... *(Il la reprend tendrement à bras-le-corps.)*

Suzanne. — Ah! c'eft le feul qui m'intéreffe.

Figaro. — Permets donc que, prenant l'emploi de la folie, je fois le bon chien qui le mène à ta jolie mignonne porte; et nous voilà logés pour la vie.

Suzanne, *riant*. — L'Amour et toi?

Figaro. — Moi et l'Amour.

Suzanne. — Et vous ne chercherez pas d'autre gîte?

Figaro. — Si tu m'y prends, je veux bien que mille millions de galants.....

Suzanne. — Tu vas exagérer: dis ta bonne vérité.

Figaro. — Ma vérité la plus vraie!

Suzanne. — Fi donc, vilain! en a-t-on plufieurs?

Figaro. — Oh! que oui. Depuis qu'on a remarqué qu'avec le temps vieilles folies deviennent fageffe, et qu'anciens petits menfonges affez mal plantés ont produit de groſſes, groſſes vérités, on en a de mille eſpèces. Et celles qu'on fait, ſans oſer les divulguer, car toute vérité n'eſt pas bonne à dire ; et celles qu'on vante, ſans y ajouter foi ; car toute vérité n'eſt pas bonne à croire ; et les ferments paſſionnés, les menaces des mères, les proteſtations des buveurs, les promeſſes des gens en place, le dernier mot de nos marchands ; cela ne finit pas. Il n'y a que mon amour pour Suzon qui ſoit une vérité de bon aloi.

Suzanne. — J'aime ta joie, parce qu'elle eſt folle ; elle annonce que tu es heureux. Parlons du rendez-vous du comte.

Figaro. — Ou plutôt n'en parlons jamais ; il a failli me coûter Suzanne.

Suzanne. — Tu ne veux donc plus qu'il ait lieu ?

Figaro. — Si vous m'aimez, Suzon, votre parole d'honneur ſur ce point : qu'il s'y morfonde, et c'eſt ſa punition.

Suzanne. — Il m'en a plus coûté de l'accorder que je n'ai de peine à le rompre : il n'en ſera plus queſtion.

Figaro. — Ta bonne vérité !

Suzanne. — Je ne ſuis pas comme vous autres ſavants, moi ! je n'en ai qu'une.

Figaro. — Et tu m'aimeras un peu ?

Suzanne. — Beaucoup.

Figaro. — Ce n'eſt guère.

Suzanne. — Et comment ?

Figaro. — En fait d'amour, vois-tu, trop n'eſt pas même aſſez.

Suzanne. — Je n'entends pas toutes ces fineſſes ; mais je n'aimerai que mon mari.

Figaro. — Tiens parole, et tu feras une belle exception à l'uſage. *(Il veut l'embraſſer.)*

SCÈNE II.

FIGARO, SUZANNE, LA COMTESSE.

La Comtesse. — Ah! j'avais raifon de le dire: en quelque endroit qu'ils foient, croyez qu'ils font enfemble. Allons donc, Figaro, c'eft voler l'avenir, le mariage et vous-même, que d'ufurper un tête-à-tête. On vous attend, on s'impatiente.

Figaro. — Il eft vrai, madame, je m'oublie. Je vais leur montrer mon excufe. *(Il veut emmener Suzanne.)*

La Comtesse *la retient*. — Elle vous fuit.

SCÈNE III.

SUZANNE, LA COMTESSE.

La Comtesse. — As-tu ce qu'il nous faut pour troquer de vêtement?

Suzanne. — Il ne faut rien, madame; le rendez-vous ne tiendra pas.

La Comtesse. — Ah! vous changez d'avis?

Suzanne. — C'eft Figaro.

La Comtesse. — Vous me trompez.

Suzanne. — Bonté divine!

La Comtesse. — Figaro n'eft pas homme à laiffer échapper une dot.

Suzanne. — Madame! eh! que croyez-vous donc?

La Comtesse. — Qu'enfin, d'accord avec le comte, il vous fâche à préfent de m'avoir confié fes projets. Je vous fais par cœur. Laiffez-moi. *(Elle veut fortir.)*

Suzanne *fe jette à genoux*. — Au nom du ciel, efpoir de

tous! vous ne favez pas, Madame, le mal que vous faites à Suzanne! Après vos bontés continuelles et la dot que vous me donnez!...

La Comtesse *la relève.* — Hé mais... je ne fais ce que je dis! En me cédant ta place au jardin, tu n'y vas pas, mon cœur; tu tiens parole à ton mari, tu m'aides à ramener le mien.

Suzanne. — Comme vous m'avez affligée!

La Comtesse. — C'est que je ne fuis qu'une étourdie. *(Elle la baife au front.)* Où est ton rendez-vous?

Suzanne *lui baife la main.* — Le mot de jardin m'a feul frappée.

La Comtesse, *montrant la table.* — Prends cette plume, et fixons un endroit.

Suzanne. — Lui écrire!

La Comtesse. — Il le faut.

Suzanne. — Madame! au moins c'est vous...

La Comtesse. — Je mets tout fur mon compte. *(Suzanne s'affied, la comteffe dicte.)*

« Chanfon nouvelle, fur l'air..... Qu'il fera beau ce foir
« fous les grands marronniers..... Qu'il fera beau ce
« foir..... »

Suzanne *écrit.* — « Sous les grands marronniers... » Après?

La Comtesse. — Crains-tu qu'il ne t'entende pas?

Suzanne *relit.* — C'est jufte. *(Elle plie le billet.)* Avec quoi cacheter?

La Comtesse. — Une épingle, dépêche! elle fervira de réponfe. Écris fur le revers : « Renvoyez-moi le cachet. »

Suzanne *écrit en riant.* — Ah! le cachet!... Celui-ci, madame, est plus gai que celui du brevet.

La Comtesse, *avec un fouvenir douloureux.* — Ah!

SUZANNE *cherche fur elle.* — Je n'ai pas d'épingle, à préfent !

LA COMTESSE *détache fa lévite.* — Prends celle-ci. *(Le*

ruban du page tombe de fon fein à terre.) Ah ! mon ruban !

SUZANNE *le ramaffe.* — C'eft celui du petit voleur ! Vous avez eu la cruauté...?

LA COMTESSE. — Fallait-il le laiffer à fon bras ? c'eût été joli. Donnez donc !

Suzanne. — Madame ne le portera plus, taché du sang de ce jeune homme.

La Comtesse *le reprend*. — Excellent pour Fanchette..... Le premier bouquet qu'elle m'apportera.

SCÈNE IV.

une jeune bergère, chérubin *en fille,* fanchette, *et beaucoup de jeunes filles habillées comme elle, et tenant des bouquets;* la comtesse, suzanne.

Fanchette. — Madame, ce font les filles du bourg qui viennent vous préfenter des fleurs.

La Comtesse, *ferrant vite fon ruban*. — Elles font charmantes. Je me reproche, mes belles petites, de ne pas vous connaître toutes. *(Montrant Chérubin.)* Quelle eſt cette aimable enfant qui a l'air ſi modeſte?

Une bergère. — C'eſt une couſine à moi, madame, qui n'eſt ici que pour la noce.

La Comtesse. — Elle eſt jolie. Ne pouvant porter vingt bouquets, faiſons honneur à l'étrangère. *(Elle prend le bouquet de Chérubin, et le baiſe au front.)* Elle en rougit! *(A Suzanne.)* Ne trouves-tu pas, Suzon..... qu'elle reſ- ſemble à quelqu'un?

Suzanne. — A s'y méprendre, en vérité

Chérubin, *à part, les mains ſur ſon cœur.* — Ah! ce baiſer-là m'a été bien loin!

SCÈNE V.

LES JEUNES FILLES, CHÉRUBIN *au milieu d'elles,* FAN-CHETTE, ANTONIO, LE COMTE, LA COMTESSE, SUZANNE.

Antonio. — Moi je vous dis, Monſeigneur, qu'il y eſt; elles l'ont habillé chez ma fille; toutes ſes hardes y ſont encore, et voilà ſon chapeau d'ordonnance que j'ai retiré du paquet. *(Il s'avance et, regardant toutes les filles, il re- connaît Chérubin, lui enlève ſon bonnet de femme, ce qui fait retomber ſes longs cheveux en cadenette. Il lui met ſur la tête le chapeau d'ordonnance, et dit:)* Eh! parguenne, v'là notre officier.

La Comtesse *recule.* — Ah ciel!

Suzanne. — Ce friponneau!

Antonio. — Quand je diſais là-haut que c'était lui!...

Le Comte, *en colère* — Eh bien, Madame?

La Comtesse. — Eh bien, Monſieur! vous me voyez plus ſurpriſe que vous, et, pour le moins, auſſi fâchée.

Le Comte. — Oui; mais tantôt, ce matin?

La Comtesse. — Je ferais coupable, en effet, si je dissimulais encore. Il était descendu chez moi. Nous entamions le badinage que ces enfants viennent d'achever; vous nous avez surprises l'habillant : votre premier mouvement est si vif! il s'est sauvé, je me suis troublée; l'effroi général a fait le reste.

Le Comte, *avec dépit, à Chérubin.* — Pourquoi n'êtes-vous pas parti ?

Chérubin, *ôtant son chapeau brusquement.* — Monseigneur...

Le Comte. — Je punirai ta désobéissance.

Fanchette, *étourdiment.* — Ah, Monseigneur, entendez-moi! Toutes les fois que vous venez m'embrasser, vous savez bien que vous dites toujours : *Si tu veux m'aimer, petite Fanchette, je te donnerai ce que tu voudras.*

Le Comte, *rougissant.* — Moi, j'ai dit cela?

Fanchette. — Oui, Monseigneur. Au lieu de punir Chérubin, donnez-le-moi en mariage, et je vous aimerai à la folie.

Le Comte, *à part.* — Être ensorcelé par un page!

La Comtesse. — Eh bien, Monsieur, à votre tour! L'aveu de cette enfant, aussi naïf que le mien, atteste enfin deux vérités : que c'est toujours sans le vouloir si je vous cause des inquiétudes, pendant que vous épuisez tout pour augmenter et justifier les miennes.

Antonio. — Vous aussi, Monseigneur? Dame! je vous la redresserai comme feu sa mère, qui est morte... Ce n'est pas pour la conséquence; mais c'est que madame sait bien que les petites filles, quand elles sont grandes...

Le Comte, *déconcerté, à part.* — Il y a un mauvais génie qui tourne tout ici contre moi!

SCÈNE VI.

LES JEUNES FILLES, CHÉRUBIN, ANTONIO, FIGARO, LE COMTE,
LA COMTESSE, SUZANNE.

Figaro. — Monseigneur, si vous retenez nos filles, on ne pourra commencer ni la fête, ni la danse.

Le Comte. — Vous, danser! vous n'y pensez pas. Après votre chute de ce matin, qui vous a foulé le pied droit!

Figaro, *remuant la jambe*. — Je souffre encore un peu; ce n'est rien. *(Aux jeunes filles.)* Allons, mes belles, allons!

Le Comte *le retourne*. — Vous avez été fort heureux que ces couches ne fussent que du terreau bien doux!

Figaro. — Très heureux, sans doute; autrement.....

Antonio *le retourne*. — Puis il s'est pelotonné en tombant jusqu'en bas.

Figaro. — Un plus adroit, n'est-ce pas, serait resté en l'air. *(Aux jeunes filles.)* Venez-vous, mesdemoiselles?

Antonio *le retourne*. — Et, pendant ce temps, le petit page galopait sur son cheval à Séville?

Figaro. — Galopait, ou marchait au pas!...

Le Comte *le retourne*. — Et vous aviez son brevet dans la poche!

Figaro, *un peu étonné*. — Assurément, mais quelle enquête? *(Aux jeunes filles.)* Allons donc, jeunes filles!

Antonio, *attirant Chérubin par le bras*. — En voici une qui prétend que mon neveu futur n'est qu'un menteur.

Figaro, *surpris*. — Chérubin!... *(A part.)* Peste du petit fat!

Antonio. — Y es-tu maintenant?

Figaro, *cherchant.* — J'y fuis..... j'y fuis..... Eh! qu'eft-ce qu'il chante?

Le Comte, *féchement.* — Il ne chante pas; il dit que c'eft lui qui a fauté fur les giroflées.

Figaro, *rêvant.* — Ah! s'il le dit..... cela fe peut. Je ne difpute pas de ce que j'ignore.

Le Comte. — Ainfi vous et lui...?

Figaro. — Pourquoi non? la rage de fauter peut gagner : voyez les moutons de Panurge; et quand vous êtes en colère, il n'y a perfonne qui n'aime mieux rifquer...

Le Comte. — Comment, deux à la fois!...

Figaro. — On aurait fauté deux douzaines. Et qu'eft-ce que cela fait, Monfeigneur, dès qu'il n'y a perfonne de bleffé? *(Aux jeunes filles.)* Ah çà, voulez-vous venir, ou non?

Le Comte, *outré.* — Jouons-nous une comédie? *(On entend un prélude de fanfare.)*

Figaro. — Voilà le fignal de la marche. A vos poftes, les belles, à vos poftes! Allons, Suzanne, donne-moi le bras. *(Tous s'enfuient; Chérubin refte feul, la tête baiffée.)*

SCÈNE VII.

CHÉRUBIN, LE COMTE, LA COMTESSE.

Le Comte, *regardant aller Figaro.* — En voit-on de plus audacieux? *(Au page.)* Pour vous, monfieur le fournois, qui faites le honteux, allez vous rhabiller bien vite, et que je ne vous rencontre nulle part de la foirée.

La Comtesse. — Il va bien s'ennuyer.

Chérubin, *étourdiment.* — M'ennuyer! j'emporte à mon

front du bonheur pour plus de cent années de prison. *(Il met son chapeau et s'enfuit.)*

SCÈNE VIII.

LE COMTE, LA COMTESSE. *(La comtesse s'évente fortement sans parler.)*

Le Comte. — Qu'a-t-il au front de si heureux ?

La Comtesse, *avec embarras.* — Son... premier chapeau d'officier, sans doute; aux enfants tout sert de hochet. *(Elle veut sortir.)*

Le Comte. — Vous ne nous restez pas, comtesse ?

La Comtesse. — Vous savez que je ne me porte pas bien.

Le Comte. — Un instant pour votre protégée, ou je vous croirais en colère.

La Comtesse. — Voici les deux noces, asseyons-nous donc pour les recevoir.

Le Comte, *à part.* — La noce ! Il faut souffrir ce qu'on ne peut empêcher. *(Le comte et la comtesse s'asseyent vers un des côtés de la galerie.)*

SCÈNE IX.

LE COMTE, LA COMTESSE, *assis; l'on joue les Folies d'Espagne d'un mouvement de marche. (Symphonie notée.)*

MARCHE.

Les gardes-chasse, fusil sur l'épaule.
L'Alguazil. Les prud'hommes, Brid'oison.
Les paysans et les paysannes en habits de fête.

Deux jeunes filles portant la toque virginale à plumes blanches.

Deux autres, le voile blanc.

Deux autres, les gants et le bouquet de côté.

Antonio donne la main à Suzanne, comme étant celui qui la marie à Figaro.

D'autres jeunes filles portent une autre toque, un autre voile, un autre bouquet blanc, femblables aux premiers, pour Marceline.

Figaro donne la main à Marceline, comme celui qui doit la remettre au docteur, lequel ferme la marche, un gros bouquet au côté. Les jeunes filles, en paffant devant le comte, remettent à fes valets tous les ajuftements deftinés à Suzanne et à Marceline.

Les paysans et les paysannes s'étant rangés fur deux colonnes à chaque côté du falon, on danfe une reprife du fandango (air noté) avec des caftagnettes : puis on joue la ritournelle du duo, pendant laquelle Antonio conduit Suzanne au comte ; elle fe met à genoux devant lui.

Pendant que le comte lui pofe la toque, le voile, et lui donne le bouquet, deux jeunes filles chantent le duo fuivant. (Air noté.)

> Jeune époufe, chantez les bienfaits et la gloire
> D'un maître qui renonce aux droits qu'il eut fur vous :
> Préférant au plaifir la plus noble victoire,
> Il vous rend chafte et pure aux mains de votre époux.

Suzanne eft à genoux, et, pendant le dernier vers du duo, elle tire le comte par fon manteau et lui montre le billet qu'elle tient : puis elle porte la main qu'elle a du côté des fpectateurs à fa tête, où le comte a l'air d'ajufter fa toque ; elle lui donne le billet.

Le comte le met furtivement dans fon fein ; on achève de chanter le duo ; la fiancée fe relève, et lui fait une grande révérence.

Figaro vient la recevoir des mains du comte, et fe retire avec elle à l'autre côté du falon, près de Marceline.

(On danfe une autre reprife du fandango pendant ce temps.)

Le comte, preffé de lire ce qu'il a reçu, s'avance au bord du théâtre et tire le papier de fon fein ; mais en le fortant il fait le gefte d'un homme qui s'eft cruellement piqué le doigt ; il le fecoue, le preffe, le fuce, et, regardant le papier cacheté d'une épingle, il dit :

Le Comte. — *(Pendant qu'il parle, ainfi que Figaro, l'orcheftre joue pianiffimo.)* — Diantre foit des femmes, qui fourrent des épingles partout! *(Il la jette à terre, puis il lit le billet et le baife.)*

FIGARO, *qui a tout vu, dit à fa mère et à Suzanne :* — C'eft un billet doux, qu'une fillette aura gliffé dans fa main en paffant. Il était cacheté d'une épingle, qui l'a outrageufement piqué. *(La danfe reprend : le comte qui a lu le billet le retourne; il y voit l'invitation de renvoyer le cachet pour réponfe. Il cherche à terre, et retrouve enfin l'épingle qu'il attache à fa manche.)*

FIGARO, *à Suzanne et à Marceline.* — D'un objet aimé tout eft cher. Le voilà qui ramaffe l'épingle. Ah! c'eft une drôle de tête! *(Pendant ce temps, Suzanne a des fignes d'intelligence avec la comteffe. La danfe finit; la ritournelle du duo recommence.)*

(Figaro conduit Marceline au comte, ainfi qu'on a conduit Suzanne; à l'inftant où le comte prend la toque, et où l'on va chanter le duo, on eft interrompu par les cris fuivants :)

L'HUISSIER, *criant à la porte.* — Arrêtez donc, Meffieurs! Vous ne pouvez entrer tous... ici les gardes! les gardes! *(Les gardes vont vite à cette porte.)*

LE COMTE, *fe levant.* — Qu'eft-ce qu'il y a?

L'HUISSIER. — Monfeigneur, c'eft monfieur Bazile entouré d'un village entier, parce qu'il chante en marchant.

LE COMTE. — Qu'il entre feul.

LA COMTESSE. — Ordonnez-moi de me retirer.

LE COMTE. — Je n'oublie pas votre complaifance.

LA COMTESSE. — Suzanne?... Elle reviendra. *(A part, à Suzanne.)* Allons changer d'habits. *(Elle fort avec Suzanne.)*

MARCELINE. — Il n'arrive jamais que pour nuire.

FIGARO. — Ah! je m'en vais vous le faire déchanter.

SCÈNE X.

TOUS LES ACTEURS PRÉCÉDENTS, *excepté la comteſſe et Suzanne;* BAZILE, *tenant ſa guitare;* GRIPPE-SOLEIL.

BAZILE *entre en chantant ſur l'air du vaudeville de la fin.*
(Air noté.)

« Cœurs ſenſibles, cœurs fidèles,
« Qui blâmez l'amour léger,
« Ceſſez vos plaintes cruelles :
« Eſt-ce un crime de changer?
« Si l'Amour porte des ailes,
« N'eſt-ce pas pour voltiger?
« N'eſt-ce pas pour voltiger?
« N'eſt-ce pas pour voltiger? »

FIGARO *s'avance à lui.* — Oui, c'eſt pour cela juſtement qu'il a des ailes au dos. Notre ami, qu'entendez-vous par cette muſique?

BAZILE, *montrant Grippe-Soleil.*— Qu'après avoir prouvé mon obéiſſance à monſeigneur en amuſant monſieur, qui eſt de ſa compagnie, je pourrai à mon tour réclamer ſa juſtice.

GRIPPE-SOLEIL. — Bah! monſeigneu, il ne m'a pas amuſé du tout avec leux guenilles d'ariettes...

LE COMTE. — Enfin que demandez-vous, Bazile?

BAZILE. — Ce qui m'appartient, monſeigneur, la main de Marceline ; et je viens m'oppoſer...

FIGARO *s'approche.* — Y a-t-il longtemps que monſieur n'a vu la figure d'un fou?

BAZILE. — Monſieur, en ce moment même.

Figaro. — Puisque mes yeux vous servent si bien de miroir, étudiez y l'effet de ma prédiction. Si vous faites mine seulement d'approximer madame...

Bartholo, *en riant*. Eh! pourquoi? Laisse-le parler.

Brid'oison *s'avance entre deux*. — Fau-aut-il que deux amis...?

Figaro. — Nous, amis!

Bazile. — Quelle erreur!

Figaro, *vite*. — Parce qu'il fait de plats airs de chapelle?

Bazile, *vite*. — Et lui, des vers comme un journal?

Figaro, *vite*. — Un musicien de guinguette!

Bazile, *vite*. — Un postillon de gazette!

Figaro, *vite*. — Cuistre d'oratorio!

Bazile, *vite*. — Jockey diplomatique!

Le Comte, *assis*. — Insolents tous les deux!

Bazile. — Il me manque en toute occasion.

Figaro. — C'est bien dit, si cela se pouvait!

Bazile. — Disant partout que je ne suis qu'un sot.

Figaro. — Vous me prenez donc pour un écho?

Bazile. — Tandis qu'il n'est pas un chanteur que mon talent n'ait fait briller.

Figaro. — Brailler.

Bazile. — Il le répète!

Figaro. — Et pourquoi non, si cela est vrai? Es-tu un prince, pour qu'on te flagorne? Souffre la vérité, coquin! puisque tu n'as pas de quoi gratifier un menteur; ou si tu la crains de notre part, pourquoi viens-tu troubler nos noces?

Bazile, *à Marceline*. — M'avez-vous promis, oui ou non, si dans quatre ans vous n'étiez pas pourvue, de me donner la préférence?

Marceline. — A quelle condition l'ai-je promis?

Bazile. — Que fi vous retrouviez un certain fils perdu, je l'adopterais par complaifance.

Tous ensemble. — Il eft trouvé.

Bazile. — Qu'à cela ne tienne !

Tous ensemble, *montrant Figaro*. — Et le voici.

Bazile, *reculant de frayeur*. — J'ai vu le diable !

Brid'oison, *à Bazile*. — Et vou-ous renoncez à fa chère mère !

Bazile. — Qu'y aurait-il de plus fâcheux que d'être cru le père d'un garnement?

Figaro. — D'en être cru le fils; tu te moques de moi !

Bazile, *montrant Figaro*. — Dès que monfieur eft quelque chofe ici, je déclare, moi, que je n'y fuis plus de rien. *(Il fort.)*

SCÈNE XI.

les acteurs précédents, *excepté Bazile*.

Bartholo, *riant*. — Ah ! ah ! ah ! ah !

Figaro, *fautant de joie*. — Donc à la fin j'aurai ma femme !

Le Comte, *à part*. — Moi, ma maîtreffe ! *(Il fe lève.)*

Brid'oison, *à Marceline*. — Et tou-out le monde eft fatisfait.

Le Comte. — Qu'on dreffe les deux contrats ; j'y fignerai.

Tous ensemble. — *Vivat !*   *(Ils fortent.)*

Le Comte. — J'ai befoin d'une heure de retraite. *(Il veut fortir avec les autres.)*

SCÈNE XII.

GRIPPE-SOLEIL, FIGARO, MARCELINE, LE COMTE.

Grippe-Soleil, *à Figaro.* — Et moi, je vais aider à ranger le feu d'artifice sous les grands marronniers, comme on l'a dit.

Le Comte *revient en courant.* — Quel sot a donné un tel ordre ?

Figaro. — Où est le mal ?

Le Comte, *vivement.* — Et la comtesse qui est incommodée, d'où le verra-t-elle, le feu d'artifice ? C'est sur la terrasse qu'il le faut, vis-à-vis son appartement.

Figaro. — Tu l'entends, Grippe-Soleil ? la terrasse.

Le Comte. — Sous les grands marronniers ! belle idée ! *(En s'en allant, à part.)* Ils allaient incendier mon rendez-vous !

SCÈNE XIII.

FIGARO, MARCELINE.

Figaro. — Quel excès d'attention pour sa femme ! *(Il veut sortir.)*

Marceline *l'arrête.* — Deux mots, mon fils. Je veux m'acquitter avec toi : un sentiment mal dirigé m'avait rendue injuste envers ta charmante femme ; je la supposais d'accord avec le comte, quoique j'eusse appris de Bazile qu'elle l'avait toujours rebuté.

Figaro. — Vous connaissez mal votre fils, de le croire ébranlé par ces impulsions féminines. Je puis défier la plus rusée de m'en faire accroire.

MARCELINE. — Il eſt toujours heureux de le penſer, mon fils; la jalouſie...

FIGARO — ... N'eſt qu'un ſot enfant de l'orgueil, ou c'eſt la maladie d'un fou. Oh! j'ai là-deſſus, ma mère, une philoſophie... imperturbable; et ſi Suzanne doit me tromper un jour, je le lui pardonne d'avance; elle aura longtemps travaillé... *(Il ſe retourne et aperçoit Fanchette qui cherche de côté et d'autre.)*

SCÈNE XIV.

FIGARO, FANCHETTE, MARCELINE.

FIGARO. — E-e-eh!... ma petite couſine qui nous écoute!

FANCHETTE. — Oh! pour ça, non : on dit que c'eſt malhonnête.

FIGARO. — Il eſt vrai; mais comme cela eſt utile, on fait aller ſouvent l'un pour l'autre.

FANCHETTE. — Je regardais ſi quelqu'un était là.

FIGARO. — Déjà diſſimulée, friponne! Vous ſavez bien qu'il n'y peut être.

FANCHETTE. — Et qui donc?

FIGARO. — Chérubin.

FANCHETTE. — Ce n'eſt pas lui que je cherche, car je ſais fort bien où il eſt : c'eſt ma couſine Suzanne.

FIGARO. — Et que lui veut ma petite couſine?

FANCHETTE. — A vous, petit couſin, je le dirai. — C'eſt... ce n'eſt qu'une épingle que je veux lui remettre.

FIGARO, *vivement*. — Une épingle! une épingle!... et de quelle part, coquine? A votre âge, vous faites déjà un mét... *(Il ſe reprend, et dit d'un ton doux.)* Vous faites déjà très bien tout ce que vous entreprenez, Fanchette; et ma jolie couſine eſt ſi obligeante...

FANCHETTE.—A qui donc en a-t-il de fe fâcher? Je m'en vais.

FIGARO, *l'arrêtant*. — Non, non, je badine. Tiens, ta petite épingle eft celle que monfeigneur t'a dit de remettre à Suzanne, et qui fervait à cacheter un petit papier qu'il tenait : tu vois que je fuis au fait.

FANCHETTE. — Pourquoi donc le demander, quand vous le favez fi bien?

FIGARO, *cherchant*. — C'eft qu'il eft affez gai de favoir comment monfeigneur s'y eft pris pour te donner la commiffion.

FANCHETTE, *naïvement*. — Pas autrement que vous le dites : *Tiens, petite Fanchette, rends cette épingle à ta belle coufine, et dis-lui feulement que c'eft le cachet des grands marronniers.*

FIGARO. — Des grands...?

FANCHETTE. — *Marronniers.* Il eft vrai qu'il a ajouté : *Prends garde que perfonne ne te voie.*

FIGARO.—Il faut obéir, ma coufine : heureufement perfonne ne vous a vue. Faites donc joliment votre commiffion, et n'en dites pas plus à Suzanne que monfeigneur n'a ordonné.

FANCHETTE. — Et pourquoi lui en dirais-je plus? Il me prend pour une enfant, mon coufin. *(Elle fort en fautant.)*

SCÈNE XV.

FIGARO, MARCELINE.

FIGARO. — Eh bien, ma mère?

MARCELINE. — Eh bien, mon fils?

FIGARO, *comme étouffé*. — Pour celui-ci...! il y a réellement des chofes!...

MARCELINE. — Il y a des choses! Eh, qu'est-ce qu'il y a?

FIGARO, *les mains sur sa poitrine*. — Ce que je viens d'entendre, ma mère, je l'ai là comme un plomb.

MARCELINE, *riant*. — Ce cœur plein d'assurance n'était donc qu'un ballon gonflé? une épingle a tout fait partir!

FIGARO, *furieux*. — Mais cette épingle, ma mère, est celle qu'il a ramassée!...

MARCELINE, *rappelant ce qu'il a dit*. — La jalousie! oh! j'ai là-dessus, ma mère, une philosophie..... imperturbable; et si Suzanne m'attrape un jour, je le lui pardonne...

FIGARO, *vivement*. — Oh! ma mère! on parle comme on sent : mettez le plus glacé des juges à plaider dans sa propre cause, et voyez-le expliquer la loi! — Je ne m'étonne plus s'il avait tant d'humeur sur ce feu! — Pour la mignonne aux fines épingles, elle n'en est pas où elle le croit, ma mère, avec ses marronniers! Si mon mariage est assez fait pour légitimer ma colère, en revanche il ne l'est pas assez pour que je n'en puisse épouser une autre, et l'abandonner...

MARCELINE. — Bien conclu! Abîmons tout sur un soupçon. Qui t'a prouvé, dis-moi, que c'est toi qu'elle joue et non le comte? L'as-tu étudiée de nouveau, pour la condamner sans appel? Sais-tu si elle se rendra sous les arbres, à quelle intention elle y va? ce qu'elle y dira? ce qu'elle y fera? Je te croyais plus fort en jugement!

FIGARO, *lui baisant la main avec transport*. — Elle a raison, ma mère; elle a raison, raison, toujours raison! Mais accordons, maman, quelque chose à la nature : on en vaut mieux après. Examinons en effet avant d'accuser et d'agir. Je sais où est le rendez-vous. Adieu, ma mère. (*Il sort.*)

SCÈNE XVI.

MARCELINE, *seule*. — Adieu. Et moi auffi, je le fais. Après l'avoir arrêté, veillons fur les voies de Suzanne, ou plutôt avertiffons-la; elle eft fi jolie créature! Ah! quand l'intérêt perfonnel ne nous arme point les unes contre les autres, nous fommes toutes portées à foutenir notre pauvre fexe opprimé contre ce fier, ce terrible... *(en riant)* et pourtant un peu nigaud de fexe mafculin. *(Elle fort.)*

ACTE V

Le théâtre repréſente une ſalle de marronniers, dans un parc; deux pavillons, kioſques, ou temples de jardins, font à droite et à gauche; le fond eſt une clairière ornée, un ſiège de gazon ſur le devant. Le théâtre eſt obſcur.

SCÈNE PREMIÈRE.

FANCHETTE, *ſeule, tenant d'une main deux biſcuits et une orange, et de l'autre une lanterne de papier allumée.* — Dans le pavillon à gauche, a-t-il dit. C'eſt celui-ci. — S'il allait ne pas venir à préſent; mon petit rôle...! Ces vilaines gens de l'office qui ne voulaient pas ſeulement me donner une orange et deux biſcuits! — Pour qui, Mademoiſelle? — Eh bien, Monſieur, c'eſt pour quelqu'un. — Oh! nous ſavons. — Et quand ça ſerait? Parce que monſeigneur ne veut pas le voir, faut-il qu'il meure de faim? — Tout ça pourtant m'a coûté un fier baiſer ſur la joue!... Que ſait-on? il me le rendra peut-être. (*Elle voit Figaro qui vient l'examiner; elle fait un cri.*) Ah!... (*Elle s'enfuit, et elle entre dans le pavillon à ſa gauche.*)

SCÈNE II.

FIGARO, *un grand manteau sur les épaules, un large chapeau rabattu;* BAZILE, ANTONIO, BARTHOLO, BRID'OISON, GRIPPE-SOLEIL, TROUPE DE VALETS ET DE TRAVAILLEURS.

FIGARO, *d'abord seul.* — C'est Fanchette! *(Il parcourt des yeux les autres à mesure qu'ils arrivent, et dit d'un ton*

farouche :) Bonjour, Messieurs; bonsoir : êtes-vous tous ici?

BAZILE. — Ceux que tu as pressés d'y venir.

FIGARO. — Quelle heure est-il bien à peu près?

ANTONIO *regarde en l'air.* — La lune devrait être levée.

BARTHOLO. — Eh! quels noirs apprêts fais-tu donc? Il a l'air d'un conspirateur!

Figaro, *s'agitant*. — N'eſt-ce pas pour une noce, je vous prie, que vous êtes raſſemblés au château ?

Brid'oison. — Cè-ertainement.

Antonio. — Nous allions là-bas, dans le parc, attendre un ſignal pour la fête.

Figaro. — Vous n'irez pas plus loin, Meſſieurs; c'eſt ici, ſous ces marronniers, que nous devons tous célébrer l'honnête fiancée que j'époufe et le loyal ſeigneur qui ſe l'eſt deſtinée.

Bazile, *ſe rappelant la journée*. — Ah! vraiment, je ſais ce que c'eſt. Retirons-nous, ſi vous m'en croyez : il eſt queſtion d'un rendez-vous; je vous conterai cela près d'ici.

Brid'oison, *à Figaro*. — Nou-ous reviendrons.

Figaro. — Quand vous m'entendrez appeler, ne manquez pas d'accourir tous; et dites du mal de Figaro s'il ne vous fait voir une belle choſe.

Bartholo. — Souviens-toi qu'un homme ſage ne ſe fait point d'affaires avec les grands.

Figaro. — Je m'en ſouviens.

Bartholo. — Qu'ils ont quinze et biſque ſur nous par leur état.

Figaro. — Sans leur induſtrie, que vous oubliez. Mais ſouvenez-vous auſſi que l'homme qu'on ſait timide eſt dans la dépendance de tous les fripons.

Bartholo. — Fort bien.

Figaro. — Et que j'ai nom de *Verte-Allure*, du chef de ma mère.

Bartholo. — Il a le diable au corps.

Brid'oison. — I-il l'a.

Bazile, *à part* — Le comte et ſa Suzanne ſe ſont arrangés ſans moi? Je ne ſuis pas fâché de l'algarade.

Figaro, *aux valets*. — Pour vous autres, coquins, à

qui j'ai donné l'ordre, illuminez-moi ces entours; ou, par la mort que je voudrais tenir aux dents, fi j'en faifis un par le bras... *(Il fecoue le bras de Grippe-Soleil.)*

GRIPPE-SOLEIL *s'en va en criant et pleurant.* — A, a, o, oh! damné brutal!

BAZILE, *en s'en allant.* — Le ciel vous tienne en joie, Monfieur du marié. *(Ils fortent.)*

SCÈNE III.

FIGARO, *feul, fe promenant dans l'obfcurité, dit du ton le plus fombre :* — O femme! femme! femme! créature faible et décevante...! nul animal créé ne peut manquer à fon inftinct : le tien eft-il donc de tromper?... Après m'avoir obftinément refufé quand je l'en preffais devant fa maîtreffe, à l'inftant qu'elle me donne fa parole, au milieu même de la cérémonie..... Il riait en lifant, le perfide! et moi comme un benêt...! Non, Monfieur le comte, vous ne l'aurez pas... vous ne l'aurez pas. Parce que vous êtes un grand feigneur, vous vous croyez un grand génie!... Nobleffe, fortune, un rang, des places, tout cela rend fi fier! Qu'avez-vous fait pour tant de biens? Vous vous êtes donné la peine de naître, et rien de plus. Du refte, homme affez ordinaire! tandis que moi, morbleu! perdu dans la foule obfcure, il m'a fallu déployer plus de fcience et de calculs pour fubfifter feulement, qu'on n'en a mis depuis cent ans à gouverner toutes les Efpagnes : et vous voulez jouter!...On vient... c'eft elle... Ce n'eft perfonne. La nuit eft noire en diable, et me voilà faifant le fot métier de mari, quoique je ne le fois qu'à moitié! *(Il s'affied fur un banc.)* Eft-il rien de plus bizarre que ma deftinée! Fils de je ne fais pas qui, volé par des bandits, élevé dans leurs mœurs, je m'en dégoûte et veux courir une carrière honnête, et partout je fuis repouffé! J'apprends la chimie, la pharmacie, la chirurgie, et tout le crédit d'un grand feigneur peut à peine me mettre à la main une lancette vétérinaire! — Las d'attrifter des bêtes malades, et pour faire un métier contraire, je me jette à corps perdu dans le théâtre : me fuffé-je mis une pierre au cou! Je broche une comédie dans les mœurs du férail. Auteur efpagnol, je crois pouvoir y fronder Mahomet fans fcrupule : à l'inftant un envoyé... de je ne fais où fe plaint que j'offenfe dans mes vers la Sublime Porte, la Perfe, une partie de la prefqu'île de l'Inde, toute l'Égypte, les royaumes de Barca, de Tripoli, de Tunis, d'Alger et de Maroc : et voilà ma comédie flambée, pour plaire aux princes mahométans, dont pas un, je crois, ne fait lire, et qui nous meurtriffent l'omoplate, en nous difant : *chiens de chrétiens!* — Ne pouvant avilir l'efprit, on fe venge en le maltraitant.— Mes joues creufaient, mon terme était échu; je voyais de loin arriver l'affreux recors, la plume fichée dans fa perruque : en frémiffant je m'évertue. Il s'élève une queftion fur la nature des richeffes; et comme il n'eft pas néceffaire de tenir les chofes pour en raifonner, n'ayant pas un fou, j'écris fur la valeur de l'argent et fur fon produit net : fitôt je vois, du fond d'un fiacre, baiffer pour moi le pont d'un château fort, à l'entrée duquel je laiffai l'efpérance et la liberté. *(Il fe lève.)* Que je voudrais bien tenir un de ces puiffants de quatre jours, fi légers fur le mal qu'ils ordonnent! quand une bonne difgrâce a cuvé fon orgueil. Je lui dirais... que les fottifes imprimées n'ont d'importance qu'aux lieux où l'on en gêne le cours; que, fans la liberté de blâmer, il n'eft point d'éloge flatteur; et qu'il n'y a que les petits hommes qui redoutent les petits écrits. *(Il fe raffied.)* Las de nourrir un obfcur penfionnaire, on me met un jour dans la rue;

et comme il faut dîner, quoiqu'on ne foit plus en prifon, je taille encore ma plume, et demande à chacun de quoi il eft queftion : on me dit que, pendant ma retraite économique, il s'eft établi dans Madrid un fyftème de liberté fur la vente des productions, qui s'étend même à celles de la preffe, et que, pourvu que je ne parle en mes écrits ni de l'autorité, ni du culte, ni de la politique, ni de la morale, ni des gens en place, ni des corps en crédit, ni de l'Opéra, ni des autres fpectacles, ni de perfonne qui tienne à quelque chofe, je puis tout imprimer librement, fous l'infpection de deux ou trois cenfeurs. Pour profiter de cette douce liberté, j'annonce un écrit périodique, et croyant n'aller fur les brifées d'aucun autre, je le nomme *Journal inutile*. Pou-ou! je vois s'élever contre moi mille pauvres diables à la feuille; on me fupprime, et me voilà derechef fans emploi! — Le défefpoir m'allait faifir; on penfe à moi pour une place, mais par malheur j'y étais propre : il fallait un calculateur, ce fut un danfeur qui l'obtint. Il ne me reftait plus qu'à voler; je me fais banquier de pharaon : alors, bonnes gens! je foupe en ville, et les perfonnes dites *comme il faut* m'ouvrent poliment leur maifon, en retenant pour elles les trois quarts du profit. J'aurais bien pu me remonter; je commençais même à comprendre que, pour gagner du bien, le favoir-faire vaut mieux que le favoir. Mais comme chacun pillait autour de moi, en exigeant que je fuffe honnête, il fallut bien périr encore. Pour le coup je quittais le monde, et vingt braffes d'eau allaient m'en féparer, lorfqu'un dieu bienfaifant m'appelle à mon premier état. Je reprends ma trouffe et mon cuir anglais; puis, laiffant la fumée aux fots qui s'en nourriffent, et la honte au milieu du chemin, comme trop lourde à un piéton, je vais rafant de ville en ville, et je vis enfin fans souci. Un grand seigneur passe à Séville; il me reconnaît, je le marie; et pour prix d'avoir eu par mes soins son épouse, il veut intercepter la mienne! Intrigue, orage à ce sujet. Prêt à tomber dans un abîme, au moment d'épouser ma mère, mes parents m'arrivent à la file. *(Il se lève en s'échauffant.)* On se débat; c'est vous, c'est lui, c'est moi, c'est toi; non, ce n'est pas nous; eh mais qui donc? *(Il retombe assis.)* O bizarre suite d'événements! Comment cela m'est-il arrivé? Pourquoi ces choses et non pas d'autres? Qui les a fixées sur ma tête? Forcé de parcourir la route où je suis entré sans le savoir, comme j'en sortirai sans le vouloir, je l'ai jonchée d'autant de fleurs que ma gaieté me l'a permis : encore je dis ma gaieté sans savoir si elle est à moi plus que le reste, ni même quel est ce *moi* dont je m'occupe : un assemblage informe de parties inconnues; puis un chétif être imbécile; un petit animal folâtre; un jeune homme ardent au plaisir, ayant tous les goûts pour jouir, faisant tous les métiers pour vivre; maître ici, valet là, selon qu'il plaît à la fortune; ambitieux par vanité, laborieux par nécessité, mais paresseux... avec délices! orateur selon le danger, poète par délassement, musicien par occasion, amoureux par folles bouffées, j'ai tout vu, tout fait, tout usé. Puis l'illusion s'est détruite, et, trop désabusé... Désabusé!... Suzon, Suzon, Suzon! que tu me donnes de tourments!... J'entends marcher... on vient. Voici l'instant de la crise. *(Il se retire près de la première coulisse à sa droite.)*

SCÈNE IV.

FIGARO, LA COMTESSE, *avec les habits de Suzon;* SUZANNE, *avec ceux de la comtesse,* MARCELINE.

Suzanne, *bas, à la comtesse.* — Oui, Marceline m'a dit que Figaro y serait.

Marceline. — Il y est aussi; baisse la voix.

Suzanne. — Ainsi l'un nous écoute, et l'autre va venir me chercher. Commençons.

Marceline. — Pour n'en pas perdre un mot, je vais me cacher dans le pavillon. *(Elle entre dans le pavillon où est entrée Fanchette.)*

SCÈNE V.

FIGARO, LA COMTESSE, SUZANNE.

Suzanne, *haut.* — Madame tremble! est-ce qu'elle aurait froid?

La Comtesse, *haut.* — La soirée est humide, je vais me retirer..

Suzanne, *haut.* — Si madame n'avait pas besoin de moi, je prendrais l'air un moment, sous ces arbres.

La Comtesse, *haut.* — C'est le serein que tu prendras.

Suzanne, *haut.* — J'y suis toute faite.

Figaro, *à part.* — Ah oui, le serein! *(Suzanne se retire près de la coulisse, du côté opposé à Figaro.)*

SCÈNE VI.

FIGARO, CHÉRUBIN, LE COMTE, LA COMTESSE, SUZANNE.

(Figaro et Suzanne retirés de chaque côté sur le devant.)

CHÉRUBIN, *en habit d'officier, arrive en chantant gaiement la reprise de l'air de la romance.* — La, la, la, etc.

>J'avais une marraine,
>Que toujours adorai.

LA COMTESSE, *à part.* — Le petit page!
CHÉRUBIN *s'arrête.* — On se promène ici; gagnons vite mon asile, où la petite Fanchette... C'est une femme!
LA COMTESSE *écoute.* — Ah grands dieux!
CHÉRUBIN *se baisse en regardant de loin.* — Me trompé-je? à cette coiffure en plumes qui se dessine au loin dans le crépuscule, il me semble que c'est Suzon.
LA COMTESSE, *à part.* — Si le comte arrivait. *(Le comte paraît dans le fond.)*
CHÉRUBIN *s'approche et prend la main de la comtesse, qui se défend.* — Oui, c'est la charmante fille qu'on nomme Suzanne. Eh! pourrais-je m'y méprendre à la douceur de cette main, à ce petit tremblement qui l'a saisie; surtout au battement de mon cœur! *(Il veut y appuyer le dos de la main de la comtesse; elle la retire.)*
LA COMTESSE, *bas.* — Allez-vous-en.
CHÉRUBIN — Si la compassion l'avait conduite exprès dans cet endroit du parc, où je suis caché depuis tantôt...
LA COMTESSE. — Figaro va venir.
LE COMTE, *s'avançant, dit à part.* — N'est-ce pas Suzanne que j'aperçois?

CHÉRUBIN, *à la comtesse.* — Je ne crains point du tout Figaro, car ce n'est pas lui que tu attends.

LA COMTESSE. — Qui donc?

LE COMTE, *à part.* — Elle est avec quelqu'un.

CHÉRUBIN. — C'est monseigneur, friponne, qui t'a demandé ce rendez-vous ce matin, quand j'étais derrière le fauteuil.

LE COMTE, *à part, avec fureur.* — C'est encore le page infernal!

FIGARO, *à part.* — On dit qu'il ne faut pas écouter.

SUZANNE, *à part.* — Petit bavard!

LA COMTESSE, *au page.* — Obligez-moi de vous retirer.

CHÉRUBIN. — Ce ne sera pas au moins sans avoir reçu le prix de mon obéissance.

LA COMTESSE, *effrayée.* — Vous prétendez?...

CHÉRUBIN, *avec feu.* — D'abord vingt baisers pour ton compte, et puis cent pour ta belle maîtresse.

LA COMTESSE. — Vous oseriez?

CHÉRUBIN. — Oh! que oui, j'oserai. Tu prends sa place auprès de monseigneur; moi celle du comte auprès de toi : le plus attrapé, c'est Figaro.

FIGARO, *à part.* — Ce brigandeau!

SUZANNE, *à part.* — Hardi comme un page. *(Chérubin veut embrasser la comtesse; le comte se met entre et reçoit le baiser.)*

LA COMTESSE, *se retirant.* — Ah! ciel!

FIGARO, *à part, entendant le baiser.* — J'épousais une jolie mignonne! *(Il écoute.)*

CHÉRUBIN, *tâtant les habits du comte. (A part.)* — C'est monseigneur.! *(Il s'enfuit dans le pavillon où sont entrées Fanchette et Marceline.)*

SCÈNE VII.

FIGARO, LE COMTE, LA COMTESSE, SUZANNE.

Figaro *s'approche.* — Je vais...

Le Comte, *croyant parler au page.* — Puisque vous ne redoublez pas le baiser... *(Il croit lui donner un soufflet.)*

Figaro, *qui est à portée, le reçoit.* — Ah!

Le Comte. — ... Voilà toujours le premier payé.

Figaro, *à part, s'éloigne en se frottant la joue.* — Tout n'est pas gain non plus en écoutant.

Suzanne, *riant tout haut de l'autre côté.* — Ah! ah! ah! ah!

Le Comte, *à la comtesse, qu'il prend pour Suzanne.* — Entend-on quelque chose à ce page? Il reçoit le plus rude soufflet, et s'enfuit en éclatant de rire.

Figaro, *à part.* — S'il s'affligeait de celui-ci!...

Le Comte. — Comment! je ne pourrai faire un pas... *(A la comtesse.)* Mais laissons cette bizarrerie; elle empoisonnerait le plaisir que j'ai de te trouver dans cette salle.

La Comtesse, *imitant le parler de Suzanne.* — L'espériez-vous?

Le Comte. — Après ton ingénieux billet! *(Il lui prend la main.)* Tu trembles?

La Comtesse. — J'ai eu peur.

Le Comte. — Ce n'est pas pour te priver du baiser que je l'ai pris. *(Il la baise au front.)*

La Comtesse. — Des libertés!

Figaro, *à part.* — Coquine!

Suzanne, *à part.* — Charmante!

Le Comte *prend la main de sa femme.* — Mais quelle

peau fine et douce, et qu'il s'en faut que la comteſſe ait la main auſſi belle!

La Comtesse, *à part*. — Oh! la prévention!

Le Comte. — A-t-elle ce bras ferme et rondelet? ces jolis doigts pleins de grâce et d'eſpièglerie?

La Comtesse, *de la voix de Suzanne*. — Ainſi l'amour...?

Le Comte. — L'amour... n'eſt que le roman du cœur: c'eſt le plaiſir qui en eſt l'hiſtoire; il m'amène à tes genoux.

La Comtesse. — Vous ne l'aimez plus?

Le Comte. — Je l'aime beaucoup; mais trois ans d'union rendent l'hymen ſi reſpectable!

La Comtesse. — Que vouliez-vous en elle?

Le Comte, *la careſſant*. — Ce que je trouve en toi, ma beauté...

La Comtesse. — Mais dites donc.

Le Comte. — ..... Je ne ſais: moins d'uniformité peut-être, plus de piquant dans les manières, un je ne ſais quoi qui fait le charme; quelquefois un refus: que fais-je? Nos femmes croient tout accomplir en nous aimant. Cela dit une fois, elles nous aiment, nous aiment, quand elles nous aiment!... et ſont ſi complaiſantes et ſi conſtamment obligeantes, et toujours, et ſans relâche, qu'on eſt tout ſurpris un beau ſoir de trouver la ſatiété où l'on recherchait le bonheur.

La Comtesse, *à part*. — Ah! quelle leçon!

Le Comte. — En vérité, Suzon, j'ai penſé mille fois que ſi nous pourſuivons ailleurs ce plaiſir qui nous fuit chez elles, c'eſt qu'elles n'étudient pas aſſez l'art de ſoutenir notre goût, de ſe renouveler à l'amour, de ranimer, pour ainſi dire, le charme de leur poſſeſſion par celui de la variété.

La Comtesse, *piquée*. — Donc elles doivent tout...?

Le Comte, *riant*. — Et l'homme rien? Changerons-nous la marche de la nature? Notre tâche à nous fut de les obtenir; la leur...

La Comtesse. — La leur?...

Le Comte. — Eſt de nous retenir : on l'oublie trop.

La Comtesse. — Ce ne ſera pas moi.

Le Comte. — Ni moi.

Figaro, *à part*. — Ni moi.

Suzanne, *à part*. — Ni moi.

Le Comte *prend la main de ſa femme*. — Il y a de l'écho ici; parlons plus bas. Tu n'as nul beſoin d'y ſonger, toi que l'amour a faite ſi vive et ſi jolie! Avec un grain de caprice, tu ſeras la plus agaçante maîtreſſe! *(Il la baiſe au front.)* Ma Suzanne, un Caſtillan n'a que ſa parole. Voici tout l'or promis pour le rachat du droit que je n'ai plus ſur le délicieux moment que tu m'accordes. Mais comme la grâce que tu daignes y mettre eſt ſans prix, j'y joindrai ce brillant, que tu porteras pour l'amour de moi.

La Comtesse, *une révérence*. — Suzanne accepte tout.

Figaro, *à part*. — On n'eſt pas plus coquine que cela.

Suzanne, *à part*. — Voilà du bon bien qui nous arrive.

Le Comte, *à part*. — Elle eſt intéreſſée; tant mieux.

La Comtesse *regarde au fond*. — Je vois des flambeaux.

Le Comte. — Ce ſont les apprêts de la noce. Entrons-nous un moment dans l'un de ces pavillons, pour les laiſſer paſſer?

La Comtesse. — Sans lumière?

Le Comte *l'entraîne doucement*. — A quoi bon? Nous n'avons rien à lire.

Figaro, *à part*. — Elle y va, ma foi! Je m'en doutais. *(Il s'avance.)*

Le Comte *groſſit ſa voix en ſe retournant.* — Qui paſſe ici ?

Figaro, *en colère.* — Paſſer ! on vient exprès.

Le Comte, *bas à la comteſſe.* — C'eſt Figaro !... *(Il s'enfuit.)*

La Comtesse. — Je vous fuis. *(Elle entre dans le pavillon à ſa droite, pendant que le comte ſe perd dans le bois, au fond.)*

SCÈNE VIII.

FIGARO, SUZANNE, *dans l'obſcurité.*

Figaro *cherche à voir où ſont le comte et la comteſſe, qu'il prend pour Suzanne.* — Je n'entends plus rien ; ils ſont entrés. M'y voilà. *(D'un ton altéré.)* Vous autres, époux maladroits, qui tenez des eſpions à gages et tournez des mois entiers autour d'un ſoupçon, ſans l'aſſeoir, que ne m'imitez-vous ? Dès le premier jour je ſuis ma femme et je l'écoute ; en un tour de main on eſt au fait : c'eſt charmant ; plus de doutes ; on ſait à quoi s'en tenir. *(Marchant vivement.)* Heureuſement que je ne m'en ſoucie guère, et que ſa trahiſon ne me fait plus rien du tout. Je les tiens donc enfin !

Suzanne, *qui s'eſt avancée doucement dans l'obſcurité. (A part.)* — Tu vas payer tes beaux ſoupçons. *(Du ton de voix de la comteſſe.)* Qui va là ?

Figaro, *extravagant.* — *Qui va là ?* Celui qui voudrait de bon cœur que la peſte eût étouffé en naiſſant...

Suzanne, *du ton de la comteſſe.* — Eh ! mais, c'eſt Figaro !

Figaro *regarde, et dit vivement :* — Madame la comteſſe !

Suzanne. — Parlez bas.

Figaro, *vite*. — Ah! Madame, que le ciel vous amène à propos! Où croyez-vous qu'eſt monſeigneur?

Suzanne. — Que m'importe un ingrat? Dis-moi...

Figaro, *plus vite*. — Et Suzanne, mon épouſée, où croyez-vous qu'elle ſoit?

Suzanne. — Mais parlez bas!

Figaro, *très vite*. — Cette Suzon qu'on croyait ſi vertueuſe, qui faiſait de la réſervée! Ils ſont enfermés là dedans. Je vais appeler.

Suzanne, *lui fermant la bouche avec ſa main, oublie de déguiſer ſa voix*. — N'appelez pas!

Figaro, *à part*. — Eh! c'eſt Suzon! God-dam!

Suzanne, *du ton de la comteſſe*. — Vous paraiſſez inquiet.

Figaro, *à part*. — Traîtreſſe! qui veut me ſurprendre!

Suzanne. — Il faut nous venger, Figaro.

Figaro. — En ſentez-vous le vif déſir?

Suzanne. — Je ne ſerais donc pas de mon ſexe! Mais les hommes en ont cent moyens.

Figaro, *confidemment*. — Madame, il n'y a perſonne ici de trop. Celui des femmes... les vaut tous.

Suzanne, *à part*. — Comme je le ſouffletterais!

Figaro, *à part*. — Il ſerait bien gai qu'avant la noce...

Suzanne. — Mais qu'eſt-ce qu'une telle vengeance qu'un peu d'amour n'aſſaiſonne pas?

Figaro. — Partout où vous n'en voyez point, croyez que le reſpect diſſimule.

Suzanne, *piquée*. — Je ne ſais ſi vous le penſez de bonne foi, mais vous ne le dites pas de bonne grâce.

Figaro, *avec une chaleur comique, à genoux*. — Ah! Madame, je vous adore. Examinez le temps, le lieu, les cir=

conftances, et que le dépit fupplée en vous aux grâces qui manquent à ma prière.

Suzanne, *à part.* — La main me brûle!
Figaro, *à part.* — Le cœur me bat.
Suzanne. — Mais, Monfieur, avez-vous fongé?...
Figaro. — Oui, Madame, oui, j'ai fongé.
Suzanne. — ... Que pour la colère et l'amour...
Figaro. — ... Tout ce qui fe diffère eft perdu. Votre main, Madame?
Suzanne, *de fa voix naturelle et lui donnant un foufflet.* — La voilà.
Figaro. — Ah! demonio! quel foufflet.
Suzanne *lui en donne un fecond.* — Quel foufflet! et celui-ci?
Figaro. — Et *ques-aquo?* de par le diable! Eft-ce ici la journée des tapes?
Suzanne *le bat d chaque phrafe.* — Ah! *ques-aquo?* Su-

zanne : et voilà pour tes foupçons, voilà pour tes vengeances et pour tes trahifons, tes expédients, tes injures et tes projets. C'eft-il ça de l'amour? Dis donc comme ce matin?

Figaro *rit en fe relevant.* — *Santa Barbara!* oui, c'eft de l'amour. O bonheur ! ô délices ! ô cent fois heureux Figaro ! Frappe, ma bien-aimée, frappe fans te laffer. Mais quand tu m'auras diapré tout le corps de meurtriffures, regarde avec bonté, Suzon, l'homme le plus fortuné qui fut jamais battu par une femme.

Suzanne. — *Le plus fortuné!* Bon fripon, vous n'en féduifiez pas moins la comteffe, avec un fi trompeur babil, que, m'oubliant moi-même, en vérité, c'était pour elle que je cédais.

Figaro. — Ai-je pu me méprendre au fon de ta jolie voix?

Suzanne, *en riant.* — Tu m'as reconnue? Ah! comme je m'en vengerai !

Figaro. — Bien roffer et garder rancune eft auffi par trop féminin ! Mais dis-moi donc par quel bonheur je te vois là, quand je te croyais avec lui ; et comment cet habit, qui m'abufait, te montre enfin innocente...

Suzanne. — Eh! c'eft toi qui es un innocent, de venir te prendre au piège apprêté pour un autre ! Eft-ce notre faute, à nous, fi, voulant mufeler un renard, nous en attrapons deux ?

Figaro. — Qui donc prend l'autre?

Suzanne. — Sa femme.

Figaro. — Sa femme ?

Suzanne. — Sa femme.

Figaro, *follement.* — Ah! Figaro ! pends-toi ; tu n'as pas deviné celui-là. Sa femme? O douze ou quinze mille fois fpirituelles femelles ! — Ainfi les baifers de cette falle?

Suzanne. — Ont été donnés à madame.

Figaro. — Et celui du page?

Suzanne, *riant*. — A monfieur.

Figaro. — Et tantôt, derrière le fauteuil?

Suzanne. — A perfonne.

Figaro. — En êtes-vous fûre?

Suzanne, *riant*. — Il pleut des foufflets, Figaro.

Figaro *lui baife la main*. — Ce font des bijoux que les tiens. Mais celui du comte était de bonne guerre.

Suzanne. — Allons, fuperbe, humilie-toi.

Figaro *fait tout ce qu'il annonce*. — Cela eft jufte : à genoux, bien courbé, profterné, ventre à terre.

Suzanne, *en riant*. — Ah! ce pauvre comte! quelle peine il s'eft donnée...

Figaro *fe relève fur fes genoux*. — ... Pour faire la conquête de fa femme!

SCÈNE IX.

Le Comte *entre par le fond du théâtre, et va droit au pavillon à fa droite;* Figaro, Suzanne.

Le Comte, *à lui-même*. — Je la cherche en vain dans le bois, elle eft peut-être entrée ici.

Suzanne, *à Figaro, parlant bas*. — C'eft lui.

Le Comte, *ouvrant le pavillon*. — Suzon, es-tu là dedans?

Figaro, *bas*. — Il la cherche, et moi je croyais...

Suzanne, *bas*. — Il ne l'a pas reconnue.

Figaro. — Achevons-le, veux-tu? *(Il lui baife la main.)*

Le Comte *fe retourne*. — Un homme aux pieds de la comteffe!... Ah! je fuis fans armes. *(Il s'avance.)*

Figaro *fe relève tout à fait en déguifant fa voix*. — Pardon, Madame, ſi je n'ai pas réfléchi que ce rendez-vous ordinaire était deſtiné pour la noce.

Le Comte, *à part.* — C'eſt l'homme du cabinet de ce matin. (*Il ſe frappe le front.*)

Figaro *continue.* — Mais il ne ſera pas dit qu'un obſtacle auſſi ſot aura retardé nos plaiſirs.

Le Comte, *à part.* — Maſſacre, mort, enfer!

Figaro, *la conduiſant au cabinet.* (*Bas.*) — Il jure. (*Haut.*) Preſſons-nous donc, Madame, et réparons le tort qu'on nous a fait tantôt, quand j'ai ſauté par la fenêtre.

Le Comte, *à part.* — Ah! tout ſe découvre enfin.

Suzanne, *près du pavillon à ſa droite.* — Avant d'entrer, voyez ſi perſonne n'a ſuivi. (*Il la baiſe au front.*)

Le Comte *s'écrie.* — Vengeance! (*Suzanne s'enfuit dans le pavillon où ſont entrés Fanchette, Marceline et Chérubin.*)

SCÈNE X.

LE COMTE, FIGARO.

(*Le comte ſaiſit le bras de Figaro.*)

Figaro, *jouant la frayeur exceſſive.* — C'eſt mon maître.
Le Comte *le reconnaît.* — Ah! ſcélérat, c'eſt toi! Holà! quelqu'un! quelqu'un!

SCÈNE XI.

PÉDRILLE, LE COMTE, FIGARO.

Pédrille, *botté.* — Monſeigneur, je vous trouve enfin.
Le Comte. — Bon, c'eſt Pédrille. Es-tu tout ſeul?
Pédrille. — Arrivant de Séville, à étripe-cheval.

Le Comte. — Approche-toi de moi, et crie bien fort!

Pédrille, *criant à tue-tête.* — Pas plus de page que fur ma main. Voilà le paquet.

Le Comte *le repouſſe.* — Eh! l'animal!

Pédrille. — Monſeigneur me dit de crier.

Le Comte, *tenant toujours Figaro.* — Pour appeler. — Holà, quelqu'un! Si l'on m'entend! Accourez tous!

Pédrille. — Figaro et moi, nous voilà deux; que peut-il donc vous arriver?

SCÈNE XII.

LES ACTEURS PRÉCÉDENTS, BRID'OISON, BARTHOLO, BAZILE, ANTONIO, GRIPPE-SOLEIL, *toute la noce accourt avec des flambeaux.*

Bartholo *à Figaro.* — Tu vois qu'à ton premier ſignal...

Le Comte, *montrant le pavillon à ſa gauche.* — Pédrille, empare-toi de cette porte. (*Pédrille y va.*)

Bazile, *bas à Figaro.* — Tu l'as ſurpris avec Suzanne?

Le Comte, *montrant Figaro.* — Et vous tous, mes vaſſaux, entourez-moi cet homme et m'en répondez ſur la vie.

Bazile. — Ah! ah!

Le Comte, *furieux.* — Taiſez-vous donc. (*A Figaro d'un ton glacé.*) Mon cavalier, répondrez-vous à mes queſtions?

Figaro, *froidement.* — Eh! qui pourrait m'en exempter, monſeigneur? Vous commandez à tout ici, hors à vous-même.

Le Comte, *ſe contenant.* — Hors à moi-même!

Antonio. — C'eſt ça parler.

Le Comte *reprend ſa colère.* — Non, ſi quelque choſe

pouvait augmenter ma fureur, ce ferait l'air calme qu'il affecte.

Figaro. — Sommes-nous des foldats qui tuent et fe font tuer pour des intérêts qu'ils ignorent ? Je veux favoir, moi, pourquoi je me fâche.

Le Comte, *hors de lui*. — O rage! *(Se contenant.)* Homme de bien qui feignez d'ignorer! nous ferez-vous au moins la faveur de nous dire quelle eft la dame actuellement par vous amenée dans ce pavillon?

Figaro, *montrant l'autre avec malice*. — Dans celui-là?

Le Comte, *vite*. — Dans celui-ci.

Figaro, *froidement*. — C'eft différent. Une jeune perfonne qui m'honore de fes bontés particulières.

Bazile, *étonné*. — Ah! ah!

Le Comte, *vite*. — Vous l'entendez, Meffieurs?

Bartholo, *étonné*. — Nous l'entendons.

Le Comte, *à Figaro*. — Et cette jeune perfonne a-t-elle un autre engagement, que vous fachiez?

Figaro, *froidement*. — Je fais qu'un grand feigneur s'en eft occupé quelque temps; mais, foit qu'il l'ait négligée ou que je lui plaife mieux qu'un plus aimable, elle me donne aujourd'hui la préférence.

Le Comte, *vivement*. — La préf... *(Se contenant.)* Au moins il eft naïf! car ce qu'il avoue, Meffieurs, je l'ai ouï, je vous jure, de la bouche même de fa complice.

Brid'oison, *ftupéfait*. — Sa-a complice!

Le Comte, *avec fureur*. — Or, quand le déshonneur eft public, il faut que la vengeance le foit auffi. *(Il entre dans le pavillon.)*

SCÈNE XIII.

TOUS LES ACTEURS PRÉCÉDENTS, *hors* LE COMTE.

ANTONIO. — C'eſt juſte.
BRID'OISON, *à Figaro.* — Qui-i donc a pris la femme de l'autre?
FIGARO, *en riant.* — Aucun n'a eu cette joie-là.

SCÈNE XIV.

LES ACTEURS PRÉCÉDENTS, LE COMTE, CHÉRUBIN.

LE COMTE, *parlant dans le pavillon, et attirant quelqu'un qu'on ne voit pas encore.* — Tous vos efforts ſont inutiles, vous êtes perdue, madame, et votre heure eſt bien arrivée! *(Il ſort ſans regarder.)* Quel bonheur qu'aucun gage d'une union auſſi déteſtée...
FIGARO *s'écrie.* — Chérubin!
LE COMTE. — Mon page?
BAZILE. — Ah! ah!
LE COMTE, *hors de lui, à part.* — Et toujours le page endiablé! *(A Chérubin.)* Que faiſiez-vous dans ce ſalon?
CHÉRUBIN, *timidement.* — Je me cachais, comme vous l'avez ordonné.
PÉDRILLE. — Bien la peine de crever un cheval!
LE COMTE. — Entres-y, toi, Antonio; conduis devant ſon juge l'infâme qui m'a déshonoré.
BRID'OISON. — C'eſt madame que vous y-y cherchez?
ANTONIO. — L'y a parguenne une bonne Providence : vous en avez tant fait dans le pays...
LE COMTE, *furieux.* — Entre donc. *(Antonio entre.)*

SCÈNE XV.

LES ACTEURS PRÉCÉDENTS, *excepté* ANTONIO.

Le Comte. — Vous allez voir, Meſſieurs, que le page n'y était pas ſeul.

Chérubin, *timidement*. — Mon ſort eût été trop cruel, ſi quelque âme ſenſible n'en eût adouci l'amertume.

SCÈNE XVI.

LES ACTEURS PRÉCÉDENTS, ANTONIO, FANCHETTE.

Antonio, *attirant par le bras quelqu'un qu'on ne voit pas encore*. — Allons, Madame, il ne faut pas vous faire prier pour en ſortir, puiſqu'on ſait que vous y êtes entrée.

Figaro *s'écrie*. — La petite couſine !

Bazile. — Ah ! ah !

Le Comte. — Fanchette !

Antonio *ſe retourne et s'écrie*. — Ah ! palſambleu, Monſeigneur, il eſt gaillard de me choiſir pour montrer à la compagnie que c'eſt ma fille qui cauſe tout ce train-là !

Le Comte, *outré*. — Qui la ſavait là dedans ? *(Il veut rentrer.)*

Bartholo, *au-devant*. — Permettez, monſieur le comte, ceci n'eſt pas plus clair. Je ſuis de ſang-froid, moi. *(Il entre.)*

Brid'oison. — Voilà une affaire au-auſſi trop embrouillée.

SCÈNE XVII.

LES ACTEURS PRÉCÉDENTS, MARCELINE.

BARTHOLO, *parlant en dedans et sortant.*— Ne craignez rien, Madame, il ne vous sera fait aucun mal. J'en réponds. *(Il se retourne et s'écrie :)* Marceline!...

BAZILE. — Ah! ah!

FIGARO, *riant.* — Eh! quelle folie! ma mère en est?

ANTONIO. — A qui pis fera.

LE COMTE, *outré.* — Que m'importe à moi? La comtesse...

SCÈNE XVIII.

LES ACTEURS PRÉCÉDENTS, SUZANNE.

SUZANNE, *son éventail sur le visage.*

LE COMTE. — ... Ah! la voici qui sort. *(Il la prend violemment par le bras.)* Que croyez-vous, Messieurs, que mérite une odieuse...

SUZANNE *se jette à genoux la tête baissée.*

LE COMTE. — Non, non!

FIGARO *se jette à genoux de l'autre côté.*

LE COMTE, *plus fort.* — Non, non!

MARCELINE *se jette à genoux devant lui.*

LE COMTE, *plus fort.* — Non, non! *(Tous se mettent à genoux, excepté Brid'oison.)*

LE COMTE, *hors de lui.* — Y suffiez-vous un cent!

SCÈNE XIX ET DERNIÈRE.

TOUS LES ACTEURS PRÉCÉDENTS ; LA COMTESSE *fort de l'autre pavillon.*

La Comtesse *fe jette à genoux.* — Au moins je ferai nombre.

Le Comte, *regardant la comteffe et Suzanne.* — Ah ! qu'eft-ce que je vois !

Brid'oison, *riant.* — Et pardi, c'è-eft madame.

Le Comte *veut relever la comteffe.* — Quoi ! c'était vous, Comteffe ? *(D'un ton fuppliant.)* Il n'y a qu'un pardon généreux...

La Comtesse, *en riant.* — Vous diriez *Non, non !* à ma place ; et moi, pour la troifième fois aujourd'hui, je l'accorde fans condition. *(Elle fe relève.)*

Suzanne *fe relève.* — Moi auffi.

Marceline *fe relève.* — Moi auffi.

Figaro *fe relève.* — Moi auffi. Il y a de l'écho ici ! *(Tous fe relèvent.)*

Le Comte. — De l'écho ! — J'ai voulu rufer avec eux ; ils m'ont traité comme un enfant !

La Comtesse, *en riant.* — Ne le regrettez pas, Monfieur le comte.

Figaro, *s'effuyant les genoux avec fon chapeau.* — Une petite journée comme celle-ci forme bien un ambaffadeur !

Le Comte, *à Suzanne.* — Ce billet fermé d'une épingle ?...

Suzanne. — C'eft madame qui l'avait dicté.

Le Comte. — La réponfe lui en eft bien due. *(Il baife la main de la comteffe.)*

La Comtesse. — Chacun aura ce qui lui appartient. *(Elle donne la bourse à Figaro et le diamant à Suzanne.)*

Suzanne, à Figaro. — Encore une dot!

Figaro, *frappant la bourse dans sa main.* — Et de trois. Celle-ci fut rude à arracher.

Suzanne. — Comme notre mariage.

Grippe-Soleil. — Et la jarretière de la mariée, l'aurons-je?

La Comtesse *arrache le ruban qu'elle a tant gardé dans son sein et le jette à terre.* — La jarretière? Elle était avec ses habits; la voilà.

Les garçons *de la noce veulent la ramasser.*

Chérubin, *plus alerte, court la prendre, et dit :* — Que celui qui la veut vienne me la disputer!

Le Comte, *en riant, au page.* — Pour un monsieur si chatouilleux, qu'avez-vous trouvé de gai à certain soufflet de tantôt?

Chérubin *recule en tirant à moitié son épée.* — A moi, mon colonel?

Figaro, *avec une colère comique.* — C'est sur ma joue qu'il l'a reçu : voilà comme les grands font justice!

Le Comte, *riant.* — C'est sur sa joue? Ah! ah! ah! qu'en dites-vous donc, ma chère Comtesse?

La Comtesse, *absorbée, revient à elle, et dit avec sensibilité :* — Ah! oui, cher Comte, et pour la vie, sans distraction, je vous le jure.

Le Comte, *frappant sur l'épaule du juge.* — Et vous, don Brid'oison, votre avis, maintenant?

Brid'oison. — Su-ur tout ce que je vois, Monsieur le comte?... Ma-a foi, pour moi, je-e ne sais que vous dire : voilà ma façon de penser.

Tous ensemble. — Bien jugé!

Figaro. — J'étais pauvre, on me méprisait. J'ai montré

quelque esprit, la haine est accourue. Une jolie femme et de la fortune...

BARTHOLO, *en riant.* — Les cœurs vont te revenir en foule.

FIGARO. — Est-il possible?

BARTHOLO. — Je les connais.

FIGARO, *saluant les spectateurs.* — Ma femme et mon bien mis à part, tous me feront honneur et plaisir. *On joue la ritournelle du vaudeville. (Air noté.)*

VAUDEVILLE

BAZILE.

PREMIER COUPLET.

Triple dot, femme superbe,
Que de biens pour un époux!
D'un seigneur, d'un page imberbe,
Quelque sot ferait jaloux.
Du latin d'un vieux proverbe,
L'homme adroit fait son parti.

FIGARO. — Je le sais... *(Il chante : Gaudeant bene nati.)*
BAZILE. — Non... *(Il chante : Gaudeat bene nanti.)*

SUZANNE.

DEUXIÈME COUPLET.

Qu'un mari sa foi trahisse,
Il s'en vante, et chacun rit;
Que sa femme ait un caprice,
S'il l'accuse, on la punit.
De cette absurde injustice
Faut-il dire le pourquoi?
Les plus forts ont fait la loi *(Bis.)*

FIGARO.

TROISIÈME COUPLET.

Jean Jeannot, jaloux risible,
Veut unir femme et repos ;
Il achète un chien terrible,
Et le lâche en son enclos.
La nuit, quel vacarme horrible !
Le chien court, tout est mordu,
Hors l'amant qui l'a vendu. (*Bis.*)

LA COMTESSE.

QUATRIÈME COUPLET.

Telle est fière et répond d'elle,
Qui n'aime plus son mari ;
Telle autre, presque infidèle,
Jure de n'aimer que lui.
La moins folle, hélas ! est celle
Qui se veille en son lien,
Sans oser juger de rien. (*Bis.*)

LE COMTE.

CINQUIÈME COUPLET.

D'une femme de province,
A qui ses devoirs sont chers,
Le succès est assez mince ;
Vive la femme aux bons airs !
Semblable à l'écu du prince,
Sous le coin d'un seul époux,
Elle sert au bien de tous. (*Bis.*)

MARCELINE.

SIXIÈME COUPLET.

Chacun fait la tendre mère
Dont il a reçu le jour

Tout le reste est un mystère
C'est le secret de l'amour.

FIGARO *continue l'air.*

Ce secret met en lumière
Comment le fils d'un butor
Vaut souvent son pesant d'or. (*Bis.*)

SEPTIÈME COUPLET.

Par le sort de la naissance,
L'un est roi, l'autre est berger :
Le hasard fit leur distance ;
L'esprit seul peut tout changer.
De vingt rois que l'on encense,
Le trépas brise l'autel ;
Et Voltaire est immortel. (*Bis.*)

CHÉRUBIN.

HUITIÈME COUPLET.

Sexe aimé, sexe volage,
Qui tourmentez nos beaux jours,
Si de vous chacun dit rage,
Chacun vous revient toujours.
Le parterre est votre image :
Tel paraît le dédaigner,
Qui fait tout pour le gagner. (*Bis.*)

SUZANNE.

NEUVIÈME COUPLET.

Si ce gai, ce fol ouvrage,
Renfermait quelque leçon,
En faveur du badinage
Faites grâce à la raison.
Ainsi la nature sage
Nous conduit, dans nos désirs,
A son but par les plaisirs. (*Bis.*)

BRID'OISON.

DIXIÈME COUPLET.

Or, messieurs, la co-omédie
Que l'on juge en cè-et instant,
Sauf erreur, nous pein-eint la vie
Du bon peuple qui l'entend.
Qu'on l'opprime, il peste, il crie,
Il s'agite en cent fa-açons :
Tout fini-it par des chansons. (*Bis.*)

BALLET GÉNÉRAL.

FIN DU MARIAGE DE FIGARO.

L'AUTRE TARTUFE

OU

LA MÈRE COUPABLE

Drame en cinq actes et en prose

REPRÉSENTÉ, POUR LA PREMIÈRE FOIS, SUR LE THÉATRE DU MARAIS
LE 6 JUIN 1792
REMIS AU THÉATRE DE LA RUE FEYDEAU, AVEC DES CHANGEMENTS,
ET JOUÉ LE 16 FLORÉAL AN V (5 MAI 1797)
PAR LES ANCIENS ACTEURS DU THÉATRE-FRANÇAIS.

UN MOT
SUR
LA MÈRE COUPABLE

PENDANT ma longue proscription (1), quelques amis zélés avaient imprimé cette pièce, uniquement pour prévenir l'abus d'une contrefaçon infidèle, furtive, et prise à la volée pendant les représentations. Mais ces amis eux-mêmes, pour éviter d'être froissés par les agents de la terreur, s'ils eussent laissé leurs vrais titres aux personnages espagnols (car alors tout était péril), se crurent obligés de les défigurer, d'altérer même leur langage, et de mutiler plusieurs scènes.

Honorablement rappelé dans ma patrie, après quatre années d'infortune, et la pièce étant désirée par les anciens acteurs du Théâtre-Français, dont on connait les grands talents, je la restitue en entier dans son premier état. Cette édition est celle que j'avoue.

Parmi les vues de ces artistes, j'approuve celle de présenter, en trois séances consécutives, tout le roman de la famille *Almaviva*, dont les deux premières époques ne semblent pas, dans leur gaieté légère, offrir des rapports bien sensibles avec la profonde et touchante moralité de la dernière; mais elles ont, dans le plan de l'auteur, une connexion intime, propre à verser le plus vif intérêt sur les représentations de la *Mère coupable*.

J'ai donc pensé, avec les comédiens, que nous pouvions dire au public : Après avoir bien ri, le premier jour, au *Barbier de Séville*, de la turbulente jeunesse du comte Almaviva, laquelle est à peu près celle de tous les hommes;

Après avoir, le second jour, gaiement considéré, dans la *Folle Journée*, les fautes de son âge viril, et qui sont trop souvent les nôtres;

Venez vous convaincre avec nous, par le tableau de sa vieillesse, en voyant la *Mère coupable*, que tout homme qui n'eſt pas né un épouvantable méchant finit toujours par être bon, quand l'âge des paſſions s'éloigne, et ſurtout quand il a goûté le bonheur ſi doux d'être père! C'eſt le but moral de la pièce. Elle en renferme pluſieurs autres que ſes détails feront reſſortir.

Et moi, l'auteur, j'ajoute ici : Venez juger la *Mère coupable*, avec le bon eſprit qui l'a fait compoſer pour vous. Si vous trouvez quelque plaiſir à mêler vos larmes aux douleurs, au pieux repentir de cette femme infortunée; ſi ſes pleurs commandent les vôtres, laiſſez-les couler librement. Les larmes qu'on verſe au théâtre, ſur des maux ſimulés qui ne font pas le mal de la réalité cruelle, ſont bien douces. On eſt meilleur quand on ſe ſent pleurer. On ſe trouve ſi bon après la compaſſion!

Auprès de ce tableau touchant, ſi j'ai mis ſous vos yeux le machinateur, l'homme affreux (2) qui tourmente aujourd'hui cette malheureuſe famille, ah! je vous jure que je l'ai vu agir; je n'aurais pas pu l'inventer. Le *Tartufe de Molière* était celui de la religion : auſſi, de toute la famille d'Orgon, ne trompa-t-il que le chef imbécile! Celui-ci, bien plus dangereux, *Tartufe de la probité*, poſſède l'art profond de s'attirer la reſpectueuſe confiance de la famille entière qu'il dépouille. C'eſt celui-là qu'il fallait démaſquer. C'eſt pour vous garantir des pièges de ces monſtres (et il en exiſte partout) que j'ai traduit ſévèrement celui-ci ſur la ſcène françaiſe. Pardonnez-le-moi en faveur de ſa punition, qui fait la clôture de la pièce. Ce cinquième acte m'a coûté; mais je me ferais cru plus méchant que Bégearſs, ſi je l'avais laiſſé jouir du moindre fruit de ſes atrocités, ſi je ne vous euſſe calmés après des alarmes ſi vives.

Peut-être ai-je attendu trop tard pour achever cet ouvrage terrible qui me conſumait la poitrine et devait être écrit dans la force de l'âge. Il m'a tourmenté bien longtemps! Mes deux comédies eſpagnoles ne furent faites que pour le préparer. Depuis, en vieilliſſant, j'héſitais de m'en occuper : je craignais de manquer de force; et peut-être n'en avais-je plus à l'époque où je l'ai tenté! mais enfin, je l'ai compoſé dans une intention droite et pure : avec la tête froide d'un homme et le cœur brûlant d'une femme, comme on a dit que J. J. Rouſſeau écrivait. J'ai remarqué que cet enſemble, cet hermaphrodiſme moral, eſt moins rare qu'on ne le croit.

Au reſte, ſans tenir à nul parti, à nulle ſecte, la *Mère coupable* eſt un tableau des peines intérieures qui diviſent bien des familles : peines auxquelles malheureuſement le divorce, très bon d'ailleurs, ne remédie point. Quoi qu'on faffe, il déchire ces plaies fecrètes, au lieu de les cicatrifer. Le fentiment de la paternité, la bonté du cœur, l'indulgence, en font les uniques remèdes. Voilà ce que j'ai voulu peindre et graver dans tous les efprits.

Les hommes de lettres qui fe font voués au théâtre, en examinant cette pièce, pourront y démêler une intrigue de comédie fondue dans le pathétique d'un drame. Ce dernier genre, trop dédaigné de quelques juges prévenus, ne leur paraiffait pas de force à comporter ces deux éléments réunis. L'intrigue, difaient-ils, eft le propre des fujets gais, c'eft le nerf de la comédie : on adapte le pathétique à la marche fimple du drame, pour en foutenir la faibleffe. Mais ces principes hafardés s'évanouiffent à l'application, comme on peut s'en convaincre en s'exerçant dans les deux genres. L'exécution plus ou moins bonne affigne à chacun fon mérite ; et le mélange heureux de ces deux moyens dramatiques employés avec art peut produire un très grand effet. Voici comment je l'ai tenté.

Sur des événements antécédents connus (et c'eft un fort grand avantage), j'ai fait en forte qu'un drame intéreffant exiftât aujourd'hui entre le comte Almaviva, la comteffe et les deux enfants. Si j'avais reporté la pièce à l'âge inconfiftant où les fautes fe font commifes, voici ce qui fût arrivé.

D'abord le drame eût dû s'appeler, non la *Mère coupable*, mais l'*Epouse infidèle*, ou les *Epoux coupables*. Ce n'était déjà plus le même genre d'intérêt ; il eût fallu y faire entrer des intrigues d'amour, des jaloufies, du défordre, que fais-je ? de tout autres événements : et la moralité que je voulais faire fortir d'un manquement fi grave aux devoirs de l'époufe honnête, cette moralité, perdue, enveloppée dans les fougues de l'âge, n'aurait pas été aperçue.

Mais ici, c'eft vingt ans après que les fautes font confommées, c'eft quand les paffions font ufées, c'eft quand leurs objets n'exiftent plus, que les conféquences d'un défordre prefque oublié viennent pefer fur l'établiffement et fur le fort de deux enfants malheureux qui les ont toutes ignorées, et qui n'en font pas moins les victimes. C'eft de ces circonftances graves que la moralité tire toute fa force, et devient le préfervatif des jeunes perfonnes bien nées qui, lifant peu dans l'avenir, font beaucoup plus près du danger de fe voir égarées que de celui d'être vicieufes. Voilà fur quoi porte mon drame.

Puis, oppofant au fcélérat notre pénétrant Figaro, vieux ferviteur très attaché, le feul être que le fripon n'a pu tromper dans la maison, l'intrigue qui se noue entre eux s'établit sous cet autre aspect.

Le scélérat inquiet se dit : En vain j'ai le secret de tout le monde ici, en vain je me vois près de le tourner à mon profit ; si je ne parviens pas à faire chasser ce valet, il pourra m'arriver malheur !

D'autre côté, j'entends le Figaro se dire : Si je ne réussis à dépister ce monstre, à lui faire tomber le masque, la fortune, l'honneur, le bonheur de cette maison, tout est perdu. La Suzanne, jetée entre ces deux lutteurs, n'est ici qu'un souple instrument dont chacun entend se servir pour hâter la chute de l'autre.

Ainsi, *la comédie d'intrigue*, soutenant la curiosité, marche tout au travers du drame, dont elle renforce l'action, sans en diviser l'intérêt, qui se porte tout entier sur *la mère*. Les deux enfants, aux yeux du spectateur, ne courent aucun danger réel. On voit bien qu'ils s'épouseront, si le scélérat est chassé ; car ce qu'il y a de mieux établi dans l'ouvrage, c'est qu'ils ne sont parents à nul degré, qu'ils sont étrangers l'un à l'autre : ce que savent fort bien, dans le secret du cœur, le comte, la comtesse, le scélérat, Suzanne et Figaro, tous instruits des événements ; sans compter le public qui assiste à la pièce, et à qui nous n'avons rien caché.

Tout l'art de l'hypocrite, en déchirant le cœur du père et de la mère, consiste à effrayer les jeunes gens, à les arracher l'un à l'autre, en leur faisant croire à chacun qu'ils sont enfants du même père, c'est là le fond de son intrigue. Ainsi marche le double plan, que l'on peut appeler complexe.

Une telle action dramatique peut s'appliquer à tous les temps, à tous les lieux où les grands traits de la nature, et tous ceux qui caractérisent le cœur de l'homme et ses secrets, ne seront pas trop méconnus.

Diderot, comparant les ouvrages de Richardson avec tous ces romans que nous nommons l'histoire, s'écrie, dans son enthousiasme pour cet auteur juste et profond : *Peintre du cœur humain ! c'est toi seul qui ne mens jamais !* Quel mot sublime ! Et moi aussi j'essaie encore d'être peintre du cœur humain : mais ma palette est desséchée par l'âge et les contradictions. La *Mère coupable* a dû s'en ressentir !

Que si ma faible exécution nuit à l'intérêt de mon plan, le principe que j'ai posé n'en a pas moins toute sa justesse ! Un tel essai peut inspirer le dessein d'en offrir de plus fortement concertés. Qu'un homme de feu l'entreprenne, en y mêlant, d'un crayon hardi, l'*intrigue* avec le *pathétique* ; qu'il broie et fonde favamment les vives couleurs de chacun, qu'il nous peigne à grands traits l'homme vivant en société, fon état, fes paffions, fes vices, fes vertus, fes fautes et fes malheurs, avec la vérité frappante que l'exagération même, qui fait briller les autres genres, ne permet pas toujours de rendre auffi fidèlement : touchés, intéreffés, inftruits, nous ne dirons plus que le *drame* eft un genre décoloré, né de l'impuiffance de produire une tragédie ou une comédie. L'art aura pris un noble effor ; il aura fait encore un pas.

O mes concitoyens ! vous à qui j'offre cet effai, s'il vous paraît faible ou manqué, critiquez-le, mais fans m'injurier. Lorfque je fis mes autres pièces, on m'outragea longtemps pour avoir ofé mettre au théâtre ce jeune Figaro que vous avez aimé depuis. J'étais jeune auffi, j'en riais. En vieilliffant l'efprit s'attrifte, le caractère fe rembrunit. J'ai beau faire, je ne ris plus quand un méchant ou un fripon infulte à ma perfonne, à l'occafion de mes ouvrages : on n'eft pas maître de cela.

Critiquez la pièce : fort bien. Si l'auteur eft trop vieux pour en tirer du fruit, votre leçon peut profiter à d'autres. L'injure ne profite à perfonne, et même elle n'eft pas de bon goût. On peut offrir cette remarque à une nation renommée par fon ancienne politeffe, qui la faifait fervir de modèle en ce point, comme elle eft encore aujourd'hui celui de la haute vaillance.

PERSONNAGES.

Le Comte Almaviva, grand feigneur efpagnol, d'une fierté noble, et fans orgueil.

La Comtesse Almaviva, très malheureufe et d'une angélique piété.

Le Chevalier Léon, leur fils; jeune homme épris de la liberté, comme toutes les âmes ardentes et neuves.

Florestine, pupille et filleule du comte Almaviva; jeune perfonne d'une grande fenfibilité.

M. Bégearss, Irlandais, major d'infanterie efpagnole, ancien fecrétaire des ambaffades du comte; homme très profond, et grand machinateur d'intrigues, fomentant le trouble avec art.

Figaro, valet de chambre, chirurgien et homme de confiance du comte; homme formé par l'expérience du monde et des événements.

Suzanne, première camérifte de la comteffe; époufe de Figaro; excellente femme, attachée à fa maîtreffe, et revenue des illufions du jeune âge.

M. Fal, notaire du comte, homme exact et très honnête.

Guillaume, valet allemand de M. Bégearss, homme trop fimple pour un tel maître.

(La fcène eft à Paris, dans l'hôtel occupé par la famille du comte, et fe paffe à la fin de 1790.)

L'AUTRE TARTUFE
ou
LA MÈRE COUPABLE

> On gagne affez dans les familles,
> quand on expulfe un méchant.
> (*Dernière phrase de la pièce.*)

ACTE PREMIER

Le théâtre repréfente un falon fort orné.

SCÈNE PREMIÈRE.

SUZANNE, *feule, tenant des fleurs obfcures dont elle fait un bouquet.*

Que madame s'éveille et fonne ; mon trifte ouvrage eft achevé. (*Elle s'affied avec abandon.*) A peine il eft neuf heures, et je me fens déjà d'une fatigue..... Son dernier ordre, en la couchant, m'a gâté ma nuit entière... *Demain, Suzanne, au point du jour, fais apporter beaucoup de fleurs, et garnis-en mes cabi-*

nets. — Au portier : *Que, de la journée, il n'entre perſonne pour moi*. — *Tu me formeras un bouquet de fleurs noires et rouge foncé, un ſeul œillet blanc au milieu*... Le voilà. —

Pauvre maîtreſſe ! elle pleurait !... Pour qui ce mélange d'apprêts ?... Eeeh ! ſi nous étions en Eſpagne, ce ſerait aujourd'hui la fête de ſon fils Léon... *(avec myſtère)* et d'un autre homme qui n'eſt plus ! *(Elle regarde les fleurs.)* Les couleurs du ſang et du deuil ! *(Elle ſoupire.)* Ce cœur bleſſé ne guérira jamais ! — Attachons-le d'un crêpe noir, puiſque c'eſt là ſa triſte fantaiſie. *(Elle attache le bouquet.)*

SCÈNE II.

SUZANNE, FIGARO, *regardant avec myſtère.*

(Cette ſcène doit marcher chaudement.)

SUZANNE. — Entre donc, Figaro ! Tu prends l'air d'un amant en bonne fortune chez ta femme !

FIGARO. — Peut-on parler librement?

SUZANNE. — Oui, fi la porte refte ouverte.

FIGARO. — Et pourquoi cette précaution?

SUZANNE. — C'eft que l'homme dont il s'agit peut entrer d'un moment à l'autre.

FIGARO, *l'appuyant.* — Honoré-Tartufe. — Bégearss?

SUZANNE. — Et c'eft un rendez-vous donné. — Ne t'accoutume donc pas à charger fon nom d'épithètes ; cela peut fe redire et nuire à tes projets.

FIGARO. — Il s'appelle Honoré !

SUZANNE. — Mais non pas Tartufe.

FIGARO. — Morbleu !

SUZANNE. — Tu as le ton bien foucieux !

FIGARO. — Furieux. *(Elle fe lève.)* Eft-ce là notre convention? M'aidez-vous franchement, Suzanne, à prévenir un grand défordre? Serais-tu dupe encore de ce très méchant homme ?

SUZANNE. — Non; mais je crois qu'il fe méfie de moi : il ne me dit plus rien. J'ai peur, en vérité, qu'il ne nous croie raccommodés.

FIGARO. — Feignons toujours d'être brouillés.

SUZANNE. — Mais qu'as-tu donc appris qui te donne une telle humeur?

FIGARO. — Recordons-nous d'abord fur les principes. Depuis que nous fommes à Paris, et que M. Almaviva... (Il faut bien lui donner fon nom, puifqu'il ne fouffre plus qu'on l'appelle Monfeigneur...)

SUZANNE, *avec humeur.* — C'eft beau ! Et Madame fort fans livrée ! Nous avons l'air de tout le monde !

FIGARO. — Depuis, dis-je, qu'il a perdu, pour une querelle de jeu, fon libertin de fils aîné, tu fais comment tout a changé pour nous! comme l'humeur du comte eft devenue fombre et terrible !

Suzanne. — Tu n'es pas mal bourru non plus!

Figaro. — Comme fon autre fils paraît lui devenir odieux!

Suzanne. — Que trop!

Figaro. — Comme Madame est malheureufe!

Suzanne. — C'est un grand crime qu'il commet!

Figaro. — Comme il redouble de tendreffe pour la pupille Floreftine! comme il fait furtout des efforts pour dénaturer fa fortune!

Suzanne. — Sais-tu, mon pauvre Figaro, que tu commences à radoter? Si je fais tout cela, qu'eft-il befoin de me le dire?

Figaro. — Encore faut-il bien s'expliquer pour s'affurer que l'on s'entend. N'eft-il pas avéré pour nous que cet aftucieux Irlandais, le fléau de cette famille, après avoir chiffré, comme fecrétaire, quelques ambaffades auprès du comte, s'eft emparé de leurs fecrets à tous? que ce profond machinateur a fu les entraîner, de l'indolente Efpagne, en ce pays, remué de fond en comble, efpérant y mieux profiter de la défunion où ils vivent pour féparer le mari de la femme, époufer la pupille, et envahir les biens d'une maifon qui fe délabre?

Suzanne. — Enfin, moi, que puis-je à cela?

Figaro. — Ne jamais le perdre de vue; me mettre au cours de fes démarches...

Suzanne. — Mais je te rends tout ce qu'il dit.

Figaro. — Oh! ce qu'il dit... n'eft que ce qu'il veut dire! Mais faifir, en parlant, les mots qui lui échappent, le moindre gefte, un mouvement: c'eft là qu'eft le fecret de l'âme! Il fe trame ici quelque horreur. Il faut qu'il s'en croie affuré; car je lui trouve un air... plus faux, plus perfide et plus fat; cet air des fots de ce pays triomphant avant le fuccès. Ne peux-tu être auffi perfide que lui?

l'amadouer, le bercer d'efpoir ? quoi qu'il demande, ne pas le refufer ?...

SUZANNE. — C'eft beaucoup !

FIGARO. — Tout eft bien, et tout marche au but, fi j'en fuis promptement inftruit.

SUZANNE. — ... Et fi j'en inftruis ma maîtreffe ?

FIGARO. — Il n'eft pas temps encore ; ils font tous fubjugués par lui. On ne te croirait pas, tu nous perdrais fans les fauver. Suis-le partout, comme fon ombre... et moi, je l'épie au dehors...

SUZANNE. — Mon ami, je t'ai dit qu'il fe défie de moi ; et s'il nous furprenait enfemble... Le voilà qui defcend... Ferme!... ayons l'air de quereller bien fort. *(Elle pofe le bouquet fur la table.)*

FIGARO, *élevant la voix.* — Moi, je ne le veux pas ! Que je t'y prenne une autre fois !...

SUZANNE, *élevant la voix.* — Certes !... oui, je te crains beaucoup !

FIGARO, *feignant de lui donner un foufflet.* — Ah! tu me crains !... Tiens, infolente !

SUZANNE, *feignant de l'avoir reçu.* — Des coups à moi... chez ma maitreffe !

SCÈNE III.

LE MAJOR BÉGEARSS, FIGARO, SUZANNE.

BÉGEARSS, *en uniforme, un crêpe noir au bras.* — Eh mais, quel bruit ! Depuis une heure j'entends difputer de chez moi...

FIGARO, *à part.* — Depuis une heure !

BÉGEARSS. — Je fors, je trouve une femme éplorée...

Suzanne, *feignant de pleurer*. — Le malheureux lève la main fur moi!

Bégearss. — Ah! l'horreur, Monfieur Figaro! Un galant homme a-t-il jamais frappé une perfonne de l'autre fexe?

Figaro, *brufquement*. — Eh morbleu! Monfieur, laiffez-nous! Je ne fuis point *un galant homme;* et cette femme n'eft point une *perfonne de l'autre fexe*, elle eft ma femme; une infolente qui fe mêle dans des intrigues, et qui croit pouvoir me braver, parce qu'elle a ici des gens qui la foutiennent. Ah! j'entends la morigéner...

Bégearss. — Eft-on brutal à cet excès!

Figaro. — Monfieur, fi je prends un arbitre de mes procédés envers elle, ce fera moins vous que tout autre; et vous favez trop pourquoi!

Bégearss. — Vous me manquez, Monfieur; je vais m'en plaindre à votre maître.

Figaro, *raillant*. — Vous manquer! moi? c'eft impoffible. *(Il fort.)*

SCÈNE IV.

BÉGEARSS, SUZANNE.

Bégearss. — Mon enfant, je n'en reviens point. Quel eft donc le fujet de fon emportement?

Suzanne. — Il m'eft venu chercher querelle; il m'a dit cent horreurs de vous. Il me défendait de vous voir, de jamais ofer vous parler. J'ai pris votre parti; la difpute s'eft échauffée, elle a fini par un foufflet... Voilà le premier de fa vie; mais moi, je veux me féparer. Vous l'avez vu...

Bégearss. — Laiffons cela. — Quelque léger nuage

altérait ma confiance en toi ; mais ce débat l'a diffipé.

Suzanne. — Sont-ce là vos confolations ?

Bégearss. — Va, c'eft moi qui t'en vengerai ! Il eft bien temps que je m'acquitte envers toi, ma pauvre Suzanne ! Pour commencer, apprends un grand fecret… Mais fommes-nous bien fûrs que la porte eft fermée ? *(Suzanne y va voir.) (Il dit à part.)* Ah ! fi je puis avoir feulement trois minutes l'écrin au double fond que j'ai fait faire à la comteffe, où font ces importantes lettres…

Suzanne *revient*. — Eh bien ! ce grand fecret ?

Bégearss. — Sers ton ami ; ton fort devient fuperbe. — J'époufe Floreftine ; c'eft un point arrêté ; fon père le veut abfolument.

Suzanne. — Qui, fon père ?

Bégearss, *en riant*. — Et d'où fors-tu donc ? Règle certaine, mon enfant : lorfque telle orpheline arrive chez quelqu'un comme pupille ou bien comme filleule, elle eft toujours la fille du mari. *(D'un ton férieux.)* Bref, je puis l'époufer… fi tu me la rends favorable.

Suzanne. — Oh ! mais Léon en eft très amoureux.

Bégearss. — Leur fils ? *(Froidement.)* Je l'en détacherai.

Suzanne, *étonnée*. — Ah !… Elle auffi, elle eft fort éprife !

Bégearss. — De lui ?…

Suzanne. — Oui.

Bégearss, *froidement*. — Je l'en guérirai.

Suzanne, *plus furprife*. — Ah ! ah !… Madame, qui le fait, donne les mains à leur union.

Bégearss, *froidement*. — Nous la ferons changer d'avis.

Suzanne, *ftupéfaite*. — Auffi ?… Mais Figaro, fi je vois bien, eft le confident du jeune homme.

Bégearss. — C'eſt le moindre de mes ſoucis. Ne ferais-tu pas aiſe d'en être délivrée?

Suzanne. — S'il ne lui arrive aucun mal...

Bégearss. — Fi donc! la ſeule idée flétrit l'auſtère probité. Mieux inſtruits ſur leurs intérêts, ce ſont eux-mêmes qui changeront d'avis.

Suzanne, *incrédule.* — Si vous faites cela, Monſieur...

Bégearss, *appuyant.* — Je le ferai. — Tu ſens que l'amour n'eſt pour rien dans un pareil arrangement. *(L'air careſſant.)* Je n'ai jamais vraiment aimé que toi.

Suzanne, *incrédule.* — Ah! ſi Madame avait voulu...

Bégearss. — Je l'aurais conſolée, ſans doute; mais elle a dédaigné mes vœux!... Suivant le plan que le comte a formé, la comteſſe va au couvent.

Suzanne, *vivement.* — Je ne me prête à rien contre elle.

Bégearss. — Que diable! il la ſert dans ſes goûts! Je t'entends toujours dire: *Ah! c'eſt un ange ſur la terre!*

Suzanne, *en colère.* — Eh bien! faut-il la tourmenter?

Bégearss, *riant.* — Non; mais du moins la rapprocher de ce ciel, la patrie des anges, dont elle eſt un moment tombée!... Et puiſque, dans ces nouvelles et merveilleuſes lois, le divorce s'eſt établi...

Suzanne, *vivement.* — Le comte veut s'en ſéparer?

Bégearss. — S'il peut.

Suzanne, *en colère.* — Ah! les ſcélérats d'hommes! quand on les étranglerait tous!...

Bégearss. — J'aime à croire que tu m'en exceptes.

Suzanne. — Ma foi!... pas trop.

Bégearss, *riant.* — J'adore ta franche colère: elle met à jour ton bon cœur! Quant à l'amoureux chevalier, il le deſtine à voyager... longtemps. — Le Figaro, homme expérimenté, ſera ſon diſcret conducteur. *(Il lui prend la main.)* Et voici ce qui nous concerne. Le comte, Floreſtine et moi, habiterons le même hôtel; et la chère Suzanne à nous, chargée de toute la confiance, fera notre furintendant, commandera la domefticité, aura la grande main fur tout. Plus de mari, plus de foufflets, plus de brutal contradicteur; des jours filés d'or et de foie, et la vie la plus fortunée!...

Suzanne. — A vos cajoleries, je vois que vous voulez que je vous ferve auprès de Floreftine?

Bégearss, *careffant*. — A dire vrai, j'ai compté fur tes foins. Tu fus toujours une excellente femme! J'ai tout le refte dans ma main; ce point feul eft entre les tiennes. *(Vivement.)* Par exemple, aujourd'hui tu peux nous rendre un fignalé..... *(Suzanne l'examine, Bégearss fe reprend.)* Je dis un *fignalé*, par l'importance qu'il y met. *(Froidement.)* Car, ma foi! c'eft bien peu de chofe! Le comte aurait la fantaifie... de donner à fa fille, en fignant le contrat, une parure abfolument femblable aux diamants de la comteffe. Il ne voudrait pas qu'on le fût.

Suzanne, *furprife*. — Ah! ah!...

Bégearss. — Ce n'eft pas trop mal vu! De beaux diamants terminent bien des chofes! Peut-être il va te demander d'apporter l'écrin de fa femme, pour en confronter les deffins avec ceux de fon joaillier...

Suzanne. — Pourquoi comme ceux de Madame? C'eft une idée affez bizarre.

Bégearss. — Il prétend qu'ils foient auffi beaux... Tu fens, pour moi, combien c'était égal! Tiens, vois-tu? le voici qui vient.

SCENE V.

LE COMTE, SUZANNE, BÉGEARSS.

Le Comte. — Monfieur Bégearss, je vous cherchais.

Bégearss. — Avant d'entrer chez vous, Monſieur, je venais prévenir Suzanne que vous avez deſſein de lui demander cet écrin...

Suzanne. — Au moins, Monſeigneur, vous ſentez...

Le Comte. — Eh! laiſſe là ton *monſeigneur!* N'ai-je pas ordonné, en paſſant dans ce pays-ci...?

Suzanne. — Je trouve, Monſeigneur, que cela nous amoindrit.

Le Comte. — C'eſt que tu t'entends mieux en vanité qu'en vraie fierté. Quand on veut vivre dans un pays, il n'en faut point heurter les préjugés.

Suzanne. — Eh bien! Monſieur, du moins vous me donnez votre parole...

Le Comte, *fièrement*. — Depuis quand ſuis-je méconnu?

Suzanne. — Je vais donc vous l'aller chercher. *(A part.)* Dame! Figaro m'a dit de ne rien refuſer!...

SCÈNE VI.

LE COMTE, BÉGEARSS.

Le Comte. — J'ai tranché ſur le point qui paraiſſait l'inquiéter.

Bégearss. — Il en eſt un, Monſieur, qui m'inquiète beaucoup plus; je vous trouve un air accablé.

Le Comte. — Te le dirai-je, ami? la perte de mon fils me ſemblait le plus grand malheur : un chagrin plus poignant fait ſaigner ma bleſſure et rend va vie inſupportable.

Bégearss. — Si vous ne m'aviez pas interdit de vous contrarier là-deſſus, je vous dirais que votre ſecond fils...

Le Comte, *vivement*. — Mon fecond fils! je n'en ai point.

Bégearss. — Calmez-vous, Monfieur; raifonnons. La perte d'un enfant chéri peut vous rendre injufte envers l'autre, envers votre époufe, envers vous. Eft-ce donc fur des conjectures qu'il faut juger de pareils faits?

Le Comte. — Des conjectures! Ah! j'en fuis trop certain! Mon grand chagrin eft de manquer de preuves. Tant que mon pauvre fils vécut, j'y mettais fort peu d'importance. Héritier de mon nom, de mes places, de ma fortune... que me faifait cet autre individu? Mon froid dédain, un nom de terre, une croix de Malte, une penfion, m'auraient vengé de fa mère et de lui. Mais conçois-tu mon défefpoir, en perdant un fils adoré, de voir un étranger fuccéder à ce rang, à ces titres; et, pour irriter ma douleur, venir tous les jours me donner le nom odieux de *fon père*?

Bégearss. — Monfieur, je crains de vous aigrir, en cherchant à vous apaifer; mais la vertu de votre époufe...

Le Comte, *avec colère*. — Ah! ce n'eft qu'un crime de plus. Couvrir d'une vie exemplaire un affront tel que celui-là! Commander vingt ans, par fes mœurs et la piété la plus févère, l'eftime et le refpect du monde, et verfer fur moi feul, par cette conduite affectée, tous les torts qu'entraine après foi ma prétendue bizarrerie!... Ma haine pour eux s'en augmente.

Bégearss. — Que vouliez-vous donc qu'elle fît? Même en la fuppofant coupable, eft-il au monde quelque faute qu'un repentir de vingt années ne doive effacer à la fin? Fûtes-vous fans reproche vous-même? Et cette jeune Floreftine, que vous nommez votre pupille, et qui vous touche de plus près...

Le Comte. — Qu'elle affure donc ma vengeance! Je

dénaturerai mes biens, et les lui ferai tous paſſer. Déjà trois millions d'or, arrivés de la Vera-Crux, vont lui ſervir de dot; et c'eſt à toi que je les donne. Aide-moi ſeulement à jeter ſur ce don un voile impénétrable. En acceptant mon portefeuille et te préſentant comme époux, ſuppoſe un héritage, un legs de quelque parent éloigné.

BÉGEARSS, *montrant le crêpe de ſon bras.* — Voyez que, pour vous obéir, je me ſuis déjà mis en deuil.

LE COMTE. — Quand j'aurai l'agrément du roi pour l'échange entamé de toutes mes terres d'Eſpagne contre des biens dans ce pays, je trouverai moyen de vous en aſſurer la poſſeſſion à tous deux.

BÉGEARSS, *vivement.* — Et moi, je n'en veux point. Croyez-vous que, ſur des ſoupçons... peut-être encore très peu fondés, j'irai me rendre le complice de la ſpoliation entière de l'héritier de votre nom, d'un jeune homme plein de mérite? car il faut avouer qu'il en a...

LE COMTE, *impatienté.* — Plus que mon fils, voulez-vous dire? Chacun le penſe comme vous; cela m'irrite contre lui!...

BÉGEARSS. — Si votre pupille m'accepte, et ſi, ſur vos grands biens, vous prélevez, pour la doter, ces trois millions d'or du Mexique, je ne ſupporte point l'idée d'en devenir propriétaire, et ne les recevrai qu'autant que le contrat en contiendra la donation que mon amour ſera cenſé lui faire.

LE COMTE *le ſerre dans ſes bras.* — Loyal et franc ami! Quel époux je donne à ma fille!...

SCÈNE VII.

SUZANNE, LE COMTE, BÉGEARSS.

SUZANNE. — Monſieur, voilà le coffre aux diamants.

Ne le gardez pas trop longtemps, que je puiſſe le remettre en place avant qu'il ſoit jour chez madame.

Le Comte. — Suzanne, en t'en allant, défends qu'on entre, à moins que je ne ſonne.

Suzanne, *à part.* — Avertiſſons Figaro de ceci. *(Elle ſort.)*

SCÈNE VIII.

LE COMTE, BÉGEARSS.

Bégearss. — Quel eſt votre projet ſur l'examen de cet écrin ?

Le Comte *tire de ſa poche un bracelet entouré de brillants.* — Je ne veux plus te déguiſer tous les détails de mon affront; écoute. Un certain Léon d'Aſtorga qui fut jadis mon page, et que l'on nommait Chérubin...

Bégearss. — Je l'ai connu; nous ſervions dans le régiment dont je vous dois d'être major. Mais il y a vingt ans qu'il n'eſt plus.

Le Comte. — C'eſt ce qui fonde mon ſoupçon. Il eut l'audace de l'aimer. Je la crus épriſe de lui; je l'éloignai d'Andaloufie, par un emploi dans ma légion. — Un an après la naiſſance du fils. . qu'un combat déteſté m'enlève *(Il met la main à ſes yeux),* lorſque je m'embarquai vice-roi du Mexique, au lieu de reſter à Madrid ou dans mon palais à Séville, ou d'habiter Aguas Freſcas, qui eſt un ſuperbe ſéjour, quelle retraite, ami, crois-tu que ma femme choiſit? Le vilain château d'Aſtorga, chef-lieu d'une méchante terre que j'avais achetée des parents de ce page. C'eſt là qu'elle a voulu paſſer les trois années de mon abſence, qu'elle y a mis au monde... (après neuf ou dix mois, que fais-je?) ce miſérable enfant, qui porte les traits d'un perfide ! Jadis, lorſqu'on m'avait peint pour le bracelet de la comteſſe, le peintre, ayant trouvé ce page fort joli, déſira d'en faire une étude : c'eſt un des beaux tableaux de mon cabinet.

Bégearss. — Oui... *(Il baiſſe les yeux)* à telles enſeignes que votre épouſe...

Le Comte, *vivement*. — Ne veut jamais le regarder? Eh bien! ſur ce portrait j'ai fait faire celui-ci, dans ce bracelet, pareil en tout au ſien, fait par le même joaillier qui monta tous ſes diamants; je vais le ſubſtituer à la place du mien. Si elle en garde le ſilence, vous ſentez que ma preuve eſt faite. Sous quelque forme qu'elle en parle, une explication ſévère éclaircit ma honte à l'inſtant.

Bégearss. — Si vous me demandez mon avis, Monſieur, je blâme un tel projet.

Le Comte. — Pourquoi?

Bégearss. — L'honneur répugne à de pareils moyens. Si quelque haſard, heureux ou malheureux, vous eût préſenté certains faits, je vous excuſerais de les approfondir. Mais tendre un piège! des ſurpriſes! Eh! quel homme, un peu délicat, voudrait prendre un tel avantage ſur ſon plus mortel ennemi?

Le Comte. — Il eſt trop tard pour reculer : le bracelet eſt fait, le portrait du page eſt dedans...

Bégearss *prend l'écrin*. — Monſieur, au nom du véritable honneur...

Le Comte *a enlevé le bracelet de l'écrin*. — Ah! mon cher portrait, je te tiens! J'aurai du moins à joie d'en orner le bras de ma fille, cent fois plus digne de le porter!... *(Il y ſubſtitue l'autre.)*

Bégearss *feint de s'y oppoſer. Ils tirent chacun l'écrin de leur côté; Bégearss fait ouvrir adroitement le double fond, et dit avec colère :*—Ah! voilà la boîte briſée.

Le Comte *regarde*. — Non; ce n'eft qu'un fecret que le débat a fait ouvrir. Ce double fond renferme des papiers!

Bégearss, *s'y oppofant.* — Je me flatte, Monfieur, que vous n'abuferez point...

Le Comte, *impatient.* — « Si quelque heureux hafard « vous eût préfenté certains faits, me difais-tu dans le « moment, je vous excuferais de les approfondir... » Le hafard me les offre, et je vais fuivre ton confeil. *(Il arrache les papiers.)*

Bégearss, *avec chaleur.* — Pour l'efpoir de ma vie entière, je ne voudrais pas devenir complice d'un tel attentat! Remettez ces papiers, Monfieur, ou fouffrez que je me retire.   *(Il s'éloigne.)*

(Le comte tient des papiers et lit. Bégearss le regarde en deffous, et s'applaudit fecrètement.)

Le Comte, *avec fureur.* — Je n'en veux pas apprendre davantage. Renferme tous les autres, et moi je garde celui-ci.

Bégearss. — Non; quel qu'il foit, vous avez trop d'honneur pour commettre une...

Le Comte, *fièrement.* — Une...? Achevez! tranchez le mot; je puis l'entendre.

Bégearss, *fe courbant.* — Pardon, Monfieur, mon bienfaiteur! et n'imputez qu'à ma douleur l'indécence de mon reproche.

Le Comte. — Loin de t'en favoir mauvais gré, je t'en eftime davantage. *(Il fe jette fur un fauteuil.)* Ah! perfide Rofine!... Car, malgré mes légèretés, elle eft la feule pour qui j'aie éprouvé... J'ai fubjugué les autres femmes! Ah! je fens à ma rage combien cette indigne paffion... Je me détefte de l'aimer!

Bégearss. — Au nom de Dieu! Monfieur, remettez ce fatal papier.

SCÈNE IX.

FIGARO, LE COMTE, BÉGEARSS.

Le Comte *fe lève*. — Homme importun, que voulez-vous?

Figaro. — J'entre, parce qu'on a fonné.

Le Comte, *en colère*. — J'ai fonné? Valet curieux!...

Figaro. — Interrogez le joaillier, qui l'a entendu comme moi.

Le Comte. — Mon joaillier? Que me veut-il?

Figaro. — Il dit qu'il a un rendez-vous pour un bracelet qu'il a fait. *(Bégearss, s'apercevant qu'il cherche à voir l'écrin qui eft fur la table, fait ce qu'il peut pour le mafquer.)*

Le Comte. — Ah!... Qu'il revienne un autre jour.

Figaro, *avec malice*. — Mais pendant que Monfieur a l'écrin de Madame ouvert, il ferait peut-être à propos...

Le Comte, *en colère*. — Monfieur l'inquifiteur, partez; et s'il vous échappe un feul mot...

Figaro. — Un feul mot? J'aurais trop à dire; je ne veux rien faire à demi. *(Il examine l'écrin, le papier que tient le comte, lance un fier coup d'œil à Bégearss, et fort.)*

SCÈNE X.

LE COMTE, BÉGEARSS

Le Comte. — Refermons ce perfide écrin. J'ai la preuve que je cherchais. Je la tiens, j'en fuis défolé : pourquoi l'ai-je trouvée? Ah dieu! lifez, lifez, monfieur Bégearss.

Bégearss, *repouſſant le papier.* — Entrer dans de pareils ſecrets ! Dieu préſerve qu'on m'en accuſe !

Le Comte. — Quelle eſt donc la ſèche amitié qui repouſſe mes confidences ? Je vois qu'on n'eſt compatiſſant que pour les maux qu'on éprouva ſoi-même.

Bégearss. — Quoi ! pour refuſer ce papier !... *(Vivement.)* Serrez-le donc, voici Suzanne. *(Il referme vite le ſecret de l'écrin.) (Le comte met la lettre dans ſa veſte, ſur ſa poitrine.)*

SCÈNE XI.

SUZANNE, LE COMTE, BÉGEARSS. *(Le comte eſt accablé.)*

Suzanne *accourt.* — L'écrin, l'écrin ! Madame ſonne.

Bégearss *le lui donne.* — Suzanne, vous voyez que tout y eſt en bon état.

Suzanne. — Qu'a donc Monſieur ? il eſt troublé !

Bégearss. — Ce n'eſt rien qu'un peu de colère contre votre indiſcret mari, qui eſt entré malgré ſes ordres.

Suzanne, *finement.* — Je l'avais dit pourtant de manière à être entendue. *(Elle ſort.)*

SCÈNE XII.

LÉON, LE COMTE, BÉGEARSS.

Le Comte *veut ſortir, il voit entrer Léon.* — Voici l'autre !

Léon, *timidement, veut embraſſer le comte.* — Mon père, agréez mon reſpect. Avez-vous bien paſſé la nuit ?

Le Comte, *ſèchement, le repouſſe.* — Où fûtes-vous, Monſieur, hier au ſoir ?

Léon. — Mon père, on me mena dans une assemblée estimable...

Le Comte. — Où vous fîtes une lecture?

Léon. — On m'invita d'y lire un essai que j'ai fait sur l'abus des vœux monastiques et le droit de s'en relever.

Le Comte, *amèrement*. — Les vœux des chevaliers en font?

Bégearss. — Qui fut, dit-on, très applaudi?

Léon. — Monsieur, on a montré quelque indulgence pour mon âge.

Le Comte. — Donc, au lieu de vous préparer à partir pour vos caravanes, à bien mériter de votre ordre, vous vous faites des ennemis? Vous allez composant, écrivant sur le ton du jour?... Bientôt on ne distinguera plus un gentilhomme d'un savant!

Léon, *timidement*. — Mon père, on en diſtinguera mieux un ignorant d'un homme inſtruit, et l'homme libre de l'eſclave.

Le Comte. — Diſcours d'enthouſiaſte! On voit où vous en voulez venir.   *(Il veut ſortir.)*

Léon. — Mon père!...

Le Comte, *dédaigneux*. — Laiſſez à l'artiſan des villes ces locutions triviales. Les gens de notre état ont un langage plus élevé. Qui eſt-ce qui dit *mon père* à la cour, monſieur? Appelez-moi *monſieur!* Vous ſentez l'homme du commun! Son père!... *(Il ſort; Léon le ſuit en regardant Bégearſs qui lui fait un geſte de compaſſion.)* Allons, monſieur Bégearſs, allons!

ACTE II

Le théâtre repréſente la bibliothèque du comte.

SCENE PREMIÈRE.

LE COMTE.

Puisque enfin je fuis feul, lifons cet étonnant écrit, qu'un hafard prefque inconcevable a fait tomber entre mes mains. *(Il tire de fon fein la lettre de l'écrin, et la lit en pefant fur tous les mots.)* « Mal-
« heureux infenfé! notre fort eſt rempli. La furprife
« nocturne que vous avez ofé me faire, dans un château
« où vous fûtes élevé, dont vous connaiſſiez les détours;
« la violence qui s'en eſt fuivie; **enfin** votre crime, —
« le mien… *(Il s'arrête.)* le mien reçoit fa juſte punition.
« Aujourd'hui, jour de ſaint Léon, patron de ce lieu et
« le vôtre, je viens de mettre au monde un fils, mon
« opprobre et mon défefpoir. Grâce à de triſtes précau-
« tions, l'honneur eſt fauf; mais la vertu n'eſt plus. —
« Condamnée déformais à des larmes intariſſables, je
« fens qu'elles n'effaceront point un crime… dont l'effet
« reſte fubfiſtant. Ne me voyez jamais : c'eſt l'ordre ir-
« révocable de la miférable Rofine… qui n'ofe plus fi-

« gner un autre nom. » *(Il porte ses mains avec la lettre à son front, et se promène.)*... Qui n'ose plus signer un autre nom!... Ah! Rosine! où est le temps...? Mais tu t'es avilie!... *(Il s'agite.)* Ce n'est point là l'écrit d'une méchante femme! Un misérable corrupteur... Mais voyons la réponse écrite sur la même lettre. *(Il lit.)* « Puisque je
« ne dois plus vous voir, la vie m'est odieuse, et je vais
« la perdre avec joie dans la vive attaque d'un fort où
« je ne suis point commandé.

« Je vous renvoie tous vos reproches, le portrait que
« j'ai fait de vous, et la boucle de cheveux que je vous
« dérobai. L'ami qui vous rendra ceci quand je ne serai
« plus est sûr. Il a vu tout mon désespoir. Si la mort
« d'un infortuné vous inspirait un reste de pitié, parmi
« les noms qu'on va donner à l'héritier... d'un autre
« plus heureux!... puis-je espérer que le nom de Léon
« vous rappellera quelquefois le souvenir du malheu-
« reux... qui expire en vous adorant, et signe pour la
« dernière fois, CHÉRUBIN LÉON, d'Astorga? »

... Puis, en caractères sanglants... « Blessé à mort, je
« rouvre cette lettre, et vous écris avec mon sang ce
« douloureux, cet éternel adieu. Souvenez-vous... »

Le reste est effacé par des larmes... *(Il s'agite.)* Ce n'est point là non plus l'écrit d'un méchant homme! Un malheureux égarement... *(Il s'assied et reste absorbé.)* Je me sens déchiré!

SCÈNE II.

BÉGEARSS, LE COMTE. *(Bégearss, en entrant, s'arrête, le regarde, et se mord le doigt avec mystère.)*

LE COMTE. — Ah! mon cher ami, venez donc!... Vous me voyez dans un accablement...

Bégearss. — Très effrayant, Monsieur; je n'osais avancer.

Le Comte. — Je viens de lire cet écrit. Non, ce n'étaient point là des ingrats ni des monstres, mais de malheureux insensés, comme ils le disent eux-mêmes...

Bégearss. — Je l'ai présumé comme vous.

Le Comte *se lève et se promène*. — Les misérables femmes, en se laissant séduire, ne savent guère les maux qu'elles apprêtent!... Elles vont, elles vont... les affronts s'accumulent.. et le monde injuste et léger accuse un père qui se tait, qui dévore en secret ses peines!... On le taxe de dureté pour les sentiments qu'il refuse au fruit d'un coupable adultère!... Nos désordres, à nous, ne leur enlèvent presque rien, ne peuvent, du moins, leur ravir la certitude d'être mères, ce bien inestimable de la maternité! tandis que leur moindre caprice, un goût, une étourderie légère, détruit dans l'homme le bonheur... le bonheur de toute sa vie, la sécurité d'être père. — Ah! ce n'est point légèrement qu'on a donné tant d'importance à la fidélité des femmes! Le bien, le mal de la société, sont attachés à leur conduite; le paradis ou l'enfer des familles dépend à tout jamais de l'opinion qu'elles ont donnée d'elles.

Bégearss. — Calmez-vous; voici votre fille.

SCÈNE III.

FLORESTINE, LE COMTE, BÉGEARSS.

Florestine, *un bouquet au côté*. — On vous disait, Monsieur, si occupé, que je n'ai pas osé vous fatiguer de mon respect.

Le Comte. — Occupé de toi, mon enfant! *ma fille!*

Ah! je me plais à te donner ce nom; car j'ai pris soin de ton enfance. Le mari de ta mère était fort dérangé : en mourant il ne laissa rien. Elle-même, en quittant la vie, t'a recommandée à mes soins. Je lui engageai ma parole; je la tiendrai, ma fille, en te donnant un noble époux. Je te parle avec liberté devant cet ami qui nous aime. Regarde autour de toi; choisis! Ne trouves-tu personne ici digne de posséder ton cœur?

FLORESTINE, *lui baisant la main*. — Vous l'avez tout entier, Monsieur; et si je me vois consultée, je répondrai que mon bonheur est de ne point changer d'état. — Monsieur votre fils, en se mariant... (car, sans doute, il ne restera plus dans l'ordre de Malte aujourd'hui), monsieur votre fils, en se mariant, peut se séparer de son père. Ah! permettez que ce soit moi qui prenne soin de vos vieux jours! C'est un devoir, Monsieur, que je remplirai avec joie.

LE COMTE. — Laisse, laisse *monsieur* réservé pour l'indifférence; on ne sera point étonné qu'une enfant si reconnaissante me donne un nom plus doux! Appelle-moi ton père.

BÉGEARSS. — Elle est digne, en honneur! de votre confidence entière... Mademoiselle, embrassez ce bon, ce tendre protecteur. Vous lui devez plus que vous ne pensez. Sa tutelle n'est qu'un devoir. Il fut l'ami... l'ami secret de votre mère... et, pour tout dire en un seul mot...

SCÈNE IV.

FIGARO, LA COMTESSE, LE COMTE, FLORESTINE, BÉGEARSS.
(La comtesse en robe à peigner.)

FIGARO, *annonçant*. — Madame la comtesse.

Bégearss *jette un regard furieux fur Figaro.* — (*A part.*) Au diable le faquin!

La Comtesse, *au comte.* — Figaro m'avait dit que vous vous trouviez mal; effrayée, j'accours, et je vois...

Le Comte. — ... Que cet homme officieux vous a fait encore un menfonge.

Figaro. — Monfieur, quand vous êtes paffé, vous aviez un air fi défait... Heureufement il n'en eft rien. (*Bégearss l'examine.*)

La Comtesse. — Bonjour, monfieur Bégearss... Te voilà, Floreftine; je te trouve radieufe... Mais voyez donc comme elle eft fraîche et belle! Si le ciel m'eût donné une fille, je l'aurais voulue comme toi, de figure et de caractère... Il faudra bien que tu m'en tiennes lieu. Le veux-tu, Floreftine?

Florestine, *lui baifant la main.* — Ah! Madame!

La Comtesse. — Qui t'a donc fleurie fi matin?

Florestine, *avec joie.* — Madame, on ne m'a point fleurie; c'eft moi qui ai fait des bouquets. N'eft-ce pas aujourd'hui *faint Léon*?

La Comtesse. — Charmante enfant, qui n'oublie rien! (*Elle la baife au front.*) (*Le comte fait un gefte terrible; Bégearss le retient.*)

La Comtesse, *à Figaro.* — Puifque nous voilà raffemblés, avertiffez mon fils que nous prendrons ici le chocolat.

Florestine. — Pendant qu'ils vont le préparer, mon parrain, faites-nous donc voir ce beau bufte de *Washington*, que vous avez, dit-on, chez vous.

Le Comte. — J'ignore qui me l'envoie; je ne l'ai demandé à perfonne, et, fans doute, il eft pour Léon. Il eft beau; je l'ai là dans mon cabinet: venez tous. (*Bégearss, en fortant le dernier, fe retourne deux fois pour exa-*

miner *Figaro, qui le regarde de même. Ils ont l'air de se menacer sans parler.*)

SCÈNE V.

Figaro, *seul, rangeant la table et les tasses pour le déjeuner.* — Serpent ou basilic, tu peux me mesurer, me lancer des regards affreux ! ce sont les miens qui te tueront !... Mais où reçoit-il ses paquets ? Il ne vient rien pour lui de la poste à l'hôtel ! Est-il monté seul de l'enfer ?... Quelque autre diable correspond !... Et moi, je ne puis découvrir...

SCÈNE VI.

FIGARO, SUZANNE.

Suzanne *accourt, regarde, et dit très vivement à l'oreille de Figaro :* C'est lui que la pupille épouse. — Il a la promesse du comte. — Il guérira Léon de son amour. — Il détachera Florestine. — Il fera consentir madame. — Il te chasse de la maison. — Il cloitre ma maîtresse en attendant que l'on divorce. — Fait déshériter le jeune homme, et me rend maitresse de tout. Voilà les nouvelles du jour. (*Elle s'enfuit.*)

SCÈNE VII.

Figaro, *seul.* — Non, s'il vous plaît, monsieur le major ! nous compterons ensemble auparavant. Vous apprendrez de moi qu'il n'y a que les sots qui triomphent. Grâce à l'Ariane-Suzon, je tiens le fil du labyrinthe, et le minotaure est cerné... Je t'envelopperai dans tes pièges et te démafquerai fi bien...! Mais quel intérêt affez preffant lui fait faire une telle école, defferre les dents d'un tel homme? S'en croirait-il affez fûr pour...? La fottife et la vanité font compagnes inféparables! Mon politique babille et fe confie! il a perdu le coup. *Y a faute.*

SCÈNE VIII.

GUILLAUME, FIGARO.

GUILLAUME, *avec une lettre.* — Meiffieïr Bégearss! Ché vois qu'il eft pas pour ici.

FIGARO, *rangeant le déjeuner.* — Tu peux l'attendre, il va rentrer.

GUILLAUME, *reculant.* — Meingoth! c'hattendrai pas meiffieïr en gombagnie te vous! Mon maître il voudrait point, jé chure.

FIGARO. — Il te le défend? Eh bien! donne la lettre; je vais la lui remettre en rentrant.

GUILLAUME, *reculant.* — Pas plis à vous té lettres! O tiable! il voudra pientôt me jaffer.

FIGARO, *à part.* — Il faut tromper le fot. — Tu... viens de la pofte, je crois?

GUILLAUME. — Tiable! non, ché viens pas.

FIGARO. — C'eft fans doute quelque miffive du gentleman... du parent irlandais dont il vient d'hériter? Tu fais cela, toi, bon Guillaume?

GUILLAUME, *riant niaifement.* — Lettre d'un qu'il eft mort, meiffieïr! Non, ché vous prie! Celui-là, ché crois pas, partié! Ce fera bien plitôt d'un autre. Peut-être il viendrait d'un qu'ils font là... pas contents, dehors.

FIGARO. — D'un de nos mécontents, dis-tu?

GUILLAUME. — Oui, mais ch'affure pas...

FIGARO, *à part.* — Cela se peut; il est fourré dans tout. *(A Guillaume.)* On pourrait voir au timbre, et s'assurer...

GUILLAUME. — Ch'affure pas; pourquoi? Les lettres il vient chez M. O'Connor; et puis, je fais pas quoi c'est timpré, moi.

FIGARO, *vivement.* — O'Connor, banquier irlandais?

GUILLAUME. — Mon foi!

FIGARO *revient à lui, froidement.* — Ici près, derrière l'hôtel?

GUILLAUME. — Ein fort choli maison, partié! tes chens très... beaucoup gracieux, si j'osse dire. *(Il se retire à l'écart.)*

FIGARO, *à lui-même.* — O fortune! ô bonheur!

GUILLAUME, *revenant.* — Parle pas, fous, de s'té banquier, pour perfonne, entende-fous? Ch'aurais pas dû...
·Tertaïfle ! *(Il frappe du pied.)*

FIGARO. — Va! je n'ai garde; ne crains rien.

GUILLAUME. — Mon maitre, il dit, meiffieïr, vous âfre tout l'esprit, et moi pas..... Alors c'est chufte..... Mais peut-être ché fuis mécontent d'avoir dit à fous...

FIGARO. — Et pourquoi?

GUILLAUME. — Ché fais pas. — La valet trahir, voye-fous... L'être un péché qu'il est parpare, vil, et même... puéril.

FIGARO. — Il est vrai; mais tu n'as rien dit.

GUILLAUME, *désolé.* — Mon thié! mon thié! ché fais pas, là... quoi tire..... ou non..... *(Il se retire en foupirant.)* Ah! *(Il regarde niaisement les livres de la bibliothèque.)*

FIGARO, *à part.* — Quelle découverte! Hafard! je te falue. *(Il cherche ses tablettes.)* Il faut pourtant que je démêle comment un homme si caverneux s'arrange d'un tel imbécile... De même que les brigands redoutent les réverbères... Oui, mais un fot eſt un falot : la lumière paſſe à travers. *(Il dit en écrivant ſur ſes tablettes.)* O'Connor, banquier irlandais. C'eſt là qu'il faut que j'établiſſe mon noir comité de recherches. Ce moyen-là n'eſt pas trop conſtitutionnel; *ma! perdio!* l'utilité! Et puis, j'ai mes exemples! *(Il écrit.)* Quatre ou cinq louis d'or au valet chargé du détail de la poſte, pour ouvrir dans un cabaret chaque lettre de l'écriture d'Honoré-Tartufe Bégearſs... Monſieur le tartufe honoré ! vous ceſſerez enfin de l'être! Un dieu m'a mis ſur votre piſte. *(Il ſerre ſes tablettes.)* Haſard ! dieu méconnu ! les anciens t'appelaient deſtin ! nos gens te donnent un autre nom...

SCÈNE IX.

LA COMTESSE, LE COMTE, FLORESTINE, BÉGEARSS, FIGARO, GUILLAUME.

BÉGEARSS *aperçoit Guillaume, et lui dit avec humeur, en prenant la lettre :* — Ne peux-tu pas me les garder chez moi?

GUILLAUME. — Ché crois, celui-ci, c'eſt tout comme... *(Il ſort.)*

LA COMTESSE, *au comte.* — Monſieur, ce buſte eſt un très beau morceau : votre fils l'a-t-il vu?

BÉGEARSS, *la lettre ouverte.* — Ah! lettre de Madrid! du ſecrétaire du miniſtre! Il y a un mot qui vous regarde. *(Il lit.)* « Dites au comte Almaviva que le courrier qui « part demain lui porte l'agrément du roi pour l'échange « de toutes ſes terres. » *(Figaro écoute, et ſe fait, ſans parler, un ſigne d'intelligence.)*

La Comtesse. — Figaro, dis donc à mon fils que nous déjeunons tous ici.

Figaro. — Madame, je vais l'avertir. *(Il sort.)*

SCÈNE X.

LA COMTESSE, LE COMTE, FLORESTINE, BÉGEARSS.

Le Comte, *à Bégearss*. — J'en veux donner avis sur-le-champ à mon acquéreur. Envoyez-moi du thé dans mon arrière-cabinet.

Florestine. — Bon papa, c'eft moi qui vous le porterai.

Le Comte, *bas à Floreftine*. — Penfe beaucoup au peu que je t'ai dit. *(Il la baife au front et fort.)*

SCÈNE XI.

LÉON, LA COMTESSE, FLORESTINE, BÉGEARSS.

Léon, *avec chagrin*. — Mon père s'en va quand j'arrive! Il m'a traité avec une rigueur.....

La Comtesse, *féverement*. — Mon fils, quel difcours tenez-vous? Dois-je me voir toujours froiffée par l'injuftice de chacun? Votre père a befoin d'écrire à la perfonne qui échange fes terres.

Florestine, *gaiement*. — Vous regrettez votre papa? nous auffi nous le regrettons. Cependant, comme il fait que c'eft aujourd'hui votre fête, il m'a chargée, Monfieur, de vous préfenter ce bouquet. *(Elle lui fait une grande révérence.)*

Léon, *pendant qu'elle l'ajufte à fa boutonnière*. — Il n'en pouvait prier quelqu'un qui me rendît ſes bontés auſſi chères... *(Il l'embraſſe.)*

FLORESTINE, *ſe débattant.* — Voyez, Madame, ſi on peut jamais badiner avec lui, ſans qu'il abuſe au même inſtant...

LA COMTESSE, *ſouriant.* — Mon enfant, le jour de ſa fête, on peut lui paſſer quelque choſe.

FLORESTINE, *baiſſant les yeux.* — Pour l'en punir, Madame, faites-lui lire le diſcours qui fut, dit-on, tant applaudi hier à l'aſſemblée.

LÉON. — Si maman juge que j'ai tort, j'irai chercher ma pénitence.

FLORESTINE. — Ah! Madame, ordonnez-le-lui.

LA COMTESSE. — Apportez-nous, mon fils, votre diſcours : moi, je vais prendre quelque ouvrage, pour l'écouter avec plus d'attention.

FLORESTINE, *gaiement.* — Obſtiné! c'eſt bien fait; et je l'entendrai malgré vous.

LÉON, *tendrement.* — Malgré moi, quand vous l'ordonnez? Ah! Floreſtine, j'en défie! *(La comteſſe et Léon ſortent chacun de leur côté.)*

SCÈNE XII.

FLORESTINE, BÉGEARSS.

BÉGEARSS, *bas.* — Eh bien! Mademoiſelle, avez-vous deviné l'époux qu'on vous deſtine?

FLORESTINE, *avec joie.* — Mon cher monſieur Bégearss, vous êtes à tel point notre ami, que je me permettrai de penſer tout haut avec vous. Sur qui puis-je porter les yeux? Mon parrain m'a bien dit : « Regarde autour de toi; choiſis. » Je vois l'excès de ſa bonté : ce ne peut être que Léon. Mais moi, ſans biens, dois-je abuſer?...

BÉGEARSS, *d'un ton terrible.* — Qui? Léon! fon fils? votre frère?

FLORESTINE, *avec un cri douloureux.* — Ah! Monfieur!...

BÉGEARSS. — Ne vous a-t-il pas dit: « Appelle-moi ton père? » Réveillez-vous, ma chère enfant! écartez un fonge trompeur, qui pouvait devenir funefte.

FLORESTINE. — Ah! oui: funefte pour tous deux!

BÉGEARSS. — Vous fentez qu'un pareil fecret doit refter caché dans votre âme. *(Il fort en la regardant.)*

SCÈNE XIII.

FLORESTINE, *feule, et pleurant.* — O ciel! il eft mon frère, et j'ofe avoir pour lui!... Quel coup d'une lumière affreufe! et dans un tel fommeil, qu'il eft cruel de s'éveiller! *(Elle tombe accablée fur un fiége.)*

SCÈNE XIV.

LÉON, *un papier à la main,* FLORESTINE.

LÉON, *joyeux, à part.* — Maman n'eft pas rentrée, et Monfieur Bégearss eft forti : profitons d'un moment heureux. — Floreftine, vous êtes ce matin, et toujours, d'une beauté parfaite ; mais vous avez un air de joie, un ton aimable de gaieté qui ranime mes efpérances.

FLORESTINE, *au défefpoir.* — Ah! Léon!... *(Elle retombe.)*

LÉON. — Ciel! vos yeux noyés de larmes et votre vifage défait m'annoncent quelque grand malheur!

FLORESTINE. — Des malheurs? Ah! Léon, il n'y en a plus que pour moi.

Léon. — Florefta, ne m'aimez-vous plus ? lorfque mes fentiments pour vous...

Florestine, *d'un ton abfolu*. — Vos fentiments ? ne m'en parlez jamais.

Léon. — Quoi ! l'amour le plus pur !...

Florestine, *au défefpoir*. — Finiffez ces cruels difcours, ou je vais vous fuir à l'inftant.

Léon. — Grand Dieu ! qu'eft-il donc arrivé ? Monfieur Bégearss vous a parlé, Mademoifelle. Je veux favoir ce que vous a dit ce Bégearss.

SCÈNE XV.

LA COMTESSE, FLORESTINE, LÉON.

Léon *continue*. — Maman, venez à mon fecours. Vous me voyez au défefpoir : Floreftine ne m'aime plus !

Florestine, *pleurant*. — Moi, Madame, ne plus l'aimer ! Mon parrain, vous et lui, c'eft le cri de ma vie entière.

La Comtesse. — Mon enfant, je n'en doute pas. Ton cœur excellent m'en répond. Mais de quoi donc s'afflige-t-il ?

Léon. — Maman, vous approuvez l'ardent amour que j'ai pour elle ?

Florestine, *fe jetant dans les bras de la comteffe*. — Ordonnez-lui donc de fe taire ! *(En pleurant.)* Il me fait mourir de douleur !

La Comtesse. — Mon enfant, je ne t'entends point. Ma furprife égale la fienne... Elle friffonne entre mes bras ! Qu'a-t-il donc fait qui puiffe te déplaire ?

Florestine, *fe renverfant fur elle*. — Madame, il ne me

déplait point. Je l'aime et le respecte à l'égal de mon frère; mais qu'il n'exige rien de plus.

Léon. — Vous l'entendez, maman! Cruelle fille, expliquez-vous.

Florestine. — Laissez-moi! laissez-moi! ou vous me causerez la mort.

SCÈNE XVI.

LA COMTESSE. FLORESTINE, LÉON, FIGARO, *arrivant avec l'équipage du thé ;* SUZANNE, *de l'autre côté, avec un métier de tapisserie*.

La Comtesse. — Remporte tout, Suzanne; il n'est pas

plus question de déjeuner que de lecture. Vous, Figaro, servez du thé à votre maitre; il écrit dans son cabinet. Et toi, ma Florestine, viens dans le mien rassurer ton amie.

Mes chers enfants, je vous porte en mon cœur! — Pourquoi l'affligez-vous l'un après l'autre sans pitié? Il y a ici des chofes qu'il m'eft important d'éclaircir: *(Elles fortent.)*

SCÈNE XVII.

SUZANNE, FIGARO, LÉON.

Suzanne, *à Figaro*. — Je ne fais pas de quoi il eft queftion; mais je parierais bien que c'eft là du Bégearss tout pur. Je veux abfolument prémunir ma maîtreffe.

Figaro. — Attends que je fois plus inftruit : nous nous concerterons ce foir. Oh! j'ai fait une découverte...

Suzanne. — Et tu me la diras? *(Elle fort.)*

SCÈNE XVIII.

FIGARO, LÉON.

Léon, *défolé*. — Ah! dieux!

Figaro. — De quoi s'agit-il donc, Monfieur?

Léon. — Hélas! je l'ignore moi-même. Jamais je n'avais vu Florefta de fi belle humeur, et je favais qu'elle avait eu un entretien avec mon père. Je la laiffe un inftant avec monfieur Bégearss; je la trouve feule, en rentrant, les yeux remplis de larmes, et m'ordonnant de la fuir pour toujours. Que peut-il donc lui avoir dit?

Figaro. — Si je ne craignais pas votre vivacité, je vous inftruirais fur des points qu'il vous importe de favoir. Mais, lorfque nous avons befoin d'une grande prudence, il ne faudrait qu'un mot de vous, trop vif, pour me faire perdre le fruit de dix années d'obfervations.

LÉON. — Ah! s'il ne faut qu'être prudent... Que crois-tu donc qu'il lui ait dit?

FIGARO. — Qu'elle doit accepter Honoré Bégearss pour époux; que c'eſt une affaire arrangée entre monſieur votre père et lui.

LÉON. — Entre mon père et lui! Le traître aura ma vie.

FIGARO. — Avec ces façons-là, Monſieur, le traître n'aura pas votre vie, mais il aura votre maîtreſſe, et votre fortune avec elle.

LÉON. — Eh bien! ami, pardon; apprends-moi ce que je dois faire.

FIGARO. — Deviner l'énigme du ſphinx, ou bien en être dévoré. En d'autres termes, il faut vous modérer, le laiſſer dire, et diſſimuler avec lui.

LÉON, *avec fureur*. — Me modérer!... Oui, je me modérerai. Mais j'ai la rage dans le cœur! — M'enlever Floreſtine! Ah! le voici qui vient : je vais m'expliquer... froidement.

FIGARO. — Tout eſt perdu ſi vous vous échappez.

SCÈNE XIX.

BÉGEARSS, FIGARO, LÉON.

LÉON, *ſe contenant mal*. — Monſieur, Monſieur, un mot. Il importe à votre repos que vous répondiez ſans détour. — Floreſtine eſt au déſeſpoir; qu'avez-vous dit à Floreſtine?

BÉGEARSS, *d'un ton glacé*. — Et qui vous dit que je lui ai parlé? Ne peut-elle avoir des chagrins, ſans que j'y ſois pour quelque choſe?

LÉON, *vivement*. — Point d'évaſions, Monſieur. Elle

était d'une humeur charmante; en fortant d'avec vous, on la voit fondre en larmes. De quelque part qu'elle en

reçoive, mon cœur partage fes chagrins. Vous m'en direz la caufe, ou bien vous m'en ferez raifon.

BÉGEARSS. — Avec un ton moins abfolu on peut tout

obtenir de moi; je ne fais point céder à des menaces.

Léon, *furieux.* — Eh bien! perfide, défends-toi. J'aurai ta vie, ou tu auras la mienne! *(Il met la main à son épée.)*

Figaro *les arrête.* — Monsieur Bégearss! au fils de votre ami! dans sa maison! où vous logez!

Bégearss, *se contenant.* — Je fais trop ce que je me dois... Je vais m'expliquer avec lui; mais je n'y veux point de témoins. Sortez, et laissez-nous ensemble.

Léon. — Va! mon cher Figaro; tu vois qu'il ne peut m'échapper. Ne lui laissons aucune excuse.

Figaro, *à part.* — Moi, je cours avertir son père. *(Il sort.)*

SCÈNE XX.

LÉON, BÉGEARSS.

Léon, *lui barrant la porte.* — Il vous convient peut-être mieux de vous battre que de parler. Vous êtes le maître du choix; mais je n'admettrai rien d'étranger à ces deux moyens.

Bégearss, *froidement.* — Léon! un homme d'honneur n'égorge pas le fils de son ami. Devais-je m'expliquer devant un malheureux valet, insolent d'être parvenu à presque gouverner son maître?

Léon, *s'asseyant.* — Au fait, Monsieur, je vous attends...

Bégearss. — Oh! que vous allez regretter une fureur déraisonnable!

Léon. — C'est ce que nous verrons bientôt.

Bégearss, *affectant une dignité froide.* — Léon, vous aimez Florestine; il y a longtemps que je le vois... Tant que votre frère a vécu, je n'ai pas cru devoir servir un amour malheureux qui ne vous conduifait à rien. Mais depuis qu'un funefte duel, difpofant de fa vie, vous a mis en fa place, j'ai eu l'orgueil de croire mon influence capable de difpofer Monfieur votre père à vous unir à celle que vous aimez. Je l'attaquais de toutes les manières; une réfiftance invincible a repouffé tous mes efforts. Défolé de le voir rejeter un projet qui me paraiffait fait pour le bonheur de tous... Pardon, mon jeune ami, je vais vous affliger; mais il le faut en ce moment, pour vous fauver d'un malheur éternel. Rappelez bien votre raifon, vous allez en avoir befoin. — J'ai forcé votre père à rompre le filence, à me confier fon fecret. O mon ami! m'a dit enfin le Comte, je connais l'amour de mon fils; mais puis-je lui donner Floreftine pour femme? Celle que l'on croit ma pupille... elle eft ma fille, elle eft fa fœur.

Léon, *reculant vivement.* — Floreftine!... ma fœur?...

Bégearss. — Voilà le mot qu'un févère devoir... Ah! je vous le dois à tous deux : mon filence pouvait vous perdre. Eh bien! Léon, voulez-vous vous battre avec moi?

Léon. — Mon généreux ami! je ne fuis qu'un ingrat, un monftre! Oubliez ma rage infenfée...

Bégearss, *bien tartufe.* — Mais c'eft à condition que ce fatal fecret ne fortira jamais... Dévoiler la honte d'un père, ce ferait un crime...

Léon, *fe jetant dans fes bras.* — Ah! jamais.

SCÈNE XXI.

LE COMTE, FIGARO, LÉON, BÉGEARSS.

Figaro, *accourant.* — Les voilà, les voilà!

Le Comte. — Dans les bras l'un de l'autre! Eh! vous perdez l'esprit.

Figaro, *stupéfait*. — Ma foi! Monsieur, on le perdrait à moins.

Le Comte, *à Figaro*. — M'expliquerez-vous cette énigme?

Léon, *tremblant*. — Ah! c'est à moi, mon père, à l'expliquer. Pardon! je dois mourir de honte! Sur un sujet assez frivole, je m'étais... beaucoup oublié. Son caractère généreux, non seulement me rend à la raison, mais il a la bonté d'excuser ma folie en me la pardonnant. Je lui en rendais grâce lorsque vous nous avez surpris.

Le Comte. — Ce n'est pas la centième fois que vous lui devez de la reconnaissance. Au fait, nous lui en devons tous. (*Figaro, sans parler, se donne un coup de poing au front. Bégearss l'examine et sourit.*)

Le Comte, *à son fils*. — Retirez-vous, Monsieur. Votre aveu seul enchaine ma colère.

Bégearss. — Ah! Monsieur, tout est oublié.

Le Comte, *à Léon*. — Allez vous repentir d'avoir manqué à mon ami, au vôtre, à l'homme le plus vertueux...

Léon, *s'en allant*. — Je suis au désespoir!

Figaro, *à part, avec colère*. — C'est une légion de diables enfermés dans un seul pourpoint.

SCÈNE XXII.

LE COMTE, BÉGEARSS, FIGARO.

Le Comte, *à Bégearss, à part*. — Mon ami, finissons ce que nous avons commencé. (*A Figaro.*) Vous, Monsieur l'étourdi, avec vos belles conjectures, donnez-moi les trois millions d'or que vous m'avez vous-même apportés de Cadix, en foixante effets au porteur. Je vous avais chargé de les numéroter.

Figaro. — Je l'ai fait.

Le Comte. — Remettez-m'en le portefeuille.

Figaro. — De quoi? de ces trois millions d'or?

Le Comte. — Sans doute. Eh bien! qui vous arrête?

Figaro, *humblement*. — Moi, Monfieur?... Je ne les ai plus.

Bégearss. — Comment, vous ne les avez plus?

Figaro, *fièrement*. — Non, Monfieur.

Bégearss, *vivement*. — Qu'en avez-vous fait?

Figaro. — Lorfque mon maître m'interroge, je lui dois compte de mes actions; mais à vous, je ne vous dois rien.

Le Comte, *en colère*. — Infolent! qu'en avez-vous fait?

Figaro, *froidement*. — Je les ai portés en dépôt chez M. Fal, votre notaire.

Bégearss. — Mais de l'avis de qui?

Figaro, *fièrement*. — Du mien; et j'avoue que j'en fuis toujours.

Bégearss. — Je vais gager qu'il n'en eft rien.

Figaro. — Comme j'ai fa reconnaiffance, vous courez rifque de perdre la gageure.

Bégearss. — Ou s'il les a reçus, c'eft pour agioter. Ces gens-là partagent enfemble.

Figaro. — Vous pourriez un peu mieux parler d'un homme qui vous a obligé.

Bégearss. — Je ne lui dois rien.

Figaro. — Je le crois; quand on a hérité de *quarante mille doublons de huit!...*

Le Comte, *fe fâchant*. — Avez-vous donc quelque remarque à nous faire auffi là-deffus?

Figaro. — Qui, moi, Monsieur? J'en doute d'autant moins, que j'ai beaucoup connu le parent dont Monsieur hérite : un jeune homme assez libertin, joueur, prodigue et querelleur, sans frein, sans mœurs, sans caractère, et n'ayant rien à lui, pas même les vices qui l'ont tué ; qu'un combat des plus malheureux... *(Le comte frappe du pied.)*

Bégearss, *en colère.* — Enfin, nous direz-vous pourquoi vous avez déposé cet or?

Figaro. — Ma foi, Monsieur. c'est pour n'en être plus chargé. Ne pouvait-on pas le voler? Que sait-on? Il s'introduit souvent de grands fripons dans les maisons...

Bégearss, *en colère.* — Pourtant, Monsieur veut qu'on le rende.

Figaro. — Monsieur peut l'envoyer chercher.

Bégearss. — Mais ce notaire s'en dessaisira-t-il, s'il ne voit son *récépissé?*

Figaro. — Je vais le remettre à Monsieur; et quand j'aurai fait mon devoir, s'il en arrive quelque mal, il ne pourra s'en prendre à moi.

Le Comte. — Je l'attends dans mon cabinet.

Figaro, *au comte.* — Je vous préviens que M. Fal ne les rendra que sur votre reçu; je le lui ai recommandé. *(Il sort.)*

SCÈNE XXIII.

LE COMTE, BÉGEARSS.

Bégearss, *en colère.* — Comblez cette canaille, et voyez ce qu'elle devient! En vérité, Monsieur, mon amitié me force à vous le dire : vous devenez trop confiant; il a deviné nos secrets. De valet, barbier, chirurgien, vous l'avez établi tréforier fecrétaire, une efpèce de *factotum*. Il eft notoire que ce monfieur fait bien fes affaires avec vous.

Le Comte. — Sur la fidélité, je n'ai rien à lui reprocher ; mais il eft vrai qu'il eft d'une arrogance...

Bégearss. — Vous avez un moyen de vous en délivrer en le récompenfant.

Le Comte. — Je le voudrais fouvent.

Bégearss, *confidentiellement*. — En envoyant le chevalier à Malte, fans doute vous voulez qu'un homme affidé le furveille ? Celui-ci, trop flatté d'un auffi honorable emploi, ne peut manquer de l'accepter : vous en voilà défait pour bien du temps.

Le Comte. — Vous avez raifon, mon ami. Auffi bien m'a-t-on dit qu'il vit très mal avec fa femme. *(Il fort.)*

SCÈNE XXIV.

Bégearss, *feul*. — Encore un pas de fait!... Ah! noble efpion, la fleur des drôles, qui faites ici le bon valet et voulez nous fouffler la dot en nous donnant des noms de comédie! grâce aux foins d'Honoré-Tartufe, vous irez partager le malaife des caravanes, et finirez vos infpections fur nous.

ACTE III

Le théâtre repréfente le cabinet de la comteffe, orné de fleurs de toutes parts.

SCÈNE PREMIÈRE.

LA COMTESSE, SUZANNE.

LA COMTESSE.

JE n'ai pu rien tirer de cette enfant. — Ce font des pleurs, des étouffements!... Elle fe croit des torts envers moi, m'a demandé cent fois pardon; elle veut aller au couvent. Si je rapproche tout ceci de fa conduite envers mon fils, je préfume qu'elle fe reproche d'avoir écouté fon amour, entretenu fes efpérances, ne fe croyant pas un parti affez confidérable pour lui. — Charmante délicateffe! excès d'une aimable vertu! M. Bégearss apparemment lui en a touché quelques mots qui l'auront amenée à s'affliger fur elle; car c'eft un homme fi fcrupuleux et fi délicat fur l'honneur, qu'il s'exagère quelquefois, et fe fait des fantômes où les autres ne voient rien.

Suzanne. — J'ignore d'où provient le mal; mais il fe paffe ici des chofes bien étranges! Quelque démon y fouffle un feu fecret. Notre maître eft fombre à périr; il nous éloigne tous de lui. Vous êtes fans ceffe à pleurer. Mademoifelle eft fuffoquée; monfieur votre fils défolé!... M. Bégearss lui feul, imperturbable comme un dieu, femble n'être affecté de rien, voit tous vos chagrins d'un œil fec...

La Comtesse. — Mon enfant, fon cœur les partage. Hélas! fans ce confolateur, qui verfe un baume fur nos plaies, dont la fageffe nous foutient, adoucit toutes les aigreurs, calme mon irafcible époux, nous ferions bien plus malheureux!

Suzanne. — Je fouhaite, Madame, que vous ne vous abufiez pas.

La Comtesse. — Je t'ai vue autrefois lui rendre plus de juftice. *(Suzanne baiffe les yeux.)* Au refte, il peut feul me tirer du trouble où cette enfant m'a mife. Fais-le prier de defcendre chez moi.

Suzanne. — Le voici qui vient à propos; vous vous ferez coiffer plus tard. *(Elle fort.)*

SCÈNE II.

LA COMTESSE, BÉGEARSS.

La Comtesse, *douloureufement.* — Ah! mon pauvre major, que fe paffe-t-il donc ici? Touchons-nous enfin à la crife que j'ai fi longtemps redoutée, que j'ai vue de loin fe former? L'éloignement du comte pour mon malheureux fils femble augmenter de jour en jour. Quelque lumière fatale aura pénétré jufqu'à lui!

Bégearss. — Madame, je ne le crois pas.

La Comtesse. — Depuis que le ciel m'a punie par la mort de mon fils aîné, je vois le comte abfolument changé : au lieu de travailler avec l'ambaffadeur à Rome pour rompre les vœux de Léon, je le vois s'obftiner à l'envoyer à Malte. Je fais de plus, Monfieur Bégearss, qu'il dénature fa fortune et veut abandonner l'Efpagne pour s'établir dans ce pays. — L'autre jour à dîner, devant trente perfonnes, il raifonna fur le divorce d'une façon à me faire frémir.

Bégearss. — J'y étais; je m'en fouviens trop!

La Comtesse, *en larmes*. — Pardon, mon digne ami; je ne puis pleurer qu'avec vous!

Bégearss. — Dépofez vos douleurs dans le fein d'un homme fenfible.

La Comtesse. — Enfin, eft-ce lui, eft-ce vous, qui avez déchiré le cœur de Floreftine? Je la deftinais à mon fils. — Née fans biens, il eft vrai, mais noble, belle et vertueufe, élevée au milieu de nous : mon fils, devenu héritier, n'en a-t-il pas affez pour deux?

Bégearss. — Que trop, peut-être; et c'eft d'où vient le mal!

La Comtesse. — Mais, comme fi le ciel n'eût attendu auffi longtemps que pour me mieux punir d'une imprudence tant pleurée, tout femble s'unir à la fois pour renverfer mes efpérances. Mon époux détefte mon fils... Floreftine renonce à lui. Aigrie par je ne fais quel motif, elle veut le fuir pour toujours. Il en mourra, le malheureux! voilà ce qui eft bien certain. (*Elle joint les mains.*) Ciel vengeur! après vingt années de larmes et de repentir, me réfervez-vous à l'horreur de voir ma faute découverte? Ah! que je fois feule miférable! mon Dieu, je ne m'en plaindrai pas; mais que mon fils ne porte point la peine d'un crime qu'il n'a pas commis! Connaiffez-vous, monfieur Bégearss, quelque remède à tant de maux?

Bégearss. — Oui, femme refpectable! et je venais exprès diffiper vos terreurs. Quand on craint une chofe, tous nos regards fe portent vers cet objet trop alarmant : quoi qu'on dife ou qu'on faffe, la frayeur empoifonne tout. Enfin, je tiens la clef de ces énigmes. Vous pouvez encore être heureufe.

La Comtesse. — L'eft-on avec une âme déchirée de remords?

Bégearss. — Votre époux ne fuit point Léon; il ne foupçonne rien fur le fecret de fa naiffance.

La Comtesse, *vivement*. — Monfieur Bégearss!

Bégearss. — Et tous ces mouvements que vous prenez pour de la haine ne font que l'effet d'un fcrupule. Oh! que je vais vous foulager!

La Comtesse, *ardemment*. — Mon cher monfieur Bégearss!

Bégearss. — Mais enterrez, dans ce cœur allégé, le grand mot que je vais vous dire. Votre fecret à vous, c'eft la naiffance de Léon; le fien eft celle de Floreftine: *(plus bas)* il eft fon tuteur... et fon père.

La Comtesse, *joignant les mains*. — Dieu tout-puiffant, qui me prends en pitié!

Bégearss. — Jugez de fa frayeur en voyant ces enfants amoureux l'un de l'autre! Ne pouvant dire fon fecret, ni fupporter qu'un tel attachement devînt le fruit de fon filence, il eft refté fombre, bizarre; et s'il veut éloigner fon fils, c'eft pour éteindre, s'il fe peut, par cette abfence et par ces vœux, un malheureux amour qu'il croit ne pouvoir tolérer.

La Comtesse, *priant avec ardeur*. — Source éternelle des bienfaits! ô mon Dieu! tu permets qu'en partie je répare la faute involontaire qu'un infenfé me fit commettre; que j'aie, de mon côté, quelque chofe à remettre à cet époux que j'offenfai! O comte Almaviva! mon cœur

flétri, fermé par vingt années de peines, va fe rouvrir enfin pour toi! Floreftine eft ta fille; elle me devient chère comme fi mon fein l'eût portée. Faifons, fans nous parler, l'échange de notre indulgence! Oh! monfieur Bégearss, achevez!

Bégearss. — Mon amie, je n'arrête point ces premiers élans d'un bon cœur: les émotions de la joie ne font point dangereufes comme celles de la trifteffe; mais, au nom de votre repos, écoutez-moi jufqu'à la fin.

La Comtesse. — Parlez, mon généreux ami, vous à qui je dois tout, parlez.

Bégearss. — Votre époux, cherchant un moyen de garantir fa Floreftine de cet nour qu'il croit inceftueux, m'a propofé de l'époufer; mais, indépendamment du fentiment profond et malheureux que mon refpect pour vos douleurs...

La Comtesse, *douloureufement*. — Ah! mon ami, par compaffion pour moi...

Bégearss. — N'en parlons plus. Quelques mots d'établiffement, tournés d'une forme équivoque, ont fait penfer à Floreftine qu'il était queftion de Léon. Son jeune cœur s'en épanouiffait, quand un valet vous annonça. Sans m'expliquer depuis fur les vues de fon père, un mot de moi, la ramenant aux févères idées de la fraternité, a produit cet orage, et la religieufe horreur dont votre fils ni vous ne pénétriez le motif.

La Comtesse. — Il en était bien loin, le pauvre enfant!

Bégearss. — Maintenant qu'il vous eft connu, devons-nous fuivre ce projet d'une union qui répare tout?...

La Comtesse, *vivement*. — Il faut s'y tenir, mon ami; mon cœur et mon efprit font d'accord fur ce point, et c'eft à moi de la déterminer. Par là, nos fecrets font couverts; nul étranger ne les pénétrera. Après vingt années de fouffrances, nous pafferons des jours heureux, et c'eft à vous, mon digne ami, que ma famille les devra.

Bégearss, *élevant la voix*. — Pour que rien ne les trouble plus, il faut encore un facrifice, et mon amie eft digne de le faire.

La Comtesse. — Hélas! je veux les faire tous.

Bégearss, *l'air impofant*. — Ces lettres, ces papiers d'un infortuné qui n'eft plus, il faudra les réduire en cendres.

La Comtesse, *avec douleur*. — Ah! Dieu!

Bégearss. — Quand cet ami mourant me chargea de vous les remettre, fon dernier ordre fut qu'il fallait fauver votre honneur, en ne laiffant aucune trace de ce qui pourrait l'altérer.

La Comtesse. — Dieu! Dieu!

Bégearss. — Vingt ans fe font paffés fans que j'aie pu obtenir que ce trifte aliment de votre éternelle douleur s'éloignât de vos yeux. Mais, indépendamment du mal que tout cela vous fait, voyez quel danger vous courez!

La Comtesse. — Eh! que peut-on avoir à craindre?

Bégearss, *regardant fi on ne peut l'entendre*. — *(Parlant bas.)* Je ne foupçonne point Suzanne; mais une femme de chambre, inftruite que vous conservez ces papiers, ne pourrait-elle pas un jour s'en faire un moyen de fortune? Un feul remis à votre époux, que peut-être il paierait bien cher, vous plongerait dans des malheurs...

La Comtesse. — Non. Suzanne a le cœur trop bon...

Bégearss, *d'un ton plus élevé, très ferme*. — Ma refpectable amie, vous avez payé votre dette à la tendreffe, à la douleur, à vos devoirs de tous les genres; et fi vous êtes fatisfaite de la conduite d'un ami, j'en veux avoir la récompenfe. Il faut brûler tous ces papiers, éteindre tous ces fouvenirs d'une faute autant expiée! Mais, pour ne jamais revenir fur un fujet fi douloureux, j'exige que le facrifice en foit fait dans ce même inftant.

La Comtesse, *tremblante*. — Je crois entendre Dieu qui parle! Il m'ordonne de l'oublier, de déchirer le crêpe obfcur dont fa mort a couvert ma vie. Oui, mon Dieu! je vais obéir à cet ami que vous m'avez donné. *(Elle fonne.)* Ce qu'il exige en votre nom, mon repentir le confeillait; mais ma faibleffe a combattu.

SCÈNE III.

SUZANNE, LA COMTESSE, BÉGEARSS.

La Comtesse. — Suzanne, apporte-moi le coffret de

mes diamants. — Non, je vais le prendre moi-même; il te faudrait chercher la clef...

SCÈNE IV.

SUZANNE, BÉGEARSS.

Suzanne, *un peu troublée*. — Monfieur Bégearss, de quoi s'agit-il donc? Toutes les têtes font renverfées! Cette maifon reffemble à l'hôpital des fous! Madame pleure;

mademoifelle étouffe; le chevalier Léon parle de fe noyer; Monfieur eft enfermé et ne veut voir perfonne. Pourquoi ce coffre aux diamants infpire-t-il en ce moment tant d'intérêt à tout le monde?

Bégearss, *mettant fon doigt fur fa bouche, en figne de myftère.* — Chut! ne montre ici nulle curiofité!... tu le fauras dans peu... Tout va bien; tout eft bien... Cette journée vaut... Chut!...

SCÈNE V.

LA COMTESSE, BÉGEARSS, SUZANNE.

La Comtesse, *tenant le coffre aux diamants.* — Suzanne, apporte-nous du feu dans le brazéro du boudoir.

Suzanne. — Si c'eft pour brûler des papiers, la lampe de nuit allumée eft encore là dans l'athénienne. *(Elle l'avance.)*

La Comtesse. — Veille à la porte, et que perfonne n'entre.

Suzanne, *en fortant, à part.* — Courons auparavant avertir Figaro.

SCÈNE VI.

LA COMTESSE, BÉGEARSS.

Bégearss. — Combien j'ai fouhaité pour vous le moment auquel nous touchons.

La Comtesse, *étouffée.* — O mon ami! quel jour nous choififfons pour confommer ce facrifice! celui de la naiffance de mon malheureux fils! A cette époque, tous les ans, leur confacrant cette journée, je demandais pardon au ciel, et je m'abreuvais de mes larmes en relifant ces trifles lettres. Je me rendais au moins le témoignage qu'il y eut entre nous plus d'erreur que de crime. Ah! faut-il donc brûler tout ce qui me refte de lui!

Bégearss. — Quoi! Madame, détruifez-vous ce fils qui vous le repréfente? ne lui devez-vous pas un facrifice qui le préferve de mille affreux dangers? Vous vous le devez à vous-même, et la fécurité de votre vie entière eft attachée peut-être à cet acte impofant! *(Il ouvre le fecret de l'écrin et en tire les lettres.)*

La Comtesse, *furprife*. — Monfieur Bégearss, vous l'ouvrez mieux que moi!... Que je les life encore!

Bégearss, *févèrement*. — Non, je ne le permettrai pas.

La Comtesse. — Seulement la dernière, où, traçant fes triftes adieux du fang qu'il répandit pour moi, il m'a donné la leçon du courage dont j'ai tant befoin aujourd'hui.

Bégearss, *s'y oppofant*. — Si vous lifez un mot, nous ne brûlerons rien. Offrez au ciel un facrifice entier, courageux, volontaire, exempt des faibleffes humaines! ou, fi vous n'ofez l'accomplir, c'eft à moi d'être fort pour vous. Les voilà toutes dans le feu. *(Il y jette le paquet.)*

La Comtesse, *vivement*. — Monfieur Bégearss! cruel ami! c'eft ma vie que vous confumez! Qu'il m'en refte au moins un lambeau. *(Elle veut fe précipiter fur les lettres enflammées. Bégearss la retient à bras-le-corps.)*

Bégearss. — J'en jetterai la cendre au vent.

SCÈNE VII.

SUZANNE, LE COMTE, FIGARO, LA COMTESSE, BÉGEARSS.

Suzanne *accourt.* — C'eſt Monſieur, il me fuit, mais amené par Figaro.

Le Comte *les ſurprenant en cette poſture.* — Qu'eſt-ce donc que je vois, Madame! D'où vient tout ce déſordre? quel eſt ce feu, ce coffre, ces papiers? Pourquoi ce débat et ces pleurs? *(Bégearss et la comteſſe reſtent confondus.)*

Le Comte. — Vous ne répondez point?

Bégearss *ſe remet, et dit d'un ton pénible.* — J'eſpère, Monſieur, que vous n'exigez pas qu'on s'explique devant vos gens. J'ignore quel deſſein vous fait ſurprendre ainſi Madame! Quant à moi, je ſuis réſolu de ſoutenir mon caractère, en rendant un hommage pur à la vérité, quelle qu'elle ſoit.

Le Comte, *à Figaro et à Suzanne.* — Sortez tous deux.

Figaro. — Mais, Monſieur, rendez-moi du moins la juſtice de déclarer que je vous ai remis le récépiſſé du notaire, ſur le grand objet de tantôt.

Le Comte. — Je le fais volontiers, puiſque c'eſt réparer un tort. *(A Bégearss.)* Soyez certain, Monſieur, que voilà le récépiſſé. *(Il le remet dans ſa poche. Figaro et Suzanne ſortent chacun de leur côté.)*

Figaro, *bas à Suzanne, en s'en allant.* — S'il échappe à l'explication...!

Suzanne, *bas.* — Il eſt bien ſubtil!

Figaro, *bas.* — Je l'ai tué!

SCÈNE VIII.

LA COMTESSE, LE COMTE, BÉGEARSS.

Le Comte, *d'un ton férieux.* — Madame, nous fommes feuls.

Bégearss, *encore ému.* — C'eft moi qui parlerai. Je fubirai cet interrogatoire. M'avez-vous vu, Monfieur, trahir la vérité dans quelque occafion que ce fût ?

Le Comte, *féchement.* — Monfieur... je ne dis pas cela.

Bégearss, *tout à fait remis.* — Quoique je fois loin d'approuver cette inquifition peu décente, l'honneur m'oblige à répéter ce que je difais à Madame, en répondant à fa confultation :

« Tout dépofitaire de fecret ne doit jamais conferver de
« papiers, s'ils peuvent compromettre un ami qui n'eft
« plus, et qui les mit fous notre garde. Quelque chagrin
« qu'on ait à s'en défaire, et quelque intérêt même qu'on
« eût à les garder, le faint refpect des morts doit avoir le
« pas devant tout. » *(Il montre le comte.)* Un accident inopiné ne peut-il pas en rendre un adverfaire poffeffeur ?

(Le comte le tire par la manche pour qu'il ne pouffe pas l'explication plus loin.)

Bégearss, *fièrement.* — Auriez-vous dit, Monfieur, autre chofe en ma pofition ? Qui cherche des confeils timides, ou le foutien d'une faibleffe honteufe, ne doit point s'adreffer à moi ! Vous en avez des preuves l'un et l'autre, et vous furtout, Monfieur le comte ! *(Le comte lui fait un figne.)* Voilà, fur la demande que m'a faite Madame, et fans chercher à pénétrer ce que contenaient ces papiers, ce qui m'a fait lui donner un confeil pour la févère exécution duquel je l'ai vue manquer de courage: je n'ai pas héfité d'y fubftituer le mien, en combattant fes délais imprudents. Voilà quels étaient nos débats ; mais, quelque chofe qu'on en penfe, je ne regretterai point ce que j'ai dit, ce que j'ai fait. *(Il lève les bras.)* Sainte amitié ! tu n'es rien qu'un vain titre, fi l'on ne remplit pas tes auftères devoirs. — Permettez que je me retire.

LE COMTE, *exalté*. — O le meilleur des hommes! Non, vous ne nous quitterez pas. — Madame, il va nous appartenir de plus près : je lui donne ma Floreftine.

LA COMTESSE, *avec vivacité*. — Monfieur, vous ne pouviez pas faire un plus digne emploi du pouvoir que la loi vous donne fur elle. Ce choix a mon affentiment, fi vous le jugez néceffaire ; et le plus tôt vaudra le mieux.

LE COMTE, *héfitant*. — Eh bien !... ce foir... fans bruit... votre aumônier...

LA COMTESSE, *avec ardeur*. — Eh bien ! moi qui lui fers de mère, je vais la préparer à l'augufte cérémonie. Mais laifferez-vous votre ami feul généreux envers ce digne enfant? J'ai du plaifir à penfer le contraire.

LE COMTE, *embarraffé*. — Ah ! Madame... croyez...

LA COMTESSE, *avec joie*. — Oui, Monfieur, je le crois. C'eft aujourd'hui la fête de mon fils ; ces deux événements réunis me rendent cette journée bien chère. *(Elle fort.)*

SCÈNE IX.

LE COMTE, BÉGEARSS.

LE COMTE, *la regardant aller*. — Je ne reviens pas de mon étonnement. Je m'attendais à des débats, à des objections fans nombre ; et je la trouve jufte, bonne, généreufe envers mon enfant ! *Moi qui lui fers de mère*, dit-elle...

Non ce n'eſt point une méchante femme! elle a dans ſes actions une dignité qui m'impoſe... un ton qui briſe les reproches, quand on voudrait l'en accabler. Mais, mon ami, je m'en dois à moi-même, pour la ſurpriſe que j'ai montrée en voyant brûler ces papiers.

Bégearss. — Quant à moi, je n'en ai point eu, voyant avec qui vous veniez. Ce reptile vous a ſifflé que j'étais là pour trahir vos ſecrets! De ſi baſſes imputations n'atteignent point un homme de ma hauteur : je les vois ramper loin de moi. Mais, après tout, Monſieur, que vous importaient ces papiers? n'aviez-vous pas pris malgré moi tous ceux que vous vouliez garder? Ah! plût au ciel qu'elle m'eût conſulté plus tôt! vous n'auriez pas contre elle des preuves ſans réplique!

Le Comte, *avec douleur*. — Oui, ſans réplique! *(Avec ardeur.)* Otons-les de mon ſein : elles me brûlent la poitrine. *(Il tire la lettre de ſon ſein, et la met dans ſa poche.)*

Bégearss *continue avec douceur*. — Je combattrais avec plus d'avantage en faveur du fils de la loi; car enfin il n'est pas comptable du triſte ſort qui l'a mis dans vos bras!

Le Comte *reprend ſa fureur*. — Lui dans mes bras! jamais.

Bégearss. — Il n'eſt point coupable non plus dans ſon amour pour Floreſtine; et cependant, tant qu'il reſte près d'elle, puis-je m'unir à cette enfant, qui, peut-être épriſe elle-même, ne cédera qu'à ſon reſpect pour vous? La délicateſſe bleſſée...

Le Comte. — Mon ami, je t'entends! et ta réflexion me décide à le faire partir ſur-le-champ. Oui, je ſerai moins malheureux quand ce fatal objet ne bleſſera plus mes regards. Mais comment entamer ce ſujet avec elle? Voudra-t-elle s'en ſéparer? Il faudra donc faire un éclat?

BÉGEARSS. — Un éclat!... non... mais le divorce, accrédité chez cette nation hafardeufe, vous permettra d'ufer de ce moyen.

LE COMTE. — Moi, publier ma honte! Quelques lâches l'ont fait! c'eft le dernier degré de l'aviliffement du fiècle. Que l'opprobre foit le partage de qui donne un pareil fcandale, et des fripons qui le provoquent!

BÉGEARSS. — J'ai fait envers elle, envers vous, ce que l'honneur me prefcrivait. Je ne fuis point pour les moyens violents, furtout quand il s'agit d'un fils...

LE COMTE. — Dites *d'un étranger,* dont je vais hâter le départ.

BÉGEARSS. — N'oubliez pas cet infolent valet.

LE COMTE. — J'en fuis trop las pour le garder. Toi, cours, ami, chez mon notaire ; retire, avec mon reçu que voilà, mes trois millions d'or dépofés. Alors tu peux à jufte titre être généreux au contrat qu'il nous faut brufquer aujourd'hui... car te voilà bien poffeffeur... *(Il lui remet le reçu, le prend fous le bras, et ils fortent.)* Et ce foir à minuit, fans bruit, dans la chapelle de Madame... *(On n'entend pas le refte.)*

ACTE IV

Le théâtre représente le même cabinet de la comtesse.

SCÈNE PREMIÈRE.

FIGARO, *seul, agité, regardant d'un côté et d'autre.*

ELLE me dit : « Viens à six heures au cabinet; c'est le plus sûr pour nous parler… » Je brusque tout dehors, et je rentre en sueur! Où est-elle? *(Il se promène en s'essuyant.)* Ah! parbleu, je ne suis pas fou! je les ai vus sortir d'ici, Monsieur le tenant sous le bras!… Eh bien! pour un échec, abandonnons-nous la partie?… Un orateur fuit-il lâchement la tribune pour un argument tué sous lui? Mais quel détestable endormeur! *(Vivement.)* Parvenir à brûler les lettres de madame, pour qu'elle ne voie pas qu'il en manque; et se tirer d'un éclaircissement!… C'est l'enfer concentré, tel que Milton nous l'a dépeint! *(D'un ton badin.)* J'avais raison tantôt, dans ma colère : Honoré Bégearss est le diable que les Hébreux nommaient Légion; et, si l'on y regardait bien, on verrait le lutin avoir le pied fourchu, seule partie, disait ma mère, que les démons ne peuvent déguiser. *(Il rit.)* Ah! ah! ah! ma gaieté me revient; d'abord, parce que j'ai mis l'or du Mexique en sûreté chez Fal; ce qui nous donnera du temps *(Il frappe d'un billet sur sa main)*; et puis... docteur en toute hypocrisie! vrai major d'infernal Tartufe! grâce au hasard qui régit tout, à ma tactique, à quelques louis semés, voici qui me promet une lettre de toi, où, dit-on, tu poses le masque, à ne rien laisser désirer! *(Il ouvre le billet et dit:)* Le coquin qui l'a lue en veut cinquante louis?... eh bien! il les aura, si la lettre les vaut. Une année de mes gages sera bien employée, si je parviens à détromper un maitre à qui nous devons tant... Mais où es-tu, Suzanne, pour en rire? *O che piacere!*... A demain donc! car je ne vois pas que rien périclite ce soir... Et pourquoi perdre un temps? Je m'en suis toujours repenti... *(Très vivement.)* Point de délai; courons attacher le pétard; dormons dessus : la nuit porte conseil, et demain matin nous verrons qui des deux fera sauter l'autre.

SCÈNE II.

BÉGEARSS, FIGARO.

BÉGEARSS, *raillant*. — Eeeh! c'est mons Figaro! La place est agréable, puisqu'on y retrouve Monsieur.

FIGARO, *du même ton*. — Ne fût-ce que pour avoir la joie de l'en chasser une autre fois.

BÉGEARSS. — De la rancune pour si peu? Vous êtes bien bon d'y songer! Chacun n'a-t-il pas sa manie?

FIGARO. — Et celle de Monsieur est de ne plaider qu'à huis clos?

BÉGEARSS, *lui frappant sur l'épaule*. — Il n'est pas essentiel qu'un sage entende tout, quand il sait si bien deviner.

FIGARO. — Chacun se sert des petits talents que le ciel lui a départis.

BÉGEARSS. — Et *l'intrigant* compte-t-il gagner beaucoup avec ceux qu'il nous montre ici?

FIGARO. — Ne mettant rien à la partie, j'ai tout gagné... fi je fais perdre *l'autre*.

BÉGEARSS, *piqué*. — On verra le jeu de Monfieur.

FIGARO. — Ce n'eft pas de ces coups brillants qui éblouiffent la galerie. *(Il prend un air niais.)* Mais *chacun pour foi, Dieu pour tous*, comme a dit le roi Salomon.

BÉGEARSS, *fouriant*. — Belle fentence! N'a-t-il pas dit auffi : *Le foleil luit pour tout le monde?*

FIGARO, *fièrement*. — Oui, en dardant fur le ferpent prêt à mordre la main de fon imprudent bienfaiteur! *(Il fort.)*

SCÈNE III.

BÉGEARSS, *feul, le regardant aller*. — Il ne farde plus fes deffeins! Notre homme eft fier? bon figne, il ne fait rien des miens; il aurait la mine bien longue s'il était inftruit qu'à minuit... *(Il cherche dans fes poches vivement.)* Eh bien! qu'ai-je fait du papier? Le voici. *(Il lit.)* « Reçu de « monfieur Fal, notaire, les trois millions d'or fpécifiés « dans le bordereau ci-deffus. A Paris, le... ALMAVIVA. » — C'eft bon; je tiens la pupille et l'argent! Mais ce n'eft point affez : cet homme eft faible, il ne finira rien pour le refte de fa fortune La comteffe lui impofe; il la craint, l'aime encore... Elle n'ira point au couvent, fi je ne les mets aux prifes et ne le force à s'expliquer... brutalement. *(Il fe promène.)* — Diable! ne rifquons pas ce foir un dénoûment auffi fcabreux! En précipitant trop les chofes, on fe précipite avec elles! Il fera temps demain, quand j'aurai bien ferré le doux lien facramentel qui va les enchaîner à moi! *(Il appuie fes deux mains fur fa poitrine.)*

Eh bien! maudite joie qui me gonfles le cœur! ne peux-tu donc te contenir?... Elle m'étouffera, la fougueuse, ou me livrera comme un fot, fi je ne la laiffe un peu s'évaporer pendant que je fuis feul ici. Sainte et douce crédulité! l'époux te doit la magnifique dot! Pâle déeffe de la nuit, il te devra bientôt fa froide époufe. *(Il frotte fes mains de joie.)* Bégearss! heureux Bégearss!... Pourquoi l'appelez-vous Bégearss? n'eft-il donc pas plus d'à moitié le feigneur comte Almaviva? *(D'un ton terrible.)* Encore un pas, Bégearss! et tu l'es tout à fait. — Mais il te faut auparavant... Ce Figaro pèfe fur ma poitrine! car c'eft lui qui l'a fait venir!... Le moindre trouble me perdrait... Ce valet-là me portera malheur... C'eft le plus clairvoyant coquin!... Allons, allons, qu'il parte avec fon chevalier errant!

SCÈNE IV.

BÉGEARSS, SUZANNE.

SUZANNE, *accourant, fait un cri d'étonnement de voir un autre que Figaro.* — Ah! *(A part)* Ce n'eft pas lui!

BÉGEARSS. — Quelle furprife! Et qu attendais-tu donc?

SUZANNE, *fe remettant.* — Perfonne. On fe croit feule ici..

BÉGEARSS. — Puifque je t'y rencontre, un mot avant le comité.

SUZANNE. — Que parlez-vous de comité? Réellement depuis deux ans, on n'entend plus du tout la langue de ce pays.

BÉGEARSS, *riant fardoniquement.* — Eh! eh! *(Il pétrit*

dans ſa boîte une priſe de tabac, d'un air content de lui.) Ce comité, ma chère, eſt une conférence entre la comteſſe,

ſon jeune fils, notre jeune pupille et moi, ſur le grand objet que tu fais.

Suzanne. — Après la scène que j'ai vue, ofez-vous encore l'efpérer?

Bégearss, *bien fat*. — Ofer l'efpérer!... Non. Mais feulement... je l'époufe ce foir.

Suzanne, *vivement*. — Malgré fon amour pour Léon?

Bégearss. — Bonne femme, qui me difais : *Si vous faites cela, Monfieur...*

Suzanne. — Eh! qui eût pu l'imaginer?

Bégearss, *prenant fon tabac en plufieurs fois*. — Enfin, que dit-on? parle-t-on? Toi qui vis dans l'intérieur, qui as l'honneur des confidences, y penfe-t-on du bien de moi, car c'eft là le point important.

Suzanne. — L'important ferait de favoir quel talifman vous employez pour dominer tous les efprits? Monfieur ne parle de vous qu'avec enthoufiafme, ma maîtreffe vous porte aux nues, fon fils n'a plus d'efpoir qu'en vous feul, notre pupille vous révère!...

Bégearss, *d'un ton bien fat, fecouant le tabac de fon jabot*. — Et toi, Suzanne, qu'en dis-tu?

Suzanne. — Ma foi, Monfieur, je vous admire! Au milieu du défordre affreux que vous entretenez ici, vous feul êtes calme et tranquille; il me femble entendre un génie qui fait tout mouvoir à fon gré.

Bégearss, *bien fat*. — Mon enfant, rien n'eft plus aifé. D'abord, il n'eft que deux pivots fur qui roule tout dans le monde : la morale et la politique. La morale, tant foit peu mefquine, confifte à être jufte et vrai; elle eft, dit-on, la clef de quelques vertus routinières.

Suzanne — Quant à la politique?...

Bégearss, *avec chaleur*. — Ah! c'eft l'art de créer des faits, de dominer, en fe jouant, les événements et les hommes; l'intérêt eft fon but, l'intrigue fon moyen : toujours fobre de vérités, fes vaftes et riches conceptions font un prifme qui éblouit. Auffi profonde que l'Etna, elle brûle et gronde longtemps avant d'éclater au dehors ; mais alors rien ne lui réfifte. Elle exige de hauts talents : le fcrupule feul peut lui nuire; *(en riant)* c'eft le fecret des négociateurs.

Suzanne. — Si la morale ne vous échauffe pas, l'autre, en revanche, excite en vous un affez vif enthoufiafme!

Bégearss, *averti, revient à lui.* — Eh!... ce n'eft pas elle ; c'eft toi! — Ta comparaifon d'un génie... — Le chevalier vient ; laiffe-nous.

SCÈNE V.

LÉON, BÉGEARSS.

Léon. — Monfieur Bégearss, je fuis au défefpoir!

Bégearss, *d'un ton protecteur.* — Qu'eft-il arrivé, jeune ami?

Léon. — Mon père vient de me fignifier, avec une dureté!... que j'euffe à faire, fous deux jours, tous les apprêts de mon départ pour Malte. Point d'autre train, dit-il, que Figaro, qui m'accompagne, et un valet qui courra devant nous.

Bégearss. — Cette conduite eft en effet bizarre pour qui ne fait pas fon fecret; mais nous qui l'avons pénétré, notre devoir eft de le plaindre. Ce voyage eft le fruit d'une frayeur bien excufable : Malte et vos vœux ne font que le prétexte; un amour qu'il redoute eft fon véritable motif.

Léon, *avec douleur.* — Mais, mon ami, puifque vous l'époufez?

Bégearss, *confidentiellement.* — Si fon frère le croit

utile à suspendre un fâcheux départ!... Je ne verrais qu'un seul moyen...

Léon. — O mon ami, dites-le-moi!

Bégearss. — Ce ferait que Madame votre mère vainquit cette timidité qui l'empêche, avec lui, d'avoir une opinion à elle; car sa douceur vous nuit bien plus que ne ferait un caractère trop ferme. — Suppofons qu'on lui ait donné quelque prévention injuste : qui a le droit, comme une mère, de rappeler un père à la raison? Engagez-la à le tenter.... non pas aujourd'hui, mais... demain, et fans y mettre de faibleffe.

Léon. — Mon ami, vous avez raifon : cette crainte eft fon vrai motif. Sans doute il n'y a que ma mère qui puiffe le faire changer. La voici qui vient avec celle... que je n'ofe plus adorer. *(Avec douleur.)* O mon ami! rendez-la bien heureufe!

Bégearss, *careffant*. — En lui parlant tous les jours de fon frère.

SCÈNE VI.

LA COMTESSE, FLORESTINE, BÉGEARSS, SUZANNE, LÉON.

La Comtesse, *coiffée, parée, portant une robe rouge et noire, et fon bouquet de même couleur.* — Suzanne, donne mes diamants. *(Suzanne va les chercher.)*

Bégearss, *affectant de la dignité.* — Madame, et vous, Mademoifelle, je vous laiffe avec cet ami; je confirme d'avance tout ce qu'il va vous dire. Hélas! ne penfez point au bonheur que j'aurais de vous appartenir à tous; votre repos doit feul vous occuper. Je n'y veux concourir que fous la forme que vous adopterez : mais, foit que Mademoifelle accepte ou non mes offres, recevez ma déclaration que toute la fortune dont je viens d'hériter lui eſt deſtinée de ma part, dans un contrat, ou par un teſtament; je vais en faire dreſſer les actes. Mademoiſelle choiſira. Après ce que je viens de dire, il ne conviendrait pas que ma préſence ici gênât un parti qu'elle doit prendre en toute liberté : mais, quel qu'il ſoit, ô mes amis! ſachez qu'il eſt ſacré pour moi : je l'adopte ſans reſtriction. *(Il ſalue profondément et ſort.)*

SCÈNE VII.

LA COMTESSE, LÉON, FLORESTINE.

LA COMTESSE *le regarde aller.* — C'eſt un ange envoyé du ciel pour réparer tous nos malheurs.

LÉON, *avec une douleur ardente.* — O Floreſtine! il faut céder : ne pouvant être l'un à l'autre, nos premiers élans de douleur nous avaient fait jurer de n'être jamais à perſonne : j'accomplirai ce ſerment pour nous deux. Ce n'eſt pas tout à fait vous perdre, puiſque je retrouve une ſœur où j'eſpérais poſſéder une épouſe. Nous pourrons encore nous aimer.

SCÈNE VIII.

LA COMTESSE, LÉON, FLORESTINE, SUZANNE.

SUZANNE *apporte l'écrin.*

LA COMTESSE, *en parlant, met ſes boucles d'oreilles, ſes bagues, ſon bracelet, ſans rien regarder.* — Floreſtine, épouſe Bégearss, ſes procédés l'en rendent digne; et puiſque cet hymen fait le bonheur de ton parrain, il faut l'achever aujourd'hui.   *(Suzanne ſort et emporte l'écrin.)*

SCÈNE IX.

LA COMTESSE, LÉON, FLORESTINE.

La Comtesse, *à Léon.* — Nous, mon fils, ne fachons jamais ce que nous devons ignorer. Tu pleures, Floreftine !

Florestine, *pleurant.* — Ayez pitié de moi, Madame ! Eh ! comment foutenir autant d'affauts dans un feul jour ? A peine j'apprends qui je fuis, qu'il faut renoncer à moi-même, et me livrer... Je meurs de douleur et d'effroi. Dénuée d'objections contre monfieur Bégearss, je fens mon cœur à l'agonie en penfant qu'il peut devenir..... Cependant il le faut; il faut me facrifier au bien de ce frère chéri, à fon bonheur, que je ne puis plus faire. Vous dites que je pleure ! Ah ! je fais plus pour lui que fi je lui donnais ma vie ! Maman, ayez pitié de nous, béniffez vos enfants ! ils font bien malheureux ! *(Elle fe jette à genoux ; Léon en fait autant.)*

La Comtesse, *leur impofant les mains.* — Je vous bénis, mes chers enfants. Ma Floreftine, je t'adopte. Si tu favais à quel point tu m'es chère ! Tu feras heureufe, ma fille, et du bonheur de la vertu ; celui-là peut dédommager des autres. *(Ils fe relèvent.)*

Florestine. — Mais croyez-vous, Madame, que mon dévouement le ramène à Léon, à fon fils ? car il ne faut pas fe flatter : fon injufte prévention va quelquefois jufqu'à la haine.

La Comtesse. — Chère fille, j'en ai l'efpoir.

Léon. — C'eft l'avis de M. Bégearss : il me l'a dit; mais il m'a dit auffi qu'il n'y a que maman qui puiffe opérer ce miracle. Aurez-vous donc la force de lui parler en ma faveur ?

La Comtesse. — Je l'ai tenté souvent, mon fils, mais sans aucun fruit apparent.

Léon. — O ma digne mère! c'est votre douceur qui m'a nui. La crainte de le contrarier vous a trop empêchée d'user de la juste influence que vous donnent votre vertu et le respect profond dont vous êtes entourée. Si vous lui parliez avec force, il ne vous résisterait pas.

La Comtesse. — Vous le croyez, mon fils? je vais l'essayer devant vous. Vos reproches m'affligent presque autant que son injustice. Mais, pour que vous ne gêniez pas le bien que je dirai de vous, mettez-vous dans mon cabinet; vous m'entendrez de là plaider une cause si juste : vous n'accuserez plus une mère de manquer d'énergie quand il faut défendre son fils. *(Elle sonne.)* Florestine, la décence ne te permet pas de rester : va t'enfermer; demande au ciel qu'il m'accorde quelque succès et rende enfin la paix à ma famille désolée. *(Florestine sort.)*

SCÈNE X.

SUZANNE, LA COMTESSE, LÉON.

Suzanne. — Que veut Madame? elle a sonné.

La Comtesse. — Prie Monsieur, de ma part, de passer un moment ici.

Suzanne, *effrayée*. — Madame! vous me faites trembler! Ciel! que va-t-il donc se passer? Quoi! Monsieur, qui ne vient jamais... sans...

La Comtesse. — Fais ce que je te dis, Suzanne, et ne prends nul souci du reste. *(Suzanne sort, en levant les bras au ciel, de terreur.)*

SCÈNE XI.

LA COMTESSE, LÉON.

La Comtesse. — Vous allez voir, mon fils, fi votre mère eft faible en défendant vos intérêts ! Mais laiffez-moi me recueillir, me préparer, par la prière, à cet important plaidoyer. *(Léon entre au cabinet de fa mère.)*

SCÈNE XII.

La Comtesse, *feule, un genou fur fon fauteuil.* — Ce moment me femble terrible comme le jugement dernier ! Mon fang eft prêt à s'arrêter... O mon Dieu ! donnez-moi la force de frapper au cœur d'un époux ! *(Plus bas.)* Vous feul connaiffez les motifs qui m'ont toujours fermé la bouche ! Ah ! s'il ne s'agiffait du bonheur de mon fils, vous favez, ô mon Dieu ! fi j'oferais dire un feul mot pour moi ! Mais enfin, s'il eft vrai qu'une faute pleurée vingt ans ait obtenu de vous un pardon généreux, comme un fage ami m'en affure, ô mon Dieu, donnez-moi la force de frapper au cœur d'un époux !

SCÈNE XIII.

LA COMTESSE, LE COMTE, LÉON, *caché.*

Le Comte, *féchement.* — Madame, on dit que vous me demandez ?
La Comtesse, *timidement.* — J'ai cru, Monfieur, que nous ferions plus libres dans ce cabinet que chez vous.
Le Comte. — M'y voilà, Madame ; parlez.

La Comtesse, *tremblante*. — Affeyez-vous, Monfieur, je vous conjure, et prêtez-moi votre attention.

Le Comte, *impatient*. — Non, j'entendrai debout; vous favez qu'en parlant je ne faurais tenir en place.

La Comtesse, *s'affeyant, avec un foupir, et parlant bas*. — Il s'agit de mon fils, Monfieur.

Le Comte, *brufquement*. — De votre fils, Madame?

La Comtesse. — Et quel autre intérêt pourrait vaincre ma répugnance à engager un entretien que vous ne recherchez jamais? Mais je viens de le voir dans un état à faire compaffion : l'efprit troublé, le cœur ferré de l'ordre que vous lui donnez de partir fur-le-champ, furtout du ton de dureté qui accompagne cet exil. Eh! comment a-t-il encouru la difgrâce d'un p... d'un homme fi jufte? **Depuis qu'un exécrable duel nous a ravi notre autre fils...**

Le Comte, *les mains sur le visage, avec un air de douleur.*
— Ah!...

La Comtesse. — Celui-ci, qui jamais ne dut connaître le chagrin, a redoublé de soins et d'attentions pour adoucir l'amertume des nôtres!...

Le Comte, *se promenant doucement.* — Ah!...

La Comtesse. — Le caractère emporté de son frère, son désordre, ses goûts et sa conduite déréglée nous en donnaient souvent de bien cruels. Le ciel, sévère mais sage en ses décrets, en nous privant de cet enfant, nous en a peut-être épargné de plus cuisants pour l'avenir.

Le Comte, *avec douleur.* — Ah!... ah!...

La Comtesse. — Mais, enfin, celui qui nous reste a-t-il jamais manqué à ses devoirs? Jamais le plus léger reproche fut-il mérité de sa part? Exemple des hommes de son âge, il a l'estime universelle, il est aimé, recherché, consulté. Son p... protecteur naturel, mon époux seul, paraît avoir les yeux fermés sur un mérite transcendant, dont l'éclat frappe tout le monde. (*Le comte se promène plus vite sans parler.*)

La Comtesse, *prenant courage de son silence, continue d'un ton plus ferme, et l'élève par degrés.* — En tout autre sujet, Monsieur, je tiendrais à fort grand honneur de vous soumettre mon avis, de modeler mes sentiments, ma faible opinion sur la vôtre; mais il s'agit... d'un fils...

(*Le comte s'agite en marchant.*)

Quand il avait un frère aîné, l'orgueil d'un très grand nom le condamnant au célibat, l'ordre de Malte était son fort. Le préjugé semblait alors couvrir l'injustice de ce partage entre deux fils *(timidement)* égaux en droits.

Le Comte *s'agite plus fort.* — (*A part, d'un ton étouffé.*) Égaux en droits!...

24

La Comtesse, *un peu plus fort.* — Mais depuis deux années qu'un accident affreux... les lui a tous tranfmis, n'eft-il pas étonnant que vous n'ayez rien entrepris pour le relever de fes vœux? Il eft de notoriété que vous n'avez quitté l'Efpagne que pour dénaturer vos biens, par la vente, ou par des échanges. Si c'eft pour l'en priver, Monfieur, la haine ne va pas plus loin! Puis, vous le chaffez de chez vous, et femblez lui fermer la maifon p... par vous habitée! Permettez-moi de vous le dire, un traitement auffi étrange eft fans excufe aux yeux de la raifon. Qu'a-t-il fait pour le mériter?

Le Comte *s'arrête, d'un ton terrible.* — Ce qu'il a fait?

La Comtesse, *effrayée.* — Je voudrais bien, Monfieur, ne pas vous offenfer!

Le Comte, *plus fort.* — Ce qu'il a fait, Madame? Et c'eft vous qui le demandez?

La Comtesse, *en défordre.* — Monfieur, Monfieur! vous m'effrayez beaucoup!

Le Comte, *avec fureur.* — Puifque vous avez provoqué l'explofion du reffentiment qu'un refpect humain enchaînait, vous entendrez fon arrêt et le vôtre.

La Comtesse, *plus troublée.* — Ah! Monfieur! ah! Monfieur!...

Le Comte. — Vous demandez ce qu'il a fait?

La Comtesse, *levant les bras.* — Non, Monfieur, ne me dites rien!

Le Comte, *hors de lui.* — Rappelez-vous, femme perfide, ce que vous avez fait vous-même! et comment, recevant un adultère dans vos bras, vous avez mis dans ma maifon cet enfant étranger, que vous ofez nommer mon fils.

La Comtesse, *au défefpoir, veut fe lever.* — Laiffez-moi m'enfuir, je vous prie.

Le Comte, *la clouant fur fon fauteuil.* — Non, vous ne fuirez pas, vous n'échapperez point à la conviction qui vous preffe. *(Lui montrant fa lettre.)* Connaiffez-vous cette écriture ? Elle eft tracée de votre main coupable ! Et ces caractères fanglants qui lui fervent de réponfe...

La Comtesse, *anéantie.* — Je vais mourir ! je vais mourir !

Le Comte, *avec force.* — Non, non ! vous entendrez les traits que j'en ai foulignés ! *(Il lit avec égarement.)* « Malheureux infenfé ! notre fort eft rempli ; votre crime, « le mien, reçoit fa punition. Aujourd'hui, jour de *faint* « *Léon*, patron de ce lieu et le vôtre, je viens de mettre « au monde un fils, mon opprobre et mon défefpoir... » *(Il parle)* Et cet enfant eft né le jour de *faint Léon*, plus de dix mois après mon départ pour la Vera-Crux ! *(Pendant qu'il lit très fort, on entend la comteffe, égarée, dire des mots coupés qui partent du délire.)*

La Comtesse, *priant les mains jointes.* — Grand Dieu ! tu ne permets donc pas que le crime le plus caché demeure toujours impuni ?

Le Comte. — ... Et de la main du corrupteur. *(Il lit.)* « L'ami qui vous rendra ceci quand je ne ferai plus eft « fûr. »

La Comtesse, *priant.* — Frappe, mon Dieu ! car je l'ai mérité !

Le Comte *lit.* — « Si la mort d'un infortuné vous inf- « pirait un refte de pitié, parmi les noms qu'on va don- « ner à ce fils, héritier d'un autre... »

La Comtesse, *priant.* — Accepte l'horreur que j'éprouve, en expiation de ma faute !

Le Comte *lit.* — « Puis-je efpérer que le nom de *Léon*... » *(Il parle.)* Et ce fils s'appelle *Léon* !

La Comtesse, *égarée, les yeux fermés.* — O Dieu !

mon crime fut bien grand, s'il égala ma punition! Que ta volonté s'accompliſſe!

Le Comte, *plus fort.* — Et, couverte de cet opprobre, vous oſez me demander compte de mon éloignement pour lui!

La Comtesse, *priant toujours.* — Qui ſuis-je, pour m'y oppoſer, lorſque ton bras s'appeſantit!

Le Comte. — Et, lorſque vous plaidez pour l'enfant de ce malheureux, vous avez au bras mon portrait!

La Comtesse, *en le détachant, le regarde.* — Monſieur, Monſieur, je le rendrai; je ſais que je n'en ſuis pas digne. *(Dans le plus grand égarement.)* Ciel! que m'arrive-t-il? Ah! je perds la raiſon! Ma conſcience troublée fait naître des fantômes! — Réprobation anticipée!... — Je vois ce qui n'exiſte pas... Ce n'eſt plus vous; c'eſt lui qui me fait ſigne de le ſuivre, d'aller le rejoindre au tombeau!

Le Comte, *effrayé.* — Comment? Eh bien! non, ce n'eſt pas...

La Comtesse, *en délire.* — Ombre terrible! éloigne-toi!

Le Comte *crie avec douleur.* — Ce n'eſt pas ce que vous croyez!

La Comtesse *jette le bracelet par terre.* — Attends... Oui, je t'obéirai...

Le Comte, *plus troublé.* — Madame, écoutez-moi...

La Comtesse. — J'irai... Je t'obéis... Je meurs... *(Elle reſte évanouie.)*

Le Comte, *effrayé, ramaſſe le bracelet.* — J'ai paſſé la meſure... Elle ſe trouve mal... Ah! Dieu! courons lui chercher du ſecours.   *(Il ſort, il s'enfuit.)*

(Les convulſions de la douleur font gliſſer la comteſſe à terre.)

MÈRE COUPABLE
Acte IV Scène XIII

SCÈNE XIV.

LÉON *accourant*, LA COMTESSE *évanouie*.

LÉON, *avec force*. — O ma mère !... ma mère ! c'eſt moi qui te donne la mort ! *(Il l'enlève et la remet ſur ſon fauteuil, évanouie.)* Que ne ſuis-je parti ſans rien exiger de perſonne ! j'aurais prévenu ces horreurs !

SCÈNE XV.

LE COMTE, SUZANNE, LÉON, LA COMTESSE *évanouie*.

LE COMTE, *en rentrant, s'écrie*. — Et ſon fils !
LÉON, *égaré*. — Elle eſt morte ! Ah ! je ne lui ſurvivrai pas ! *(Il l'embraſſe en criant.)*
LE COMTE, *effrayé*. — Des ſels ! des ſels ! Suzanne !... Un million ſi vous la ſauvez !
LÉON. — O malheureuſe mère !
SUZANNE. — Madame, aſpirez ce flacon. Soutenez-la, Monſieur ; je vais tâcher de la deſſerrer.
LE COMTE, *égaré*. — Romps tout, arrache tout ! Ah ! j'aurais dû la ménager !
LÉON, *criant avec délire*. — Elle eſt morte ! elle eſt morte !

SCÈNE XVI.

LE COMTE, SUZANNE, LÉON, LA COMTESSE *évanouie*, FIGARO *accourant*.

FIGARO. — Et qui morte ? Madame ? Apaiſez donc ces cris ! c'eſt vous qui la ferez mourir ! *(Il lui prend le bras.)* Non, elle ne l'eſt pas ; ce n'eſt qu'une ſuffocation, le ſang qui monte avec violence. Sans perdre de temps, il faut la ſoulager. Je vais chercher ce qu'il lui faut.

Le Comte, *hors de lui.* — Des ailes, Figaro ! ma fortune eſt à toi.

Figaro, *vivement.* — J'ai bien beſoin de vos promeſſes lorſque madame eſt en péril !   *(Il ſort en courant.)*

SCÈNE XVII.

LE COMTE, LÉON, SUZANNE, LA COMTESSE *évanouie.*

Léon, *lui tenant le flacon ſous le nez.* — Si l'on pouvait la faire reſpirer ! O Dieu ! rends-moi ma malheureuſe mère !... La voici qui revient...

Suzanne, *pleurant.* — Madame ! allons, Madame !...

La Comtesse, *revenant à elle.* — Ah ! qu'on a de peine à mourir !

Léon, *égaré.* — Non, maman, vous ne mourrez pas !

La Comtesse, *égarée.* — O ciel ! entre mes juges ! entre mon époux et mon fils ! Tout eſt connu... et, criminelle envers tous deux... *(Elle ſe jette à terre et ſe proſterne.)* Vengez-vous l'un et l'autre ! Il n'eſt plus de pardon pour moi ! *(Avec horreur.)* Mère coupable, épouſe indigne, un inſtant nous a tous perdus ! J'ai mis l'horreur dans ma famille ! j'allumai la guerre inteſtine entre le père et les enfants ! Ciel juſte ! il fallait bien que ce crime fût découvert ! Puiſſe ma mort expier mon forfait !

Le Comte, *au déſeſpoir.* — Non, revenez à vous ! votre douleur a déchiré mon âme ! Aſſeyons-la. Léon !... mon fils ! *(Léon fait un grand mouvement.)* Suzanne, aſſeyons-la.   *(Ils la remettent ſur le fauteuil.)*

SCÈNE XVIII.

LES PRÉCÉDENTS, FIGARO.

Figaro, *accourant*. — Elle a repris sa connaissance ?
Suzanne — Ah Dieu ! j'étouffe aussi. *(Elle se desserre.)*
Le Comte *crie*. — Figaro ! vos secours !
Figaro, *étouffé*. — Un moment, calmez-vous. Son état n'est plus si pressant. Moi qui étais dehors, grand Dieu ! Je suis rentré bien à propos !... Elle m'avait fort effrayé ! Allons, Madame, du courage !

La Comtesse, *priant, renversée*. — Dieu de bonté, fais que je meure !

Léon, *en l'asseyant mieux*. — Non, maman, vous ne mourrez pas, et nous réparerons nos torts. Monsieur ! vous que je n'outragerai plus en vous donnant un autre nom, reprenez vos titres, vos biens ; je n'y avais nul droit : hélas ! je l'ignorais. Mais, par pitié, n'écrasez point d'un déshonneur public cette infortunée qui fut votre... Une erreur expiée par vingt années de larmes est-elle encore un crime, alors qu'on fait justice ? Ma mère et moi, nous nous bannissons de chez vous.

Le Comte, *exalté*. — Jamais ! Vous n'en sortirez point.

Léon. — Un couvent sera sa retraite ; et moi, sous mon nom de Léon, sous le simple habit d'un soldat, je défendrai la liberté de notre nouvelle patrie. Inconnu, je mourrai pour elle, ou je la servirai en zélé citoyen. *(Suzanne pleure dans un coin ; Figaro est absorbé dans l'autre.)*

La Comtesse, *péniblement*. — Léon ! mon cher enfant ! ton courage me rend la vie. Je puis encore la supporter, puisque mon fils a la vertu de ne pas détester sa mère. Cette fierté dans le malheur sera ton noble patrimoine. Il m'époufa fans biens ; n'exigeons rien de lui. Le travail de mes mains foutiendra ma faible exiftence ; et toi, tu ferviras l'Etat.

Le Comte, *avec défefpoir.* — Non, Rofine ! jamais ! C'eft moi qui fuis le vrai coupable ! De combien de vertus je privais ma trifte vieilleffe !...

La Comtesse. — Vous en ferez enveloppé. — Florestine et Bégearss vous reftent. Florefta, votre fille, l'enfant chéri de votre cœur !...

Le Comte, *étonné.* — Comment ?..... d'où favez-vous ?..... qui vous l'a dit ?.....

La Comtesse. — Monfieur, donnez-lui tous vos biens ; mon fils et moi n'y mettons point d'obftacle ; fon bonheur nous confolera. Mais avant de nous féparer, que j'obtienne au moins une grâce ! Apprenez-moi comment vous êtes poffeffeur d'une terrible lettre que je croyais brûlée avec les autres ? Quelqu'un m'a-t-il trahie ?

Figaro, *s'écriant.* — Oui, l'infâme Bégearss ! Je l'ai furpris tantôt qui la remettait à Monfieur.

Le Comte, *parlant vite.* — Non, je la dois au feul hafard. Ce matin, lui et moi, pour un tout autre objet, nous examinions votre écrin, fans nous douter qu'il eût un double fond. Dans le débat, et fous fes doigts, le fecret s'eft ouvert foudain, à fon très grand étonnement. Il a cru le coffre brifé !

Figaro, *criant plus fort.* — Son étonnement d'un fecret ? Monftre ! c'eft lui qui l'a fait faire !

Le Comte. — Eft-il poffible ?

La Comtesse. — Il eft trop vrai !

Le Comte. — Des papiers frappent nos regards ; il en ignorait l'exiftence, et, quand j'ai voulu les lui lire, il a refufé de les voir.

Suzanne, *s'écriant.* — Il les a lus cent fois avec Madame !

Le Comte. — Eſt-il vrai? Les connaiſſait-il?

La Comtesse. — Ce fut lui qui me les remit, qui les apporta de l'armée, lorſqu'un infortuné mourut.

Le Comte. — Cet ami ſûr, inſtruit de tout?...

Figaro, la Comtesse, Suzanne, *enſemble, criant.* — C'eſt lui!

Le Comte. — O ſcélérateſſe infernale! Avec quel art il m'avait engagé! A préſent je ſais tout.

Figaro. — Vous le croyez!

Le Comte. — Je connais ſon affreux projet. Mais, pour en être plus certain, déchirons le voile en entier. Par qui ſavez-vous donc ce qui touche ma Floreſtine?

La Comtesse, *vite.* — Lui ſeul m'en a fait confidence.

Léon, *vite.* — Il me l'a dit ſous le ſecret.

Suzanne, *vite.* — Il me l'a dit auſſi.

Le Comte, *avec horreur.* — O monſtre! Et moi j'allais la lui donner! mettre ma fortune en ſes mains!

Figaro, *vivement.* — Plus d'un tiers y ferait déjà, ſi je n'avais porté, ſans vous le dire, vos trois millions d'or en dépôt chez monſieur Fal. Vous alliez l'en rendre le maître : heureuſement je m'en ſuis douté; je vous ai donné ſon reçu.....

Le Comte, *vivement.* — Le ſcélérat vient de me l'enlever pour en aller toucher la ſomme.

Figaro, *déſolé.* — O proſcription ſur moi! Si l'argent eſt remis, tout ce que j'ai fait eſt perdu! Je cours chez monſieur Fal. Dieu veuille qu'il ne ſoit pas trop tard!

Le Comte, *à Figaro.* — Le traître n'y peut être encore.

Figaro. — S'il a perdu un temps, nous le tenons. J'y cours. *(Il veut ſortir.)*

Le Comte, *vivement, l'arrête.* — Mais, Figaro, que le

fatal secret dont ce moment vient de t'instruire reste enseveli dans ton sein!

Figaro, *avec une grande sensibilité.* — Mon maître! il y a vingt ans qu'il est dans ce sein-là, et dix que je travaille à empêcher qu'un monstre n'en abuse! Attendez surtout mon retour, avant de prendre aucun parti.

Le Comte, *vivement.* — Penserait-il se disculper?

Figaro. — Il fera tout pour le tenter *(Il tire une lettre de sa poche).* Mais voici le préservatif. Lisez le contenu de cette épouvantable lettre; le secret de l'enfer est là. Vous me saurez bon gré d'avoir tout fait pour me la procurer. *(Il lui remet la lettre de Bégearss.)* Suzanne! des gouttes à ta maîtresse. Tu sais comment je les prépare. *(Il lui donne un flacon.)* Passez-la sur sa chaise longue, et le plus grand calme autour d'elle. Monsieur, au moins ne recommencez pas; elle s'éteindrait dans nos mains!

Le Comte, *exalté.* — Recommencer! Je me ferais horreur!

Figaro, *à la comtesse.* — Vous l'entendez, Madame? Le voilà dans son caractère! et c'est mon maître que j'entends. Ah! je l'ai toujours dit de lui: la colère, chez les bons cœurs, n'est qu'un besoin pressant de pardonner! *(Il sort précipitamment. Le comte et Léon la prennent sous les bras; ils sortent tous.)*

ACTE V

Le théâtre repréſente le grand ſalon du premier acte.

SCÈNE PREMIÈRE.

LE COMTE, LA COMTESSE, LÉON, SUZANNE. *(La comteſſe, ſans rouge, dans le plus grand déſordre de parure.)*

LÉON, *ſoutenant ſa mère.* — Il fait trop chaud, maman, dans l'appartement intérieur. Suzanne, avance une bergère. *(On l'aſſied.)*

LE COMTE, *attendri, arrangeant les couſſins.* — Êtes-vous bien aſſiſe? Eh quoi! pleurer encore?

LA COMTESSE, *accablée.* — Ah! laiſſez-moi verſer des larmes de ſoulagement! Ces récits affreux m'ont briſée! cette infâme lettre ſurtout.....

LE COMTE, *délirant.* — Marié en Irlande, il épouſait ma fille! Et tout mon bien placé ſur la banque de Londres eût fait vivre un repaire affreux, juſqu'à la mort du dernier de nous tous!..... Et qui ſait, grand Dieu! quels moyens...?

LA COMTESSE. — Homme infortuné, calmez-vous! Mais il eſt temps de faire deſcendre Floreſtine; elle avait le cœur fi ferré de ce qui devait lui arriver ! Va la chercher, Suzanne, et ne l'inftruis de rien.

Le Comte, *avec dignité*. — Ce que j'ai dit à Figaro, Suzanne, était pour vous comme pour lui.

Suzanne. — Monfieur, celle qui vit Madame pleurer, prier pendant vingt ans, a trop gémi de fes douleurs pour rien faire qui les accroiffe ! *(Elle fort.)*

SCÈNE II.

LE COMTE, LA COMTESSE, LÉON.

Le Comte, *avec un vif fentiment*. — Ah ! Rofine, féchez vos pleurs, et maudit foit qui vous affligera !
La Comtesse. — Mon fils ! embraffe les genoux de

ton généreux protecteur, et rends-lui grâce pour ta mère. *(Il veut se mettre à genoux.)*

Le Comte *le relève.* — Oublions le paſſé, Léon. Gardons-en le ſilence, et n'émouvons plus votre mère. Figaro demande un grand calme. Ah! reſpectons ſurtout la jeuneſſe de Floreſtine, en lui cachant ſoigneuſement les cauſes de cet accident.

SCÈNE III.

FLORESTINE, SUZANNE, LES PRÉCÉDENTS.

Florestine, *accourant.* — Mon Dieu! maman, qu'avez-vous donc?

La Comtesse. — Rien que d'agréable à t'apprendre; et ton parrain va t'en inſtruire.

Le Comte. — Hélas! ma Floreſtine, je frémis du péril où j'allais plonger ta jeuneſſe. Grâce au ciel, qui dévoile tout, tu n'épouſeras point Bégearſs! Non, tu ne ſeras point la femme du plus épouvantable ingrat...!

Florestine. — Ah! ciel! Léon!...

Léon. — Ma ſœur, il nous a tous joués!

Florestine, *au comte.* — Sa ſœur!

Le Comte. — Il nous trompait. Il trompait les uns par les autres, et tu étais le prix de ſes horribles perfidies. Je vais le chaſſer de chez moi.

La Comtesse. — L'inſtinct de ta frayeur te ſervait mieux que nos lumières. Aimable enfant, rends grâces au ciel qui te ſauve d'un tel danger.

Léon. — Ma ſœur, il nous a tous joués!

Florestine, *au comte.* — Monſieur, il m'appelle ſa ſœur!

La Comtesse, *exaltée.* — Oui, Floreſta, tu es à nous.

C'eſt là notre ſecret chéri... Voilà ton père, voilà ton frère; et moi, je ſuis ta mère pour la vie. Ah! garde-toi de l'oublier jamais! *(Elle tend la main au comte.)* Almaviva, pas vrai qu'elle eſt *ma fille?*

Le Comte, *exalté.* — Et lui, *mon fils;* voilà nos deux enfants. *(Tous ſe ſerrent dans les bras l'un de l'autre.)*

SCÈNE IV.

figaro, m. fal, *notaire;* les précédents.

Figaro, *accourant et jetant ſon manteau.* — Malédiction! Il a le portefeuille. J'ai vu le traître l'emporter, quand je ſuis entré chez monſieur.

Le Comte. — Oh! monſieur Fal! vous vous êtes preſſé!

M. Fal, *vivement.* — Non, Monſieur, au contraire. Il eſt reſté plus d'une heure avec moi, m'a fait achever le contrat, y inférer la donation qu'il fait. Puis il m'a remis mon reçu, au bas duquel était le vôtre, en me diſant que la ſomme eſt à lui, qu'elle eſt un fruit d'hérédité, qu'il vous l'a remiſe en confiance...

Le Comte. — O ſcélérat! Il n'oublie rien!

Figaro. — Que de trembler ſur l'avenir!

M. Fal. — Avec ces éclairciſſements, ai-je pu refuſer le portefeuille qu'il exigeait? Ce ſont trois millions au porteur. Si vous rompez le mariage, et qu'il veuille garder l'argent, c'eſt un mal preſque ſans remède.

Le Comte, *avec véhémence.* — Que tout l'or du monde périſſe, et que je ſois débarraſſé de lui!

Figaro, *jetant ſon chapeau ſur un fauteuil.* — Duſſé-je être pendu, il n'en gardera pas une obole! *(A Suzanne.)* Veille au dehors, Suzanne. *(Elle ſort.)*

M. Fal. — Avez-vous un moyen de lui faire avouer

devant de bons témoins qu'il tient ce tréfor de Monfieur? Sans cela, je défie qu'on puiffe le lui arracher.

Figaro. — S'il apprend par fon Allemand ce qui fe paffe dans l'hôtel, il n'y rentrera plus.

Le Comte, *vivement*. — Tant mieux! c'eft tout ce que je veux. Ah! qu'il garde le refte.

Figaro, *vivement* — Lui laiffer, par dépit, l'héritage de vos enfants? ce n'eft pas vertu, c'eft faibleffe.

Léon, *fâché*. — Figaro!

Figaro, *plus fort*. — Je ne m'en dédis point. *(Au comte.)* Qu'obtiendra donc de vous l'attachement, fi vous payez ainfi la perfidie?

Le Comte, *fe fâchant*. — Mais l'entreprendre fans fuccès, c'eft lui ménager un triomphe.

SCÈNE V.

LES PRÉCÉDENTS, SUZANNE.

Suzanne, *à la porte et criant*. — Monfieur Bégearss qui rentre! *(Elle fort.)*

SCÈNE VI.

LES PRÉCÉDENTS, *excepté* SUZANNE. *(Ils font tous un grand mouvement.)*

Le Comte, *hors de lui*. — Oh! traître!

Figaro, *très vite*. — On ne peut plus fe concerter; mais fi vous m'écoutez et me fecondez tous pour lui donner une fécurité profonde, j'engage ma tête au fuccès.

M. Fal. — Vous allez lui parler du portefeuille et du contrat?

Figaro, *très vite.* — Non pas; il en fait trop pour l'entamer si brusquement! Il faut l'amener de plus loin à faire un aveu volontaire. *(Au comte.)* Feignez de vouloir me chasser.

Le Comte, *troublé.* — Mais, mais, sur quoi?

SCÈNE VII.

LES PRÉCÉDENTS, SUZANNE, BÉGEARSS.

Suzanne, *accourant.* — Monsieur Bégeaaaaaaarss! *(Elle se range près de la comtesse. Bégearss montre une grande surprise)*

Figaro *s'écrie en le voyant.* — Monsieur Bégearss! *(Humblement.)* Eh bien! ce n'est qu'une humiliation de plus. Puisque vous attachez à l'aveu de mes torts le pardon que je sollicite, j'espère que Monsieur ne sera pas moins généreux.

Bégearss, *étonné.* — Qu'y a-t-il donc? Je vous trouve assemblés!

Le Comte, *brusquement.* — Pour chasser un sujet indigne.

Bégearss, *plus surpris encore, voyant le notaire.* — Et Monsieur Fal?

M. Fal, *lui montrant le contrat.* — Voyez qu'on ne perd point de temps; tout ici concourt avec vous.

Bégearss, *surpris.* — Ah! ah!...

Le Comte, *impatient, à Figaro.* — Pressez-vous; ceci me fatigue. *(Pendant cette scène, Bégearss les examine l'un après l'autre, avec la plus grande attention.)*

Figaro, *l'air suppliant, adressant la parole au comte.* — Puisque la feinte est inutile, achevons mes tristes aveux.

Oui, pour nuire à monsieur Bégearss, je répète avec confusion que je me suis mis à l'épier, le suivre et le troubler partout : *(Au comte.)* car Monsieur n'avait pas sonné lorsque je suis entré chez lui pour savoir ce qu'on y faisait du coffre aux brillants de Madame, que j'ai trouvé là tout ouvert.

Bégearss. — Certes! ouvert à mon grand regret!

Le Comte *fait un mouvement inquiétant.* — *(A part.)* Quelle audace!

Figaro, *se courbant, le tire par l'habit pour l'avertir.* — Ah! mon maître!

M. Fal, *effrayé.* — Monsieur!

Bégearss, *au comte, à part.* — Modérez-vous, ou nous ne saurons rien. *(Le comte frappe du pied; Bégearss l'examine.)*

Figaro, *soupirant, dit au comte.* — C'est ainsi que, sachant Madame enfermée avec lui, pour brûler de certains papiers dont je connaissais l'importance, je vous ai fait venir subitement.

Bégearss, *au comte.* — Vous l'ai-je dit? *(Le comte mord son mouchoir, de fureur.)*

Suzanne, *bas à Figaro, par derrière.* — Achève! achève!

Figaro. — Enfin, vous voyant tous d'accord, j'avoue que j'ai fait l'impossible pour provoquer entre Madame et vous la vive explication... qui n'a pas eu la fin que j'espérais...

Le Comte, *à Figaro, avec colère.* — Finissez-vous ce plaidoyer?

Figaro, *bien humble.* — Hélas! je n'ai plus rien à dire, puisque c'est cette explication qui a fait chercher monsieur Fal, pour finir ici le contrat. L'heureuse étoile de Monsieur a triomphé de tous mes artifices... Mon maître! en faveur de trente ans...

Le Comte, *avec humeur.* — Ce n'est pas à moi de juger. *(Il marche vite.)*

Figaro. — Monsieur Bégearss!

Bégearss, *qui a repris sa sécurité, dit ironiquement.* — Qui! moi? cher ami, je ne comptais guère vous avoir tant d'obligations! *(Élevant son ton.)* Voir mon bonheur accéléré par le coupable effort destiné à me le ravir! *(A Léon et Florestine.)* O jeunes gens! quelle leçon! Marchons avec candeur dans le sentier de la vertu. Voyez que tôt ou tard l'intrigue est la perte de son auteur.

Figaro, *prosterné.* — Ah! oui!

Bégearss, *au comte.* — Monsieur, pour cette fois encore, et qu'il parte!

Le Comte, *à Bégearss, durement.* — C'est là votre arrêt?... J'y souscris.

Figaro, *ardemment.* — Monsieur Bégearss! je vous le dois. Mais je vois monsieur Fal pressé d'achever un contrat...

Le Comte, *brusquement.* — Les articles m'en sont connus.

M. Fal. — Hors celui-ci. Je vais vous lire la donation que Monsieur fait... *(Cherchant l'endroit.)* M., M., M., messire James-Honoré Bégearss... Ah! *(Il lit.)* « Et pour « donner à la demoiselle future épouse une preuve non « équivoque de son attachement pour elle, ledit seigneur « futur époux lui fait donation entière de tous les grands « biens qu'il possède, consistant aujourd'hui *(Il appuie en* « *lisant.)* (ainsi qu'il le déclare et les a exhibés à nous « notaires soussignés) en trois millions d'or ici joints, en « très bons effets au porteur. » *(Il tend la main en lisant.)*

Bégearss. — Les voilà dans ce portefeuille... *(Il donne le portefeuille à Fal.)* Il manque deux milliers de louis, que je viens d'en ôter pour fournir aux apprêts des noces.

Figaro, *montrant le comte, et vivement.* — Monsieur a décidé qu'il paierait tout; j'ai l'ordre.

Bégearss, *tirant les effets de sa poche, et les remettant au notaire.* — En ce cas, enregistrez-les ; que la donation soit entière. *(Figaro, retourné, se tient la bouche pour ne pas rire. M. Fal ouvre le portefeuille, y remet les effets.)*

M. Fal, *montrant Figaro.* — Monsieur va tout additionner, pendant que nous achèverons. *(Il donne le portefeuille ouvert à Figaro, qui, voyant les effets, dit :)*

Figaro, *l'air exalté.* — Et moi, j'éprouve qu'un bon repentir est comme toute bonne action, qu'il porte aussi sa récompense.

Bégearss. — En quoi ?

Figaro. — J'ai le bonheur de m'affurer qu'il eft ici plus d'un généreux homme. Oh! que le ciel comble les vœux de deux amis auffi parfaits! Nous n'avons nul befoin d'écrire. *(Au comte)* Ce font vos effets au porteur : oui, monfieur, je les reconnais. Entre Monfieur Bégearss et vous, c'eft un combat de générofité : l'un donne fes biens à l'époux, l'autre les rend à fa future! *(Aux jeunes gens.)* Monfieur, Mademoifelle ! ah ! quel bienfaifant protecteur, et que vous allez le chérir !..... Mais que dis-je? l'enthoufiafme m'aurait-il fait commettre une indifcrétion offenfante? *(Tout le monde garde le filence.)*

Bégearss, *un peu furpris, fe remet, prend fon parti, et dit :* — Elle ne peut l'être pour perfonne, fi mon ami ne la défavoue pas, s'il met mon âme à l'aife, en me permettant d'avouer que je tiens de lui ces effets. Celui-là n'a pas un bon cœur, que la gratitude fatigue; et cet aveu manquait à ma fatisfaction. *(Montrant le comte.)* Je lui dois bonheur et fortune; et quand je les partage avec fa digne fille, je ne fais que lui rendre ce qui lui appartient de droit. Remettez-moi le portefeuille; je ne veux avoir que l'honneur de le mettre à fes pieds moi-même, en fignant notre heureux contrat. *(Il veut le reprendre.)*

Figaro, *fautant de joie.* — Meffieurs, vous l'avez entendu? Vous témoignerez, s'il le faut. Mon maître, voilà vos effets; donnez-les à leur détenteur, fi votre cœur l'en juge digne. *(Il lui remet le portefeuille.)*

Le Comte, *fe levant, à Bégearss.* — Grand Dieu! les lui donner! Homme cruel, fortez de ma maifon; l'enfer n'eft pas auffi profond que vous! Grâce à ce bon vieux ferviteur, mon imprudence eft réparée : fortez à l'inftant de chez moi!

BÉGEARSS. — O mon ami, vous êtes encore trompé !

LE COMTE, *hors de lui, le bride de fa lettre ouverte.* — Et cette lettre, monftre ! m'abufe-t-elle auffi ?

BÉGEARSS *la voit; furieux, il arrache au comte la lettre, et fe montre tel qu'il eft.* — Ah !... Je fuis joué ! mais j'en aurai raifon.

LÉON. — Laiffez en paix une famille que vous avez remplie d'horreur.

BÉGEARSS, *furieux*. — Jeune infenfé ! c'eft toi qui vas payer pour tous ; je t'appelle au combat.

LÉON, *vite*. — J'y cours.

LE COMTE, *vite*. — Léon !

LA COMTESSE, *vite*. — Mon fils !

FLORESTINE, *vite*. — Mon frère !

LE COMTE. — Léon ! je vous défends... (*A Bégearss.*) Vous vous êtes rendu indigne de l'honneur que vous me demandez : ce n'eft point par cette voie-là qu'un homme comme vous doit terminer fa vie. (*Bégearss fait un gefte affreux, fans parler.*)

FIGARO, *arrêtant Léon, vivement*. — Non, jeune homme, vous n'irez point; monfieur votre père a raifon, et l'opinion est réformée fur cette horrible frénéfie : on ne combattra plus ici que les ennemis de l'État. Laiffez-le en proie à fa fureur ; et s'il ofe vous attaquer, défendez-vous comme d'un affaffin. Perfonne ne trouve mauvais qu'on tue une bête enragée ! Mais il fe gardera de l'ofer : l'homme capable de tant d'horreurs doit être auffi lâche que vil !

BÉGEARSS, *hors de lui*. — Malheureux !

LE COMTE, *frappant du pied*. — Nous laiffez-vous enfin c'eft un supplice de vous voir. (*La comteffe eft effrayée fur fon fiège ; Floreftine et Suzanne la foutiennent ; Léon fe réunit à elles.*)

Bégearss, *les dents ferrées*. — Oui, morbleu! je vous laiffe; mais j'ai la preuve en mains de votre infâme trahifon! Vous n'avez demandé l'agrément de Sa Majefté, pour échanger vos biens d'Efpagne, que pour être à portée de troubler fans péril l'autre côté des Pyrénées.

Le Comte. — O monftre! que dit-il?

Bégearss. — Ce que je vais dénoncer à Madrid. N'y eût-il que le bufte en grand d'un Washington dans votre cabinet, j'y fais confifquer tous vos biens.

Figaro, *criant*. — Certainement; le tiers au dénonciateur.

Bégearss. — Mais, pour que vous n'échangiez rien, je cours chez notre ambaffadeur arrêter dans fes mains l'agrément de Sa Majefté, que l'on attend par ce courrier.

Figaro, *tirant un paquet de fa poche, s'écrie vivement :* — L'agrément du roi? le voici. J'avais prévu le coup : je viens, de votre part, d'enlever le paquet au fecrétariat d'ambaffade. Le courrier d'Efpagne arrivait! *(Le comte, avec vivacité, prend le paquet.)*

Bégearss, *furieux, frappe fur fon front, fait deux pas pour fortir, et fe retourne*. — Adieu, famille abandonnée! maifon fans mœurs et fans honneur! Vous aurez l'impudeur de conclure un mariage abominable, en uniffant le frère avec la fœur, mais l'univers faura votre infamie! *(Il fort.)*

MÈRE COUPABLE

SCÈNE VIII ET DERNIÈRE.

LES PRÉCÉDENTS, *excepté* BÉGEARSS.

Figaro, *follement*. — Qu'il faffe des libelles, dernière reffource des lâches! il n'eft plus dangereux : bien démafqué, à bout de voie, et pas vingt-cinq louis dans le monde! Ah! monfieur Fal, je me ferais poignardé s'il eût gardé les deux mille louis qu'il avait fouftraits du paquet! *(Il reprend un ton grave.)* D'ailleurs, nul ne fait mieux que lui que, par la nature et la loi, ces jeunes gens ne fe font rien, qu'ils font étrangers l'un à l'autre.

Le Comte *l'embraffe et crie :* — O Figaro!... Madame, il a raifon.

Léon, *très vite*. — Dieu! maman! quel efpoir!

Florestine, *au comte*. — Eh quoi! Monfieur, n'êtes-vous plus...?

Le Comte, *ivre de joie*. — Mes enfants, nous y reviendrons; et nous confulterons, fous des noms fuppofés, des gens de loi difcrets, éclairés, pleins d'honneur. O mes enfants, il vient un âge où les honnêtes gens fe pardonnent leurs torts, leurs anciennes faibleffes! font fuccéder un doux attachement aux paffions orageufes qui les avaient trop défunis. Rofine! (c'eft le nom que votre époux vous rend) allons nous repofer des fatigues de la journée. Monfieur Fal, reftez avec nous. Venez, mes deux enfants! — Suzanne, embraffe ton mari! et que nos fujets de querelles foient enfevelis pour toujours! *(A Figaro.)* Les deux mille louis qu'il avait fouftraits, je te les donne, en attendant la récompenfe qui t'eft bien due!

Figaro, *vivement*. — A moi, Monfieur? Non, s'il vous plaît; moi, gâter par un vil falaire le bon fervice que j'ai fait! Ma récompenſe eſt de mourir chez vous. Jeune, ſi j'ai failli ſouvent, que ce jour acquitte ma vie! O ma vieilleſſe! pardonne à ma jeuneſſe; elle s'honorera de toi. Un jour a changé notre état! plus d'oppreſſeur, d'hypocrite inſolent! Chacun a bien fait ſon devoir : ne plaignons point quelques moments de trouble : on gagne aſſez dans les familles quand on en expulſe un méchant.

FIN DE LA MÈRE COUPABLE.

NOTES

LETTRE MODÉRÉE SUR LE BARBIER DE SÉVILLE.

1. Page 3. — Tiffot (Simon-André), illuftre médecin fuiffe, né en 1728, mort en 1797. Il publia de nombreux ouvrages parmi lefquels : *De la santé des gens de lettres* et *Essai sur les maladie des gens du monde*. C'eft à ces deux écrits que Beaumarchais fait allufion.

2. Page 3. — L'hôtel Bullion (par corruption Bouillon) eft fitué rue Jean-Jacques Rouffeau, n° 3. Il fut bâti en 1630, par le furintendant des finances Bullion, et fe trouve aujourd'hui affecté à la Caiffe d'épargne.

Le journal alors établi dans Bouillon, avec approbation et privilège, était la *Gazette de France*, le plus ancien des journaux français, fondé en 1631, par Théophrafte Renaudot, fous le patronage de Richelieu.

3. Page 5. — Ces deux triftes drames font *Eugénie*, repréfenté fur le théâtre de la Comédie-Françaife, le 29 janvier 1767, et les *Deux Amis ou le Négociant de Lyon*, repréfenté fur la même fcène, le 12 janvier 1770.

4. Page 5. — De nombreux procès occupèrent une partie de la vie de Beaumarchais, et l'obligèrent à les défendre au tribunal de l'opinion publique comme devant le Parlement. A cet effet, il rédigea quantité de Mémoires. Les quatre premiers qui font intitulés : *Mémoires judiciaires contre les sieurs de Goëzman, La Blache, Marin et d'Arnaud-Baculard*, publiés en 1774 et 1775, font des chefs-d'œuvre de verve, de bon fens et d'efprit. Les autres Mémoires, celui contre Kornman, en 1787, et ceux pour répondre

aux accufations portées contre lui, en 1793, par Lecointre ont paru inférieurs.

5. Page 5. — Cet opéra devait être *Tarare*, mélodrame en cinq actes, avec prologue, repréfenté fur le théâtre de l'Académie royale de mufique, le 8 juin 1787.

6. Page 6. — Beaumarchais fait ici allufion à Marin (François-Louis-Claude), né en 1721, mort en 1809. C'était un avocat au parlement de Paris, qui fut nommé cenfeur royal, puis fecrétaire général de la librairie, et finalement directeur de la *Gazette de France*.

7. Page 6. — Vraifemblablement les *Mémoires secrets*, journal de Bachaumont, fondé en 1762 et continué jufqu'au 31 décembre 1787.

8. Page 11. — Luc-Gauric, fameux aftrologue-nécromancien et prélat italien, né en 1476, mort en 1558. Plufieurs papes lui accordèrent leur eftime et des honneurs. Catherine de Médicis le fit venir à Paris, et le retint fouvent près d'elle pour les expériences de divination auxquelles on fait qu'elle fe livrait.

9. Page 18. — Aubignac (François Hedelin d'), né en 1604, mort en 1676. C'était un abbé, et l'auteur d'un médiocre commentaire de la *Poétique* d'Ariftote, intitulé : *Pratique du théâtre*; de l'ennuyeufe tragédie de *Zénobie*, et de quelques autres productions complètement oubliées aujourd'hui.

10. Page 18. — *On ne s'avise jamais de tout*, opéra-comique de Sedaine et Monfigny, repréfenté fur le théâtre de la foire Saint-Laurent, le 14 feptembre 1761.

11. Page 22. — Veftris (Gaétano-Appollino-Balthazar), furnommé *Vestris I*er, le *beau Vestris*, ou bien encore le *diou de la danse*, felon fa propre expreffion, né à Florence en 1729, mort à Paris en 1808. Il débuta en 1748 fur la fcène de l'Opéra, où, le premier, il ofa danfer fans mafque, rompant ainfi avec les anciens préjugés, la routine et l'ignorance qui maintenait les pas de convention et mille accoutrements ridicules.

Dauberval (Jean Bercher, dit), furnommé le *Préville* de la danfe, né en 1742, mort en 1806. Il débuta en 1761 fur la fcène de l'Opéra, où il fut un des quatre premiers danfeurs. On lui doit plufieurs ballets, entre autres : la *Fille mal gardée*, le *Déserteur*, l'*Epreuve villageoise*, le *Page inconstant*, excellente traduction par des pas fpirituels de la profe du *Mariage de Figaro*.

LE BARBIER DE SÉVILLE.

1. Page 32. — Bartholo n'aimait pas les drames. Peut-être avait-il fait quelque tragédie dans sa jeunesse. (Note de Beaumarchais.)

2. Page 48. — Le mot *enfiévré*, qui n'est plus français, a excité la plus vive indignation parmi les puritains littéraires ; je ne conseille à aucun galant homme de s'en servir, mais M. Figaro !... (Note de Beaumarchais.)

3. Page 59. — Sur la scène, l'auteur coupe le signalement où il lui plaît, généralement après le 3e vers. Les Algonquins étaient une peuplade sauvage d'Indiens, habitant le Canada. Ils désignent ici un rustre, un homme sans usage.

4. Page 78. — Cette ariette, dans le goût espagnol, fut chantée le premier jour à Paris, malgré les huées, les rumeurs et le train usités au parterre en ces jours de crise et de combat. La timidité de l'actrice l'a depuis empêchée d'oser la redire, et les jeunes rigoristes du théâtre l'ont fort louée de cette réticence. Mais si la dignité de la Comédie-Française y a gagné quelque chose, il faut convenir que le *Barbier de Séville* y a beaucoup perdu. C'est pourquoi, sur les théâtres où quelque peu de musique ne tirera pas tant à conséquence, nous invitons tous directeurs à la restituer, tous acteurs à la chanter, tous spectateurs à l'écouter, et tous critiques à nous la pardonner, en faveur du genre de la pièce et du plaisir que leur fera le morceau. (Note de Beaumarchais.)

PRÉFACE DU MARIAGE DE FIGARO.

1. Page 114. — *Turcaret* ou le *Financier*, comédie de Lesage, en cinq actes, en prose, représentée sur le théâtre de la Comédie-Française, le 14 février 1709.

2. Page 115. — *Œdipe*, Vendôme, l'un des personnages d'*Adélaïde Duguesclin*, et *Mahomet ou le Fanatisme*, tragédies en cinq actes et en vers, de Voltaire, représentées, la première, sur le Théâtre-Français, le 18 novembre 1718 ; la seconde, en 1734, et la troisième sur le Grand-Théâtre de Lille, en avril 1741, et l'année suivante à la Comédie-Française. — *Phèdre*, tragédie de Racine, représentée à la Comédie-Française, le 1er janvier 1677. — *Macbeth*, tragédie de Shakespeare, représentée en 1606.

3. Page 120. — Ces censeurs sont l'avocat Coqueley, qui l'ap

prouva; l'académicien Gaillard, qui lui fut favorable; M. Guidi, qui grogna d'abord et finalement la rejeta; l'auteur dramatique Desfontaines-Lavallée, et M. Bret, autre dramaturge, qui approuvèrent également prefque fans corrections; enfin le terrible académicien et pince-fans-rire Suard, qui défapprouva et rejeta tout.

4. Page 123. — *Heureusement*, comédie en un acte et en vers, de Rochou de Chabannes, repréfentée en 1762 fur le théâtre de la Comédie-Françaife.

5. Page 124. — Beaumarchais écrit *camarisle*, felon le mot efpagnol *camarista*. Nous confervons la forme étymologique italienne *camerista*, camérifte.

6. Page 129. — Ces noms ne font plus un myftère pour perfonne. Le libelle en queftion fe compofe de vingt-deux vers, et fut rédigé dans le cabinet de Suard, directeur du *Journal de Paris*, avec la collaboration du chevalier de Langeac et du comte de Provence, leur patron.

7. Page 131. — Le maréchal de camp Jofeph-Alexandre Falcoz, comte de la Blache.

8. Page 131. — Goëzman, confeiller au parlement Maupeou.

9. Page 134. — Babouc, perfonnage d'un des romans de Voltaire intitulé : le *Monde comme il va*. Dès les premières pages, un foldat, queftionné par le philofophe fur les caufes de la guerre, lui répond : « Par tous les dieux, je n'en fais rien : ce n'est pas mon affaire; mon métier eft de tuer et d'être tué pour gagner ma vie : il n'importe qui je ferve. »

10. Page 137. — Allufion fans doute à Suard, qui, ayant à recevoir M. de Montefquiou à l'Académie, faifit l'occafion du difcours qu'il avait à prononcer pour cribler *Figaro* d'infinuations malveillantes, et fe vengea ainfi de fa cenfure et de fon épigramme manquée.

MARIAGE DE FIGARO.

1. Page 177. — Au fpectacle on a commencé la romance à ce vers, en difant : *Auprès d'une fontaine*. (Note de Beaumarchais.)

2. Page 178. — Ici la comteffe arrête le page en fermant le papier. Le refte ne fe chante pas au théâtre. (Note de Beaumarchais.)

3. Page 230. — Ce qui fuit, enfermé entre ces deux index, a été retranché par les comédiens français aux repréfentations de Paris.
(Note de Beaumarchais.)

UN MOT SUR LA MÈRE COUPABLE.

1. Page 293. — On ne tint pas compte à Beaumarchais de l'efprit d'émancipation qu'il avait femé dans fes écrits. De ce qu'il eut autrefois rempli des emplois à la Cour, il fut compris dans les liftes de proscription, et vécut quatre ans à Hambourg, trifte et prefque miférable.

2. Page 294. — Eh ! oui, il l'a vu agir et parler cet homme, dont par un jeu de lettres il modifie à peine le nom : c'eft Nicolas Bergaffe, avocat contre lequel il lutta longtemps dans le procès Kornman, qui pourfuivait fa femme en adultère.

FIN DES NOTES.

NOTA. — Les vignettes des pages 237, 238, 259 et 317, qui ne portent pas de fignature, ne doivent pas être attribuées à M. David de Sauzéa. Celle de la page 259 eft extraite de l'*Histoire de Pablo de Ségovie*, illuftrée par D. Vierge; les trois autres font dues à la plume de M. F. Baudel.

TABLE DES MATIÈRES

	Pages.
Étude sur Beaumarchais.	1
Bibliographie.	XXIII
Lettre modérée sur la chute et la critique du *Barbier de Séville*	2

LE BARBIER DE SÉVILLE.

Acte I.	25
Acte II	44
Acte III.	71
Acte IV.	95
Préface du *Mariage de Figaro*.	114

LE MARIAGE DE FIGARO.

Acte I.	143
Acte II	170
Acte III.	208
Acte IV.	238
Acte V	260
Un mot sur la *Mère coupable*.	293

LA MÈRE COUPABLE.

Acte I.	299
Acte II	318
Acte III.	341
Acte IV.	356
Acte V	379
Notes.	393

www.ingramcontent.com/pod-product-compliance
Lightning Source LLC
Chambersburg PA
CBHW051820230426
43671CB00008B/772